印刷管理运筹学

Operations Research On Printing

秦必瑜　王华明　编著

文化发展出版社
Cultural Development Press
·北京·

U0836509

图书在版编目（CIP）数据

印刷管理运筹学 / 秦必瑜，王华明编著. — 北京 ：文化发展出版社，2023.1

ISBN 978-7-5142-3646-0

Ⅰ. ①印… Ⅱ. ①秦…②王… Ⅲ. ①印刷工业－工业企业管理－运筹学－研究 Ⅳ. ①F407.846

中国版本图书馆CIP数据核字(2021)第261745号

印刷管理运筹学

编　　著：秦必瑜　王华明

出 版 人：武　赫

责任编辑：朱　言　　　　责任校对：岳智勇

责任印制：邓辉明　　　　封面设计：韦思卓

出版发行：文化发展出版社（北京市翠微路2号　邮编：100036）

发行电话：010-88275993　　010-88275710

网　　址：www.wenhuafazhan.com

经　　销：全国新华书店

印　　刷：中煤（北京）印务有限公司

开　　本：787mm×1092mm　1/16

字　　数：323千字

印　　张：14.75

版　　次：2023年1月第1版

印　　次：2023年1月第1次印刷

定　　价：58.00元

I S B N ：978-7-5142-3646-0

◆ 如有印装质量问题，请与我社印制部联系　电话：010-88275720

前　言

跻身互联网时代与人工智能发展的大趋势，印刷业在技术层面承受着从传统经验向着数字控制技术、网络应用技术、以数据分析为手段的数字化时代全面转变的强大压力。技术的革新带动了印刷产业形态、产业管理和经营模式的巨大变化。实际的印刷企业管理运行都将面临以下问题：如何提高计划与决策的科学性和及时性，促进组织的生存与发展？如何优化管理系统，促进组织绩效与组织创新？如何革新企业内部的生产力要素结构，促进生产率更有效地转化？如何柔性适应市场需求，以应对快速变化的印刷产业等。在当今人才及资源有限的经济背景下，利用现代科学的原理、模型和方法，对人才、资源进行统筹安排，为决策者提供有依据的方案，实现最有效的管理显得尤为重要。

印刷管理运筹学架构于运筹学原理的基础之上，旨在推介运筹学的理论方法，针对现实的印刷管理系统，对实际问题进行量化分析，并以量化数据为支撑，求得印刷管理系统运行的最优化方案，辅助决策者做出科学的决策。

因为是首次明晰地将运筹学理论应用到印刷管理的情境之中，所以本书尽量避免较深的数学论证，着重讨论基本概念、方法，及其在印刷管理中的应用案例。主要以线性规划、整数规划、运输问题、动态规划、网络计划技术、存储论等理论，针对所考察的实际印刷管理问题，建立数学模型，求得最优解决方案为介绍内容。书中例题亦尽可能与印刷行业实际背景相关联，每章配有案例分析，可供学习者课堂讨论或阅读后理解。

在本书的编写过程中，参考了国内外有关教材及参考文献，在此特向原著者致以谢意。

本书属于北京印刷学院毕昇卓越工程师教育培养计划规划的教材项目。在此，由衷地向所有对本书给予支持和关怀的同事、专家和同行们表示感谢！

由于编者水平和时间有限，亦是首次在印刷管理背景中明确提出运筹学理论的应用问题，书中难免存在不当之处，恳请读者、专家和同行批评指正。

作者于北京印刷学院

2021 年 12 月

目 录

第1章 绪论

第2章 线性规划

第 3 章 对偶理论与灵敏度分析

第 4 章 运输与指派问题

第 5 章 整数规划

第 6 章 网络计划技术

第 7 章　存储论

参考文献

第 1 章 绪论

1.1 运筹学发展概述

1.1.1 运筹学发展简史

《史记》中的“运筹策帷幄之中，决胜于千里之外”表达了中国古代运筹学思想，在古代中国有许多运筹学思想的应用案例，如丁谓修宫、田忌赛马、侯叔献治水、赵括送粮、李冰修堰等，都蕴藏着神奇的运筹学思想，这些案例至今仍有很高的参考和借鉴价值。但是运筹学作为一门新兴学科是第二次世界大战期间在英国产生的。此前虽然有相关的研究，如 Lanchester 的作战方程，Erlang 的排队论和 Dantzig 的线性规划等，但集中地、大规模地和系统地对运筹学开展研究和应用，则发生在第二次世界大战期间的英国皇家空军部队（RAF），并立即触发了美国军方的合作。它研究的内容是综合协调、统筹规划先进的军事技术和装备，以期发挥最大的效益。由于在第二次世界大战中的成功运用，运筹学在英国、美国受到高度重视，并立即被运用到战后经济重建和发展当中。战后的运筹学主要在以下两方面得到了发展：其一是运筹学的方法论，形成了运筹学的许多分支；其二是由于计算机的迅猛发展和广泛的应用，使得运筹学的方法论能成功地解决管理中的决策问题，成为广大管理者进行有效管理和最优决策的常用工具。

20 世纪 50 年代中期，我国著名科学家钱学森等教授将运筹学从国外引入我国。由于我国史书《史记·高祖本纪》中有“夫运筹策帷幄之中，决胜于千里之外”，我国学者就把“Operations Research”翻译成“运筹学”，包含运用筹划、以策略取胜等意义，比较恰当地反映了这门学科的性质和内涵。后来一大批中国学者在推广和应用运筹学方面做了大量工作，并取得了很大成绩，例如，1958年中国科学院数学研究所的专家们，用线性规划解决了某些物资的调运问题。在线性规划的运输问题上，还创造了我国独有的图上作业法。在此期间，以华罗庚教授为首的一大批数学家加入运筹学的研究队伍，使运筹学的很多分支跟上当时的国际水平，在世界上产生了一定影响。

经过五十多年的发展，运筹学已成为一个门类齐全、理论完善、有着重要应用前景的学科。运筹学不仅是我国各高等院校，特别是各管理类专业的必修课程，而且运筹学的方法在农林、交通运输、建筑、机械、冶金、石油化工、水利、邮电、纺织、企业管理、大型科研项目、教育、医疗卫生、出版印刷等行业，已经得到应用推广。

1.1.2 运筹学学科的发展

当战后的工业恢复繁荣时，由于组织内与日俱增的复杂性和专门化所产生的问题，使人们认识到这些问题基本上与战争中所曾面临的问题类似，只是具有不同的现实环境而已，运筹学就这样深入工商企业和其他部门，在20世纪50年代以后得到了广泛的应用。对系统配置、聚散、竞争的运用机理进行深入的研究和应用，形成了比较完备的一套理论，如规划论、排队论、存贮论、决策论等。理论上的成熟，加上电子计算机的问世及发展，又大大促进了运筹学的发展。

1.1.3 古代运筹学思想

我国古代劳动人民通过长期的实践，积累了许多宝贵经验。这在一些政治家、军事家和科学家的著作中多有记载，其中不少颇富于运筹思想。

1. *减灶之法*

公元前342年，魏将庞涓带领10万大军进攻韩国，韩国向齐国求救，齐王召集群臣商讨对策，齐国的成侯邹忌主张不救，田忌主张早救。孙膑建议先答应韩国的请求，致使韩国必倾力抗敌。等到韩、魏双方战到疲惫不堪时，再出兵救韩，可用力少而见功多，取胜易而受益大。韩国仗恃有齐国相援，倾全力抗魏，五战皆败，只得于公元前341年再次向齐求助。 齐王才决定派兵救韩，仍以田忌为主将，孙膑为军师。战役之初，按照孙膑的计策，齐军长驱直入把攻击的矛头指向魏国的都城大梁。庞涓听到消息，立即回援，但齐军已经进入魏国境内。孙膑对田忌说，魏国军队素来剽悍勇武而看不起齐国，善于作战的人只能因势利导。兵法上说，行军百里与敌争利会损失上将军，行军五十里而与敌争利只有一半人能赶到。为了让魏军以为齐军大量掉队，应使齐军进入魏国境内后先设10万个灶，过一天设5万个灶，再过一天设3万个灶。庞涓行军三天，见到齐军所留灶迹，判断齐军士兵已经逃跑一大半，所以丢下步兵，只率轻车锐骑用加倍的速度追赶齐军。孙膑计算魏军行程，日暮时必然赶到马陵（今河南范县西南）。马陵道路狭窄，两旁地形险阻。孙膑预先布置好伏兵，并集中优秀弩手夹道设伏。庞涓日暮追至马陵，进入齐军伏击阵地。齐军万弩齐发，魏军大乱，庞涓兵败自刎。齐军乘胜全歼10万魏军。

马陵之战，孙膑的因势利导、调动敌人、变劣势为优势、力争发挥突然性的作战指导思想，是颇有参考价值的。其退军设伏的战法，也给了后人不少的启示。

2. 高超治河

高超，宋朝人，河工。宋仁宗庆历年间（1041—1048）黄河在北都（今太原）商胡地区决口，很长时间都没有堵上决口。朝廷派三司度支副使（官职名）郭申锡亲自前往监督工程进行。凡是堵决口将要合拢的时候，都要在决口中间压上一埽（用树枝、芦苇、石头等捆紧做成圆柱形），叫作“合龙门”，这是成败的关键。当时好几次压埽都合不上，那时合龙门用的埽长六十步（步，古代的长度计量单位）。有个叫高超的水工献策说：埽身太长，人力压不住，埽到达不了水底，所以水流不断。应当把六十步的埽身分为三节，每节长二十步，中间用绳索连起来。先放下第一节，等它到了水底，再压第二节、第三节。老河工和他争论，认为不可行，说：“二十步的埽不能阻断水流，白白使用三节埽，浪费好几倍成本，而决口依然堵不上。”高超对他说：“第一节河水确实没有被阻断，但是水势必然被削弱一半。压第二节时只用一半的力气，水就算没有被阻断，也不过是很少往外漏出。第三节就是在平地上施工，足以能够让人使出全部力气。压完第三节以后，上两节自然就被浊泥淤积，不用再麻烦人力来加固它们了。”郭申锡遵照从前的方法，不采纳高超的建议。当时魏公（爵位名）贾将军镇守北门（地名），只有他认为高超的话是对的，暗地派遣几千人在下游收集漂下来的埽。而上游的埽压上以后，果然被水冲走了，黄河的决口更加大，郭申锡因此被贬官。最后还是采用了高超的建议，才堵上了商胡地区的决口。

这种分阶段作业优于一次作业的分析与论证，是古代运筹思想的典型范例。

3. 沈括运粮

沈括（1031—1095），北宋时期科学家、军事家。在率兵抗击西夏侵扰的征途中，曾经从行军中各类人员可以背负粮食的基本数据出发，分析计算了后勤人员与作战兵士在不同行军天数中的不同比例关系，同时也分析计算了用各种牲畜运粮与人力运粮之间的利弊，最后做出了从敌国就地征粮，保障前方供应的重要决策，从而减少了后勤人员的比例，增强了前方作战的兵力。

当时沈括的分析计算过程译意如下：凡是行军作战，如何从敌方取得粮食，是最急迫的事情。自己运粮不仅耗费大，而且势必难以远行。他作过计算：假设一个民夫可以背六斗米，士兵自带五天的干粮。如果一个民夫供应一个士兵，单程只能进军十八天（六斗米，每人每天吃两升米，两人吃十八天[①]）。若要计回程的话，只能进军九天。

如果两个民夫供应一个士兵，单程可进军二十六天（两个民夫背一石二斗米，三个人每天要吃六升米。八天以后，其中一个民夫背的米已经吃光，给他六天的口粮让他先返回，以后的十八天，两人每天吃四升米）。若要计回程的话，只能前进十三天的路程（前八天每天吃六升，后五天及回程每天吃四升米，能够进军十三天）。

---

① 士兵干粮相当于十升米，连同民夫背的米共有七十升，每天吃四升米，实际上只能维持十七天半，十八天是以整数来说的。以下计算类同。

如果三个民夫供应一个士兵，单程可进军三十一天（三人背米一石八斗，前六天半四个人，每天吃八升米，遣返一个民夫，给他四天口粮。中间的七天三个人同吃，每天吃六升米，再遣返一个民夫，给他九天口粮；最后的十八天两人吃，每天四升米）。如果要计回程的话，只可以前进十六天的路程（开始六天半每天吃八升米，中间七天，每天吃六升米，最后两天半以及十六天回程每天吃四升米）。

三个民夫供应一个士兵，已经到极限了。如果要出动十万军队，辎重占去三分之一兵源，能够上阵打仗的士兵不足七万人。这就要用三十万民夫运粮，再要扩大规模很困难了。每人背六斗米的数量也是根据民夫的总数平均来说的。因为其中的队长不背，伙夫减半，他们所减少的要摊在众人头上。更何况还会有患病和死亡的人，他们所背的米又要由众人分担。所以军队中不容许饮食无度，如果有一个人暴食，两三个人供应他还不够。

如果用牲畜运输，骆驼可以驮三石，马或骡可以驮一石五斗，驴子可以驮一石。与人工相比，虽然能驮得多，花费也少，但如果不能及时放牧或喂食，牲口就会瘦弱而死。一头牲口死了，只能连它驮的粮食也一同丢弃，所以与人工相比，实际上是利害相当。

这种军事后勤问题的分析计算是具有现代意义的运筹思想的范例。

1.1.4 运筹学的性质及特点

《中国企业管理百科全书》（1984 年版）中对运筹学的定义为："运筹学是应用分析、实验、量化的方法，对经济管理系统中人力、物力、财力等资源进行统筹安排，为决策者提供有依据的最优方案，以实现最有效的管理。"定义表明运筹学是应用系统的、科学的、数学分析的方法通过建立和求解数学模型，在有限资源的条件下，计算和比较各个方案可能获得的经济效果，以协助管理人员做出最优的决策选择。或者说，运筹学是运用数学方法来研究人类从事各种活动中处理事物的数量化规律，使有限的人、财、物、时、空、信息等资源得到充分和合理的利用，以期获得尽可能满意的经济和社会效益的科学。

目前运筹学没有统一的定义。Morse & Kimball 定义：运筹学是为决策机构在对其控制的业务活动进行决策时提供的数量化为基础的科学方法。Churchman 定义：运筹学是应用科学的方法、技术和工具，来处理一个系统运行中的问题，使系统控制得到最优的解决方法。我国业内普遍接受的定义：运筹学是应用分析、试验、量化的方法，对经济管理系统中人力、物力、财力等资源进行统筹安排，为决策者提供有依据的最优方案，以实现最有效的管理。

就其理论和应用意义来归纳，运筹学具有以下特点。

（1）运筹学是一门定量化决策科学。它是运用数学手段以寻求解决问题的最优方案，正因为如此，我国早期引进和从事这一科学的先驱者多为数学家。

（2）运筹学研究问题是从整体观念出发。运筹学研究中不是对各子系统的决策行为孤立评价而是把相互影响和制约的各个方面作为一个统一体，是在承认系统内部按职能分工的条件下，从系统整体利益出发，使系统的总效益最大。

（3）运筹学是多种学科的综合性科学。由于管理系统涉及很多方面，所以运筹学研究中所涉及的问题必然是多学科性的。运筹学研究中要吸收其他学科的专家意见及最新成果，经多学科的协调配合，提出问题，探索解决问题的最佳途径。

（4）运筹学研究问题是应用模型技术。运筹学研究是通过建立所研究系统的数学模型，进行定量分析的。而实际的系统往往是很复杂的，运筹学总是以科学的态度，从诸多因素中抽象其本质因素建立模型，用各种手段对模型求解并加以检验，最后向决策者提出最优决策方案。

1.2 运筹学研究的内容

1.2.1 运筹学的主要内容

运筹学研究的内容丰富，涉及面广，应用范围大，已形成了一个规模相当庞大的学科。运筹学研究的主要内容如下。

（1）线性规划。主要解决两个方面的问题：一是对于给定的资源，如何统筹安排，才能发挥他们的最大效益；二是对于给定的任务，如何以最少的资源完成它。在这类问题中，其目标要求如果可以用数学上变量的线性函数表示，问题中满足的约束条件可以用变量的线性等式或不等式表示，那么这类问题就可以用线性规划方法解决。

（2）整数规划。整数规划是一种特殊的线性规划问题，它要求某些决策变量的解为整数。

（3）多目标规划。在实际的管理决策中，决策者往往要遇到很多相互矛盾的目标，多目标规划就是研究具有多个目标的规划问题。多目标规划在处理实际决策问题时，充分考虑每一个决策目标（即使是冲突的），在作最终决策时，不强调其绝对意义上的最优性，从而在一定程度上弥补了线性规划的局限性。

（4）动态规划。动态规划是解决多阶段决策过程最优化问题的一种方法。有些管理活动可以分为若干个相互联系的阶段，在每个阶段依次做出决策。在一个阶段做出的决策不仅决定这一阶段的效益，而且决定下一阶段的初始状态，每个阶段的决策确定以后，就得到一个决策序列，称为策略。多阶段决策问题就是求一个策略，使各阶段的效益的总和达到最优。

（5）网络分析与网络计划技术。在生产、计划管理中经常碰到各活动间合理衔接搭配问题，特别在计划和安排大型的复杂工程中，各活动间逻辑关系非常复杂，运筹学中把这些研究对象用点表示，把对象间的关系用边表示，点边的集合构成了图。图是网络分析的基础，通过网络分析来研究事物之间的逻辑关系，这比单用数学模型更直观、更容易为人们所理解，因此，其应用领域也在不断扩大。网络计划技术是利用网络图形来描述一项工程中各活动的进度和结构关系，以便对工程进度进行优化控制，使得完成全部工程所需的总时间最少或费用最少。

（6）存储论。又称库存论，是一种研究最优存储策略的理论和方法。存储是缓解供应与需求之间出现供不应求或供过于求等不协调情况的必要和有效的方法和措施。但是要存储就需要资金和维护，就要支付相应的费用，因此如何最合理、最经济地解决好存储问题是经营管理中一个重要问题。存储论就是研究经营管理中各种物资应当在什么时间，以多少数量来补充库存，才能使库存和采购的总费用最小的一门学科。

（7）排队论。排队论是专门研究由于随机因素的影响而产生的拥挤现象的科学，也称随机服务系统理论。如果在某些时刻，要求服务的对象的数目超过了服务机构所能提供服务的数量时，就必须等待，因而出现了排队现象。随着服务事业的社会化，这种排队（拥挤）现象会变得愈来愈普遍。增加服务设施能减少排队现象，但这样势必增加投资并且有时还会造成设施空闲的浪费，因此，顾客排队时间的长短与服务设施规模的大小，就构成了设计随机服务系统所要解决的问题。排队论通过对随机服务现象的统计研究，找出反映这些随机现象的平均特性，从而提高服务系统水平和工作效率，使其对顾客来说达到满意的服务效果，而对服务机构来说又能取得最好的经济效益。

（8）决策论。决策是对目标和为实现目标的各种可行方案进行抉择的过程。决策问题按决策环境分类可以分为确定型决策、风险型决策和不确定型决策三类，决策论就是为了科学地解决带有不确定性和风险性决策问题所发展的一套系统分析方法。其目的是提高科学决策的水平，减少决策失误的风险，它广泛地应用在管理工作的高中层决策中。

（9）对策论。对策论是用于解决具有对抗性局势的模型。在社会政治、经济、军事活动以及日常生活中充满着各种矛盾和竞争，参与竞争的各方（称为局中人）为了达到自己的利益和目标，都必须考虑对方可能采取的各种可能的行动方案，然后选取一种对自己最有利的方案来对付竞争的对手，使自己在竞争中取得最好的结果。对策论为局中人在竞争的环境中，提供一套完整的、定量化的和程序化的选择策略的理论和方法。

（10）预测技术。预测是为了认识自然和社会的发展规律，揭示各种规律之间的相关性，为规划、决策、创造未来提供科学依据，分为定性和定量两种技术。定量预测方法是基于对历史数据以及其他相关的数据的分析而对将来做出预测的方法。定性预测方法主要是利用专家的判断来预测未来。

1.2.2 运筹学研究的步骤

运筹学解决实际问题的步骤框图如图 1-1 所示。

1. 分析情况，确认问题

必须对系统的整个状况、目标等进行认真的分析，确认问题是什么。确定决策目标及决策中的关键因素，各种限制条件、问题的可控变量以及有关参数，并要明确评价的标准等。

2. 抓住本质，建立模型

模型是对实际问题的抽象概括和严格的逻辑表达，是对各变量关系的描述，是正确研制、成功解决问题的关键。而运筹学面对的问题和现象常常是非常复杂的，难以用一个数学模型或模拟模型原原本本地表示出来，这时要抓住问题的本质或起决定性作用的主要因素，作大胆的假设，用一个简单的模型去刻画系统和过程。这个模型一定要反映系统和过程的主要特征，要尽可能包含系统的各种信息资料、各种要素以及它们之间的关系，所以，建立起模型后，还需要实际数据对它作反复的检验和修正，直到确信它是实际系统和过程的一个有效代表为止。

3. 模型求解，检验评价

接着就是应用各种数学手段和电子计算机对模型求解，解可以是最优解、次优解、满意解，解的精度要求可由决策者提出。然后检查解是否反映现实问题、研究得到的解与历史实际情况的符合程度，以判断模型是否正确、模型的解是否有效。并按一定标准做出评价并进行灵敏度分析，通过灵敏度分析，及时对模型和导出的解进行修正。

4. 决策实施，反馈控制

根据模型求得的“最优解”，并不是决策，而只是为决策者提供方案，最后的决策应由管理者自己做出，在做出决策并付诸实施后，要保持良好的反馈控制，以便能对是继续实施还是要修改模型做出迅速的反应。

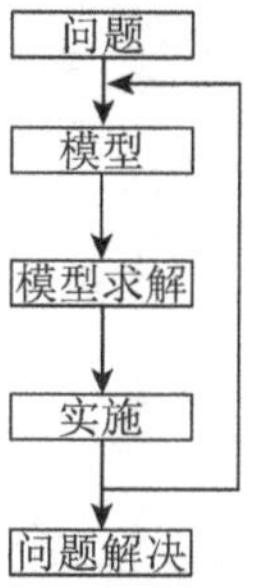

图 1-1　运筹学解决实际问题的步骤框图

1.3　运筹学应用中应注意的问题

运筹学是一种很好的分析工具，如果使用得当，可以取得理想的效果。如果使用不当，也会造成很糟糕的结果。在复杂的政治经济生活中应用运筹学方法，切不可想当然，不要把数学中的“最优解”与现实生活中的最优解等同起来，必须全面考虑多种影响因素，综合分析，对数学“最优解”进行认真审查或修改，然后才能付诸实施。如果不加分析（或修改）地把数学“最优解”应用于实践，往往会造成效果不佳或是根本行不通的局面。这样一来，不但会造成决策失误和损失，而且会使人们失去对运筹学的信任和兴趣，从而疏而远之。

课后思考题

1. 查阅田忌赛马的相关资料，思考以下内容：

（1）相同的资源，不同的配置，会有不同的结果。

（2）规则制定权很重要。

（3）知己知彼，百战不殆。

（4）这场博弈田忌赢了吗？

2. 查阅相关资料，了解运筹学能解决印刷企业生产管理中哪些方面的问题。

第 2 章　线性规划

2.1　线性规划问题的提出

线性规划（Linear Programming，LP）是运筹学中发展最早、理论和计算方法最成熟的分支。在企业生产管理和经营活动中常常提出一类问题，即如何合理地利用有限的人、财、物及时间等资源，以便得到最好的经济效果。简单地讲，也就是资源的最优利用问题。这类问题大部分可表示为如下的规划问题：在一定的约束条件（限制条件）下，使得某一目标函数取得最大（或最小）值。当规划问题的目标函数与约束条件都是线性函数时，就把这类问题称为线性规划问题。

在企业管理过程中有大量的实际问题可以归结为线性规划问题来研究，这些问题背景不同，表现各异，但数学模型却有着完全相同的形式，下面通过一些印刷企业具体例子来介绍线性规划的数学模型。

应用线性规划建立数学模型的三个步骤：

（1）明确问题，确定问题，列出约束条件；

（2）收集资料，建立模型；

（3）模型求解（最优解），进行优化后分析。

线性规划问题的三个要素如下。

决策变量：由决策者决定的未知变量，代表决策者可能采取的行动方案。每个问题都用一组决策变量（$x_1,x_2,\cdots,x_n$）表示，这组决策变量的值都代表一个具体方案。

目标函数：衡量决策方案优劣的函数，它是决策变量的线性函数，根据问题不同，目标函数实现最大化（Max）或最小化（Min）。

约束条件：分为两类，一类是函数约束，对各个限制条件逐一加以分析，写出反映其限制关系的表达式（等式或不等式），另一类是决策变量约束（如非负生产量），决策变量的非负问题可根据问题的实际加以确定。

具备以上三个要素的问题就称为线性规划问题。

与线性规划问题有关的数学模型由两部分组成：一部分是约束条件，反映了有限资源对生产经营活动的种种约束，或者生产经营必须完成的任务，例如不能超过设备工时可用量；另一部分是目标函数，反映生产经营在有限资源条件下希望达到的生产或经营的目标，例如利润最大或成本最小。

2.1.1 线性规划问题实例

例 2.1 某印刷企业有三台胶订联动线用来加工甲、乙、丙三个订单的图书，各订单加工 10000 本的利润分别为 3000 元、5000 元、4000 元。已知的条件如表 2–1 所示。

表 2–1 三台胶订线加工三个订单图书的资料

加工所需的设备	每个订单所需台时（h/ 万本）			设备可用台时量 / h
	订单 1	订单 2	订单 3	
A 胶订线	2	3	0	40
B 胶订线	0	2	4	50
C 胶订线	33	4	5	60

问题：如何安排生产使该印刷企业获得的利润最大？

这是一个典型的生产组合型的线性规划问题，下面建立其相应的数学模型。

解：为了求解生产计划问题，设甲、乙、丙三个订单的生产量分别为 x_1, x_2, x_3 万本，生产这三个订单所需 A 胶订线的总台时量为 $x_1/2+x_2/3$，但现在 A 胶订线可用台时量只有 40h，因此应有

$$x_1/2+x_2/3\leqslant 40.$$

同理可以得到 B 胶订线 $x_2/2+x_3/4\leqslant 50$，

C 胶订线 $x_1/3+x_2/4+x_3/5\leqslant 60$.

由于各种产品的产量不能为负，所以还有 $x_1,x_2,x_3\geqslant 0$.

目标函数：每天的生产利润最大 $\mathrm{Max}Z=3000x_1+4000x_2+5000x_3$，其中“Max”表示函数的最大值。

综合起来，可以把上述生产计划问题的数学模型表达为

$\mathrm{Max}Z=3000x_1+4000x_2+5000x_3$，

$$\begin{cases} 3x_1+2x_2 \leqslant 240, \\ 2x_2+x_3 \leqslant 200, \\ 20x_1+15x_2+12x_3 \leqslant 3600, \\ x_1,x_2,x_3 \geqslant 0. \end{cases}$$

生产量是大于等于零的，所以需要加非负条件。一个资源对应一个约束条件，例 2.1A 型胶订线可用台时数 40h，所以三个订单实际消耗的台时数须小于等于 A 型胶订线的最大台时数。

例 2.2　某印刷公司对一批印刷品进行烫印，需要用甲、乙、丙三种规格的电化铝卷材，每烫印 2500 张，分别需要 2 根 13cm、1 根 22cm、2 根 18cm 的电化铝卷材，这些电化铝卷材需要用 60cm 长的卷材下料切割。现要烫印 25 万张，问最少要用多少根 60cm 长的电化铝卷材？

这是一个线裁下料问题，假设切口宽度为零。设一根电化铝卷材切割成甲、乙、丙三种规格根数分别为 y_1，y_2，y_3，则切割方式可用不等式 $13y_1+22y_2+18y_3 \leqslant 60$ 表示，求这个不等式关于 y_1，y_2，y_3 的非负整数解。像这样的非负整数解共有 8 组，也就是有 8 种下料方案，如表 2-2 所示。

表 2-2　下料方案

卷材的三种规格	下料方案								需求量 / 根
	1	2	3	4	5	6	7	8	
22cm	1	1	1	2	0	0	0	0	100
18cm	1	2	0	0	1	2	3	0	200
13cm	1	0	2	1	3	1	0	4	200
余料长 / cm	7	2	12	3	3	11	6	8	

解：设 x_j（j=1,2,⋯,8）为第 j 种下料方案所用钢管的根数。

对于 22cm 规格的卷材，有方案 1 至方案 4 这 4 种下料方案，其需求量为 100 根，如表 2-2 所示，则有

$$x_1+x_2+x_3+2x_4 \geqslant 100.$$

同理对 22cm 和 18cm 的卷材建立约束条件。要求下料原卷材根数最小，则卷材用料最少数学模型为

$$\text{Min}Z=\sum_{j=1}^{8}X_j,$$

$$\begin{cases} X_1+X_2+X_3+2X_4 \geqslant 100, \\ X_1+2X_2+X_5+2X_6+3X_7 \geqslant 200, \\ X_1+2X_3+X_4+3X_5+X_6+4X_8 \geqslant 200, \\ X_j \geqslant 0\,(j=1,2,\cdots,8). \end{cases}$$

现实中有关面裁、体裁等类似问题，也同理解决，例如印刷企业的裁纸问题。求下料方案时应注意，余料不能超过最短毛坯的长度；最好将毛坯长度按降的次序排列，即先切割长度最长的毛坯，再切割次长的，最后切割最短的，不能遗漏了方案。如果方案较多，用计算机编程排方案，去掉余料较长的方案，进行初选。

例 2.3　某印刷企业现要用 100m×50cm 的板料裁剪出规格分别为 40cm×40cm 与 50cm×20cm 的配件，前者需要 25 件，后者需要 30 件。问如何裁剪，才能使板料最省料？

解：这是一个面裁的问题，假设切口宽度为零。设方案 j 使用原材料 x_j（j=1,2,3）件，共用原材料 Z 件。

先设计裁剪方案，如图 2-1 所示。

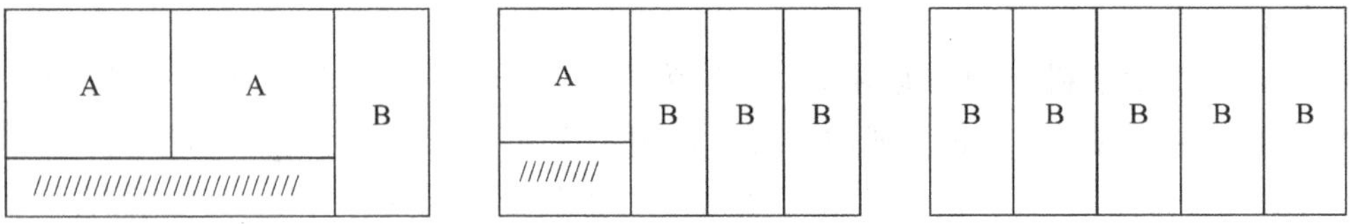

（a）方案一　　（b）方案二　　（c）方案三

图 2-1　裁剪方案安排

根据题意，可用如下线性规划数学模型表示：

$$\text{Min}Z = x_1 + x_2 + x_3,$$
$$\begin{cases} 2x_1 + x_2 \geqslant 25, \\ x_1 + 3x_2 + 5x_3 \geqslant 30, \\ x_1, x_2, x_3 \geqslant 0\text{且取整}. \end{cases}$$

例 2.4　某印刷企业某季度对装订车间需要的工人数经过统计分析如表 2-3 所示。为了保证装订工人充分休息，装订工人每周工作 5 天，休息两天，并要求休息的两天是连续的。问应该如何安排工人的作息，既满足工作需要，又使在装订车间配备工人的人数最少？

表 2-3　装订车间各时间段需要的印刷工人数

时间	所需装订工人数 / 人
星期一	30
星期二	20
星期三	16
星期四	22
星期五	28
星期六	18
星期日	21

解：设 x_i（$i=1,2,\cdots,7$）表示装订车间星期一至星期日开始休息的工人人数。x_1 是星期一开始休息的工人数，这批工人连续休息两天，其工作时间是星期三至星期日。x_2 是星期二开始休息的工人数，这批工人连续休息两天，其工作时间是星期四至星期一。同理类推，如表 2-4 所示。

表 2-4 每天开始工作的人数

开始休息的日期	开始工作的日期						
	星期日	星期一	星期二	星期三	星期四	星期五	星期六
星期一	x_1			x_1	x_1	x_1	x_1
星期二	x_2	x_2			x_2	x_2	x_2
星期三	x_3	x_3	x_3			x_3	x_3
星期四	x_4	x_4	x_4	x_4			x_4
星期五	x_5	x_5	x_5	x_5	x_5		
星期六		x_6	x_6	x_6	x_6	x_6	
星期日			x_7	x_7	x_7	x_7	x_7
每天需要的印刷工人人数 / 人	21	30	20	16	22	28	18

目标函数：每周装订车间上班的人数和为最小

$$\text{Min}Z = x_1 + x_2 + \cdots + x_7.$$

装订车间星期日至少需要工人 21 人，从星期一、二、三、四、五开始休息的这五批人都在星期日上班，即 $x_1+x_2+x_3+x_4+x_5 \geqslant 21$。装订车间星期一至少需要工人 30 人，从星期二、三、四、五、六开始休息的这五批人都在星期一上班，即 $x_2+x_3+x_4+x_5+x_6 \geqslant 30$。其他类似，这样建立如下的数学模型。

$$\text{Min}Z = x_1 + x_2 + \cdots + x_7,$$

$$\begin{cases} x_1+x_2+x_3+x_4+x_5 \geqslant 21, \\ x_2+x_3+x_4+x_5+x_6 \geqslant 30, \\ x_3+x_4+x_5+x_6+x_7 \geqslant 20, \\ x_4+x_5+x_6+x_7+x_1 \geqslant 16, \\ x_5+x_6+x_7+x_1+x_2 \geqslant 22, \\ x_6+x_7+x_1+x_2+x_3 \geqslant 28, \\ x_7+x_1+x_2+x_3+x_4 \geqslant 18, \\ \qquad x_i \geqslant 0\ (i=1\sim 7). \end{cases}$$

每一个时间段（如每天）总会有人在休息，需要分析哪个时间上班的人不在岗位和在岗位上的是哪些时间上班的人。例如印刷企业每天安排三班工人值班，根据每班所需的人数及实际工作需要，建立数学模型，求出所需最少工人人数。

例 2.5　某印刷集团经调研分析知，在今后三年内有四种投资机会。*A* 方案是在三年内每年年初投资，年底可获利 15%，并可将本金收回；*B* 方案是在第一年的年初投资，第二年的年底可获利 45%，并将本金收回，但该项投资不得超过 200 万元；*C* 方案是在第二年的年初投资，第三年的年底可获利 65%，并将本金收回，但该项投资不得超过 250 万元；*D* 方案是在第三年的年初投资，年底收回本金，且可获利 35%，但该项投资不得超过 300 万元。现在该印刷集团准备拿出 1000 万元来投资，问如何计划可使到第三年末本利和最大？请列出数学模型。

解：设 x_{ij} 为第 i 年投资到第 j 种投资方案的金额数，i=1,2,3; j=A,B,C,D，如图 2-2 所示。

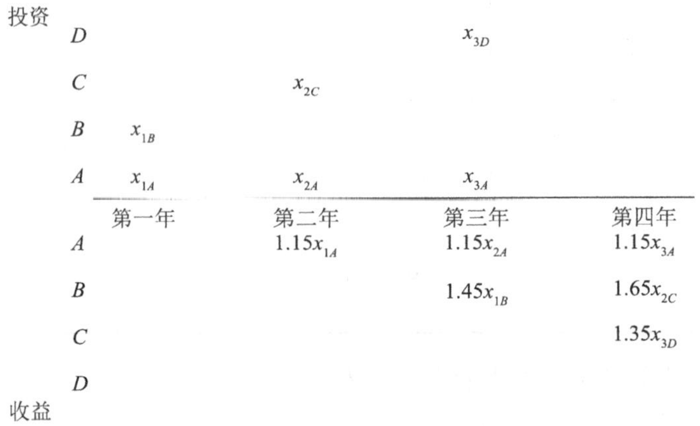

图 2-2　投资与收益

根据图 2-2 所示，每年年初的投资额等于当年初可用的资金额。

第一年：$x_{1A}+x_{1B}=1000.$

第二年：$x_{2A}+x_{2C}=1.15x_{1A}.$

第三年：$x_{3A}+x_{3D}=1.45x_{1B}+1.15x_{2A}.$

A、B、C 方案每年单项投资额的限制：

$x_{1B}\leqslant 200$，

$x_{2C}\leqslant 250$，

$x_{3D}\leqslant 300.$

第三年末第四年初的本利和要求最大，总利和为 $1.15x_{3A}+1.65x_{2C}+1.35x_{3D}$.

综上所述，该投资问题的数学模型为

$$\text{Max}Z=1.15x_{3A}+1.65x_{2C}+1.35x_{3D},$$

$$\begin{cases} x_{1A}+x_{1B}=1000, \\ x_{1B}\leqslant 200, \\ x_{2A}+x_{2C}-1.15x_{1A}=0, \\ x_{2C}\leqslant 250, \\ x_{3A}+x_{3D}-1.45x_{1B}-1.15x_{2A}=0, \\ x_{3D}\leqslant 300, \\ x_{ij}\geqslant 0(i=1\sim 3;j=A\sim D). \end{cases}$$

投资问题借助画图来理解较容易一些，如图 2-2 所示，横线上面表示投资情况，下面表示收益情况，再根据每一年年初的具体要求列出约束条件。

例 2.6 有一个动物饲养场，每只动物每天至少需要 700g 蛋白质，30g 矿物质，100mg 维生素。现有四种饲料可供选用，各种饲料每千克营养成分含量及单价如表 2-5 所示。

表 2-5 饲料营养成分含量

营养成分	四种饲料营养成分含量				需要量
	A	*B*	*C*	*D*	
蛋白质 /（g/kg）	3	2	1	5	750g
矿物质 /（g/kg）	1	0.5	0.2	2	40g
维生素 /（g/kg）	0.5	1	0.3	2.5	110mg
单价 /（元 /kg）	0.8	1.2	0.6	2	

问这四种饲料各采购多少，才能使总费用最小？

例 2.7 某油墨厂要用三种原料 1、2、3 混合调配出三种不同型号的油墨甲、乙、丙，数据如表 2-6、表 2-7 所示。问：该厂应如何安排生产，使利润收入为最大？

表 2-6 油墨名称及规格

产品名称	规格要求	单价 /（元 / kg）
甲	原材料 1 不少于 50%，原材料 2 不超过 25%	50
乙	原材料 1 不少于 25%，原材料 2 不超过 50%	35
丙	不限	25

表 2-7 原材料名称及规格

原材料名称	每天最多供应量 / kg	单价 /（元 / kg）
1	100	65
2	100	25
3	60	35

2.1.2 线性规划问题的数学模型

数学模型是实际问题的一种数学简化表示。

从上述例子看到线性规划问题的数学模型一般包含三个组成要素：

1. 一组决策变量$(x_1, x_2 \cdots, x_n)$，指决策者为实现规划目标采取的方案，是问题中要确定的未知量；

2. 一个目标函数，指问题要达到的目的要求，表示为决策变量的函数，依问题的具体性质取最大值或最小值；

3. 一组约束条件，指决策变量取值时受到的各种实际条件的约束限制，表示为含决策变量的等式或不等式，一般还包含决策变量的非负约束。

另外在线性规划问题的数学模型中，目标函数和约束条件都是线性的。

对于不同的线性规划问题，其数学模型的形式也有不同，但其数学模型的一般形式可表示为

$$\text{Max(Min)}Z = c_1x_1 + c_2x_2 + \cdots + c_nx_n,$$

$$s.t.\begin{cases} a_{11}x_1 + a_{12}x_2 + \cdots + a_{1n}x_n \leqslant (=,\geqslant) b_1, \\ a_{21}x_1 + a_{22}x_2 + \cdots + a_{2n}x_n \leqslant (=,\geqslant) b_2, \\ \cdots\cdots\cdots\cdots \\ a_{m1}x_1 + a_{m2}x_2 + \cdots + a_{mn}x_n \leqslant (=,\geqslant) b_m, \\ x_1, x_2, \cdots, x_n \geqslant 0. \end{cases}$$

其中，x_j表示决策变量，共有n个；约束条件共有$m+n$个；受各种实际条件的约束限制的约束条件共有m个；另外n个约束条件为决策变量的非负约束；c_j为价值系数；a_{ij}称为技术系数；b_i称为限额系数。在例 2.1 的生产计划问题中，c_j表示第j种产品的单位价格；a_{ij}表示生产单位第j种订单产品对第i种印刷机器的消耗量；b_i表示第i种印刷机器的拥有量。

以上模型用和式的简写形式为

$$\text{Max(Min)Z} = \sum_{j=1}^{n} c_j x_j,$$

$$s.t.\begin{cases} \sum_{j=1}^{n} a_{ij}x_j \leqslant (=,\geqslant) b_i \quad (i = 1, 2, \cdots, m), \\ x_j \geqslant 0 \quad (j = 1, 2, \cdots, m). \end{cases}$$

用矩阵的形式来表示可写为

$$\text{Max(Min)Z} = CX,$$

$$s.t.\begin{cases} AX \leqslant (=,\geqslant) b, \\ X \geqslant 0. \end{cases}$$

其中 $C=(c_1,c_2,\cdots,c_n)$；　$X=(x_1,x_2,\cdots,x_n)^T$；　$b=(b_1,b_2,\cdots,b_n)^T$；

$$A=\begin{pmatrix} a_{11} & a_{12} & \dots & a_{1n} \\ a_{21} & a_{22} & \dots & a_{2n} \\ \vdots & \vdots & & \vdots \\ a_{m1} & a_{m2} & \dots & a_{mn} \end{pmatrix}.$$

A 称为约束方程组的系数矩阵。

2.2　线性规划问题的图解法

2.2.1　可行解和最优解

给定线性规划问题：

$$\text{Max(Min)z}=\sum_{j=1}^{n} c_j x_j,$$

$$s.t.\begin{cases} \sum_{j=1}^{n} a_{ij} x_j \leqslant (=,\geqslant) b_i \quad (i=1,2,\cdots,m), \\ x_j \geqslant 0 \quad (j=1,2,\cdots,m). \end{cases}$$

所谓求解线性规划问题，就是从满足约束条件的解中找出一个解，使目标函数达到最优。下面介绍两个线性规划解的概念。

可行解：满足约束条件的解 $X=(x_1,x_2,\cdots,x_n)$，称为线性规划问题的可行解。全部可行解的集合称为可行域。

最优解：使目标函数达到最有利的可行解称为最优解，这里所说的最有利是最大化或最小化，要依模型的具体情况而定。

求解一个线性规划问题的过程就是一个寻找最优解的过程。

2.2.2 图解法

对于只有两个决策变量的线性规划问题，由于可行域可以用一个平面区域来表示，因此可以采用图解法寻找最优解。图解法简单直观，有助于理解求解一般线性规划问题的单纯形法的思路。

两个变量线性规划图解法的步骤如下。

1. 建立坐标系。以 x_1 为横坐标，以 x_2 为纵坐标建立直角坐标系。也可以以 x_2 为横坐标，以 x_1 为纵坐标。

2. 求可行解集合。变量非负条件，即 x_1，$x_2 \geqslant 0$，在第一象限内，分别求出满足每个约束条件的区域，其交集就是可行解集合，即可行域。

3. 绘制目标函数图形。对于目标函数 $Z=c_1x_1+c_2x_2$，Z 取不同值时，可以得到一组斜率相同的平行等值线。

4. 求最优解。根据目标函数求最大或最小值来移动目标函数直线，直线与可行域边界相交的点对应的坐标就是最优解。一般地，将目标函数直线在可行域中平移，求最大值时直线沿着矢量方向移动，求最小值时直线沿着矢量的反方向移动。

例 2.8　用图解法计算下列线性规划问题：

$$\text{Min}Z = 30x_1 + 50x_2,$$

$$s.t.\begin{cases} x_1 \leqslant 4, \\ x_2 \leqslant 6, \\ 3x_1 + 2x_2 \leqslant 18, \\ x_1, x_2 \geqslant 0. \end{cases}$$

解：首先，分别以 x_1 和 x_2 为横坐标和纵坐标建立平面直角坐标系，通过划定各个约束条件的取值范围的边界线，从而确定约束条件允许的 (x_1, x_2) 的取值范围，即可行域的范围。注意到非负性约束 $x_1 \geqslant 0$ 和 $x_2 \geqslant 0$，即要求 (x_1, x_2) 的取值位于第一象限。考虑到约束条件 $x_1 \leqslant 4$，意味着 x_1 的取值不能位于直线 $x_1 = 4$ 的右边，结果见图 2-3，图中阴影部分包含 x_1 可行的取值。

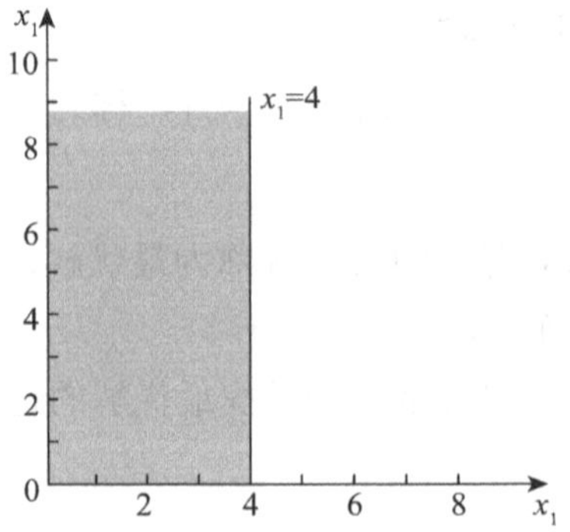

图 2-3　x_1 的取值范围

使用同样的方法，约束条件 $x_2 \leqslant 6$，意味着直线 $x_2 = 6$ 应该是可行域的上边界。最后一个约束条件是 $3x_1 + 2x_2 \leqslant 18$，要求所有可能的 (x_1, x_2) 值在直线 $3x_1 + 2x_2 = 18$ 的下方。这样就可以得到 (x_1, x_2) 的所有可能取值范围——可行域，如图 2-4 阴影部分所示。

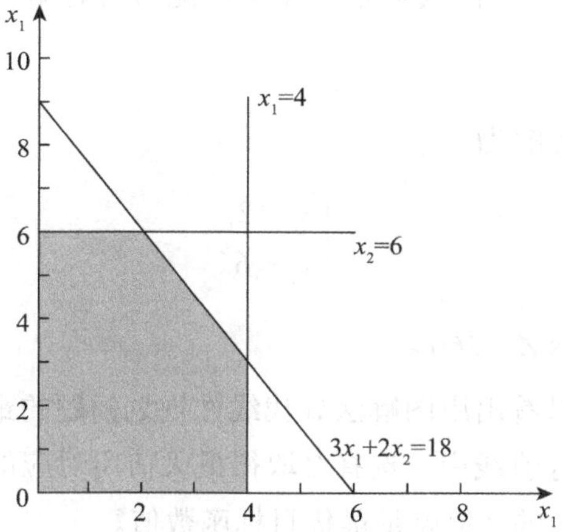

图 2-4　可行域

其次，在可行域中选择使目标函数 $Z = 30x_1 + 50x_2$ 取最大值的点。分析目标函数的几何意义，目标函数 $Z = 30x_1 + 50x_2$ 中，将 Z 看成一个待定参数，将其改写成 $x_2 = -(3/5)x_1 + (1/50)Z$，由分析几何知，这是参量为 Z、斜率为 $-3/5$ 的一组平行的直线，如图 2-5 所示。位于同一直线上的点，具有相同的目标函数值，因而称其为“等值线”。当 Z 值由小变大时，直线 $x_2 = -(3/5)x_1 + (1/50)Z$ 向右上方移动，越来越远离坐标原点。

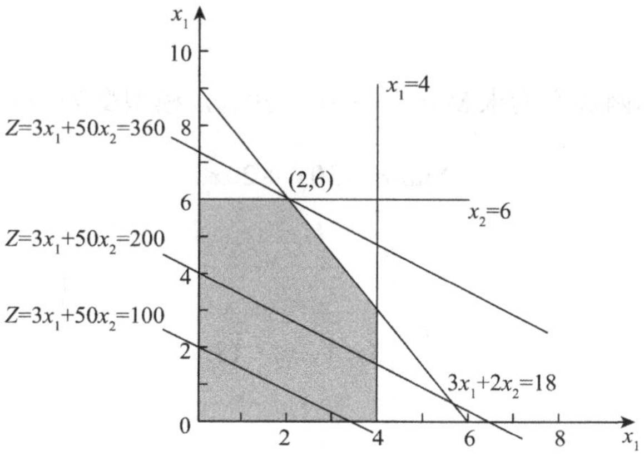

图 2-5　向右上平移一组等值线

通过实验发现，当 $Z = 100$ 时，直线 $30x_1 + 50x_2 = 100$ 的一段在可行域内，即说明这一段上点 (x_1, x_2) 是可行解且其使目标函数值为 100。将直线向右上方移动，当 $Z = 200$ 时，

直线 $30x_1+50x_2=200$ 仍有一段在可行域内，故这一段上点 (x_1,x_2) 是可行解且其使目标函数值为 200。继续将直线向右上方移动，当 $Z=360$ 时，直线 $30x_1+50x_2=360$ 上有且仅有一点 $(2,6)$ 属于可行域，故仅有点 $(2,6)$ 是可行解且使目标函数值为 360。此时直线 $30x_1+50x_2=360$ 右上方没有可行域阴影，即不可能有可行解使目标函数值大于 360。故 $(2,6)$ 即是要求的最优解。

这个结果可表示为最优解为

$$\begin{cases} x_1=2, \\ x_2=6. \end{cases}$$

目标函数最优值为 $\text{Max}\,Z=360$。

通过上面的例子，可以看出用图解法寻找线性规划问题的最优解，就是在至少包含可行域中一个点的目标函数等值线中，选择 Z 取得最大值所对应的直线，它所包含的可行域中的点就是最优解，其对应的 Z 值就是最优目标函数值。

在实际操作中，可以先确定目标函数等值线的斜率，以该斜率任做一条和可行域相交的直线，即一条等值线。利用直尺将这条直线向 Z 增大的方向平移，始终保持和可行域相交的状态，直到再移动就和可行域不相交时为止，所得到的直线和可行域的交点即最优解，所对应的 Z 值就是最优目标函数值。

2.2.3　解的几种可能结果

上例中用图解法得到问题的最优解是唯一的，但在线性规划问题的求解中，解的情况还可能出现以下几种。

1. 无穷多最优解

若将例 2.8 中目标函数变为求 $\text{Max}Z=30x_1+20x_2$，模型变为

$$\text{Max}Z=30x_1+20x_2$$

$$s.t.\begin{cases} x_1\leqslant 4, \\ x_2\leqslant 6, \\ 3x_1+2x_2\leqslant 18, \\ x_1,x_2\geqslant 0 \end{cases}$$

如图 2-6 所示，目标函数的等值线恰好和约束条件 $3x_1+2x_2\leqslant 18$ 的边界线平行。当 Z 值由小变大时，等值线向右上方平行移动，最后和可行域阴影交于线段 AB。由于等值线

不能再向右上方平移，故线段 AB 上任意一点都使 Z 值取得相同的最大值，这个线性规划问题有无穷多最优解。

当线性规划问题有无穷多最优解时，可用最优解所在线段的两个端点作为这无穷多最优解的代表。在本例中，两个最优解分别为

$$A: \begin{cases} x_1 = 2, \\ x_2 = 6. \end{cases} \qquad B: \begin{cases} x_1 = 4, \\ x_2 = 3. \end{cases}$$

目标函数的最优值为 $\text{Max}Z = 180$ 。

一般地，如果线性规划问题有两个最优解，则它一定有无穷多最优解。

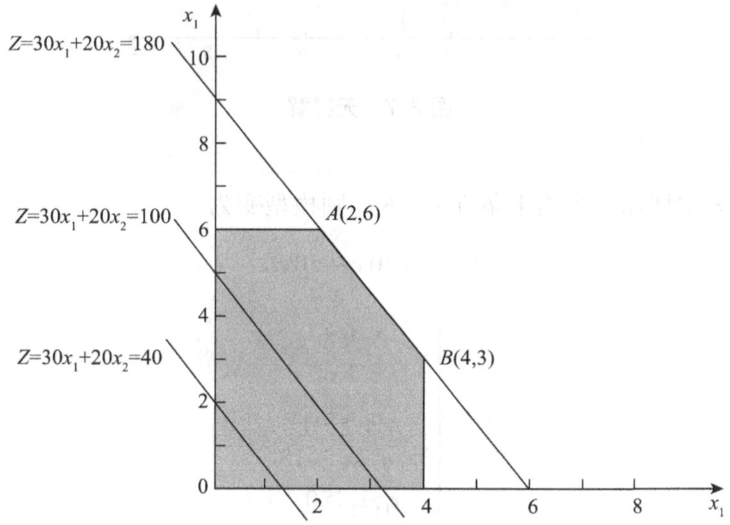

图 2-6　无穷多解

2. 无界解

如果例 2.8 中的约束条件只考虑 $x_1 \leqslant 4$ 以及非负约束 $x_1 \geqslant 0$ 和 $x_2 \geqslant 0$，不考虑其他约束，则模型变为

$$\text{Max}Z = 30x_1 + 50x_2,$$

$$s.t. \begin{cases} x_1 \leqslant 4, \\ x_1, x_2 \geqslant 0. \end{cases}$$

如图 2-7 所示，决策变量 x_2 的取值可以无限增大，目标函数等值线可以一直向上移动，故目标函数值也可以一直增大到无穷大。这种情况称线性规划问题具有无界解。

一般来说，出现无界解的情况是由于在建立实际问题的数学模型时，忽略了某些必要的约束条件。

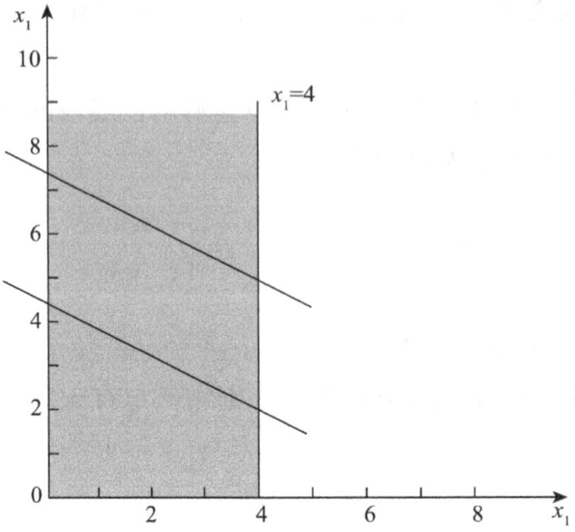

图 2-7　无界解

3. 无可行解

如果在例 2.8 中增加一个约束条件 $x_1 \geqslant 6$，则模型变为

$$\text{Max}Z = 30x_1 + 50x_2,$$

$$s.t.\begin{cases} x_1 \leqslant 4, \\ x_1 \geqslant 6, \\ x_2 \leqslant 6, \\ 3x_1 + 2x_2 \leqslant 18, \\ x_1, x_2 \geqslant 0. \end{cases}$$

显然，约束条件 $x_1 \leqslant 4$ 和 $x_1 \geqslant 6$ 相互矛盾，故无法找到满足所有约束条件的可行解，可行域为空集。此时称线性规划问题无可行解。

一般来说，出现无可行解的情况是因为建立数学模型时出现了错误，此时需要检查建模过程，重新建立数学模型。

使用图解法可以解决含有两个决策变量的线性规划问题。通过二个变量线性规划问题的图解法的解题思路和几何上的直观表示，对求解一般线性规划问题的单纯形法有很重要的启示。

（1）线性规划问题的解一般有唯一最优解、无穷多最优解、无界解和无可行解四种情况；

（2）线性规划问题的可行域一般为有界或无界凸多边形；

（3）若线性规划问题最优解存在，即有唯一最优解或无穷多最优解，则必可在可行域的某个顶点上找到最优解；

（4）若有两个最优解，则它们连线上任意一点都是最优解。

基于以上的启示，在求解线性规划问题时，只须在可行域顶点集上寻找线性规划问题的最优解就可以了，而不需要寻遍整个可行域。

2.3 线性规划的标准型

2.3.1 线性规划问题的标准形式

在用线性规划求解线性规划问题时，为了讨论问题方便，需将线性规划模型化为统一的标准形式。

线性规划的标准型如下。

（1）目标函数为最大化（也可以为最小化，但一般都为最大化）。

（2）约束条件均为等式方程。

（3）等式右边的常数项都大于或等于零。

（4）所有的变量 x_i 都是非负。

$$\text{Max}Z = c_1x_1 + c_2x_2 + \cdots + c_nx_n,$$

$$\begin{cases} a_{11}x_1 + a_{12}x_2 + \cdots + a_{1n}x_n = b_1, \\ a_{21}x_1 + a_{22}x_2 + \cdots + a_{2n}x_n = b_2, \\ \cdots\cdots\cdots\cdots \\ a_{m1}x_1 + a_{m2}x_2 + \cdots + a_{mn}x_n = b_m, \\ x_i \geqslant 0, (i = 1 \sim n); b_j \geqslant 0, (j = 1 \sim m). \end{cases}$$

可以写成以下形式

$$\text{Max}Z = \sum_{i=1}^{n} c_i x_i,$$

$$\begin{cases} \sum_{i=1}^{n} a_{ij}x_i = b_j\,(j = 1 \sim m), \\ x_i \geqslant 0\,(i = 1 \sim n); b_j \geqslant 0\,(j = 1 \sim m). \end{cases}$$

写成矩阵形式为

$$\text{Max}Z = CX,$$

$$\begin{cases} AX = b, \\ X \geqslant 0. \end{cases}$$

其中 $A = \begin{bmatrix} a_{11} & a_{12} & \dots & a_{1n} \\ a_{21} & a_{22} & \dots & a_{2n} \\ \vdots & \vdots & & \vdots \\ a_{m1} & a_{m2} & \dots & a_{mn} \end{bmatrix}$； $X = \begin{bmatrix} x_1 \\ x_2 \\ \vdots \\ x_n \end{bmatrix}$； $b = \begin{bmatrix} b_1 \\ b_2 \\ \vdots \\ b_m \end{bmatrix}$； $C = \begin{bmatrix} c_1 & c_2 & \cdots & c_n \end{bmatrix}$.

2.3.2 非线性规划问题的标准化

对于各种非标准形式的线性规划问题，总可以通过以下变换，将其转化为标准形式。

1. 极小化目标函数的问题

设目标函数为 Min $F = c_1x_1 + c_2x_2 + \cdots + c_nx_n$，可以令 $Z = -F$，则该极小化问题与下面的极大化问题有相同的最优解，即 Max$Z = -c_1x_1 - c_2x_2 - \cdots - c_nx_n$。但必须注意，尽管以上两个问题的最优解相同，但它们最优解的目标函数值却相差一个符号，即 Min $F = -$Max$Z$。

2. 约束条件不是等式的问题

设约束条件为 $a_{i1}x_1+a_{i2}x_2+\cdots+a_{in}x_n \leqslant b_i$。可以引进一个新的变量 s，使它等于约束条件右边与左边之差 $s=b_i-(a_{i1}x_1+a_{i2}x_2+\cdots+a_{in}x_n)$。显然，$s$ 也具有非负约束，即 $s \geqslant 0$，这时新的约束条件成为 $a_{i1}x_1+a_{i2}x_2+\cdots+a_{in}x_{n}+s = b_i$。

当约束条件为 $a_{i1}x_1+a_{i2}x_2+\cdots+a_{in}x_n \geqslant b_i$ 时，类似地令 $s=(a_{i1}x_1+a_{i2}x_2+\cdots+a_{in}x_n)-b_i$。显然，$s$ 也具有非负约束，即 $s \geqslant 0$，这时新的约束条件成为 $a_{i1}x_1+a_{i2}x_2+\cdots+a_{in}x_n-s = b_i$。

为了使约束由不等式成为等式而引进的变量 s，当不等式为“小于等于”时称为“松弛变量”；当不等式为“大于等于”时称为“剩余变量”（也称松弛变量）。如果原问题中有若干个非等式约束，则将其转化为标准形式时，必须对各个约束引进不同的松弛变量。

3. 右端项有负值的问题

在标准形式中，要求右端项必须每一个分量非负。当某一个右端项系数为负时，如 $b_i<0$，则把该等式约束两端同时乘以 -1，得到 $-a_{i1}x_1-a_{i2}x_2-\cdots-a_{in}x_n=-b_i$。

4. 变量无符号限制问题

在标准形式中，必须每一个变量均有非负约束。当某一个变量 x_j 没有非负约束时，可以令

$$x_j = x_j' - x_j'',$$

其中

$$x_j' \geqslant 0,\ x_j'' \geqslant 0.$$

即用两个非负变量之差来表示一个无符号限制的变量，当然 x_j 的符号取决于 x_j' 和 x_j'' 的大小。

例 2.9 把下列线性规划问题化为线性规划的标准型。

$$\text{Max}Z = x_1 + 2x_2 + 3x_3,$$

$$s.t.\begin{cases} -2x_1 + x_2 + x_3 \leqslant 9, \\ -3x_1 + x_2 + 2x_3 \geqslant 4, \\ 3x_1 - 2x_2 - 3x_3 = -6, \\ x_1, x_2 \geqslant 0, x_3\text{无约束}. \end{cases}$$

解：令 $Z'=-Z$，目标函数化为

$$\mathrm{Max}Z'=-x_1-2x_2-3x_3,$$

第一个约束条件左边加入非负的松驰变量 s_1 后化为

$$-2x_1+x_2+x_3+s_1=9, s_1\geqslant 0,$$

第二个约束条件左边减去非负的松驰变量 s_2 后化为：

$$-3x_1+x_2+2x_3-s_2=4, s_2\geqslant 0,$$

第三个约束条件两边同时乘以 -1，即化为

$$-3x_1+2x_2+3x_3=6.$$

经过以上四步，模型化为

$$\mathrm{Max}Z'=-x_1-2x_2-3x_3,$$

$$s.t.\begin{cases}-2x_1+x_2+x_3+s_1=9,\\ -3x_1+x_2+2x_3-s_2=4,\\ -3x_1+2x_2+3x_3=6,\\ x_1,x_2\geqslant 0, x_3\text{无约束}, s_1,s_2\geqslant 0.\end{cases}$$

最后，令 $x_1'=-x_1$， $x_3=x_3'-x_3''$ 代入得标准化的模型为

$$\mathrm{Max}Z'=x_1'-2x_2-3x_3'+3x_3'',$$

$$s.t.\begin{cases}2x_1'+x_2+x_3'-x_3''+s_1=9,\\ 3x_1'+x_2+2x_3'-2x_3''-s_2=4,\\ 3x_1'+2x_2+3x_3'-3x_3''=6,\\ x_1'\geqslant 0, x_2\geqslant 0, x_3'\geqslant 0, x_3''\geqslant 0, s_1\geqslant 0, s_2\geqslant 0.\end{cases}$$

以上分别从目标函数、函数约束、决策变量、右端项有负值四方面讨论了非标准线性规划问题的标准化方法。在上面的讨论中，所有转换都是等价变形，即按上述方法转化而得的标准形与原问题同解，且始终保持线性。通过线性规划问题的标准化过程，任何一个线性规划问题都可以转化为一个标准形式，因此下面在研究一般求解方法时，只需考虑标准形的线性规划问题的求解就可以了。

2.4　线性规划问题的解

2.4.1　线性规划的解的相关概念

设线性规划问题标准型的矩阵表达式为

$$-\frac{1}{4}x_3-\frac{1}{4}x_4+s_1=-\frac{1}{2},$$

$$\frac{2}{3}x_4+\frac{2}{3}s_1\geqslant\frac{2}{3}.$$

式中 A 是 $m\times n$ 矩阵，$m\leqslant n$ 并且 r（A）$=m$，显然 A 中至少有一个 $m\times m$ 子矩阵 B，使得 r（B）$=m$。

基：A 中 $m\times m$ 子矩阵 B 并且有 r（B）$=m$，则称 B 是线性规划的一个基（或基矩阵）。当 $m=n$ 时，基矩阵唯一，当 $m<n$ 时，基矩阵就可能有多个，但数目不超过 $-\frac{2}{3}x_4-\frac{2}{3}s_1+s_2=-\frac{2}{3}$。

例 2.10　线性规划 $\text{Max}Z=3x_1+2x_2$，

$$\begin{cases}2x_1+x_2+x_3=3,\\x_1+3x_2+x_4=2,\\x_j\geqslant 0(j=1\sim 4).\end{cases}$$

解：约束方程的系数矩阵为 2×4 矩阵

$$A=\begin{bmatrix}2&1&1&0\\1&3&0&1\end{bmatrix},$$

容易看出 r（A）$=2$，2 阶子矩阵有 $C_4^2=6$ 个，即

$$B_1=\begin{bmatrix}2&1\\1&3\end{bmatrix},B_2=\begin{bmatrix}2&1\\1&0\end{bmatrix},B_3=\begin{bmatrix}2&0\\1&1\end{bmatrix},B_4=\begin{bmatrix}1&1\\3&0\end{bmatrix},B_6=\begin{bmatrix}1&0\\0&1\end{bmatrix}.$$

由线性代数可知，基矩阵 B 必为非奇异矩阵并且 $|B|\neq 0$。当矩阵 B 的行列式等式零即 $|B|=0$ 时就不是基。当确定某一矩阵为基矩阵时，则基矩阵对应的列向量称为基向量（basis vector），其余列向量称为非基向量。

基变量：B 是线性规划的一个基，则 B 中每个列向量所对应的决策变量称为基变量，其余决策变量称为非基变量。对应于一个基 B，共有 m 个基变量，$n-m$ 个非基变量。向

量对应的变量称为基变量，非基向量对应的变量称为非基变量。对于$B_1=\begin{bmatrix}2 & 1\\ 1 & 3\end{bmatrix}$的基向量是 A 中的第一列和第二列，其余列向量是非基向量，x_1，x_2 是基变量，x_3，x_4 是非基变量。基变量、非基变量是针对某一确定基而言的，不同的基对应的基变量和非基变量也不同。对于$B_3=\begin{bmatrix}2 & 0\\ 1 & 1\end{bmatrix}$的基向量是 A 中的第一列和第四列，其余列向量是非基向量，x_1，x_4 是基变量，x_2，x_3 是非基变量。

可行解：满足式（$AX=b$）及（$X\geqslant 0$）的解 $X=(x_1,x_2,x_3,\cdots x_n)^T$ 称为可行解。例如，$X=(1.5,0,0,0.5)^T$ 是例 2.7 的可行解。

最优解：满足式（Max$Z=CX$）的可行解称为最优解，即使得目标函数达到最大值的可行解就是最优解，例如可行解 $X=(1.4,0.2,0,0)^T$ 是例 2.7 的最优解。

基本解：对某一确定的基 B，令所有非基变量为 0，解约束方程组 $AX=b$ 可解出 m 个基变量的唯一解，加上非基变量取 0 值，就得到了 n 个决策变量的一组具体取值解 X_B，称 X_B 为基 B 所对应的基本解。

对于 $B_2=\begin{bmatrix}2 & 1\\ 1 & 0\end{bmatrix}$，令非基变量 x_2=0，x_4=0，代入约束条件求解：x_1=2，x_3=−1，则基本解 $X^{(0)}=[2\quad 0\quad -1\quad 0]^T$。

基本可行解：基 B 所对应的基本解 X_B 一定满足约束方程组 $AX=b$，若 X_B 还满足非负约束 $X\geqslant 0$，则称 X_B 为线性规划问题的一个基本可行解。若基本解是可行解则称为基本可行解（也称基可行解）。

显然，只要基本解中的基变量的解满足式 $X\geqslant 0$ 的非负要求，那么这个基本解就是基本可行解。

可行基：基本可行解 X_B 所对应的基 B 称为可行基。

基本最优解：若基本可行解 X_B 是最优解，则称 X_B 为基本最优解。

在例 2.10 中，对于 $B_3=\begin{bmatrix}2 & 0\\ 1 & 1\end{bmatrix}$ 来说，x_1，x_4 是基变量，x_2，x_3 是非基变量，令 x_2=x_3=0，代入约束条件式 $\begin{cases}2x_1+x_2+x_3=3\\ x_1-3x_2+x_4=2\\ x_j\geqslant 0(j=1,\cdots,4)\end{cases}$，得出 $\begin{cases}2x_1=3\\ x_1+x_4=2\\ x_j\geqslant 0(j=1,2)\end{cases}$，解出基本解 $X^{(1)}=[1.5\quad 0\quad 0\quad 0.5]^T$。由于 $X^{(1)}=[1.5\quad 0\quad 0\quad 0.5]^T$ 是基本解，从而它是基本可行解，在

$X^{(0)}=[2\quad 0\quad -1\quad 0]^T$ 中 $x_3<0$，因此不是可行解，也就不是基本可行解。反之，可行解不一定是基本可行解。

线性规划各种解之间的相互关系可用图 2-8 来表示。

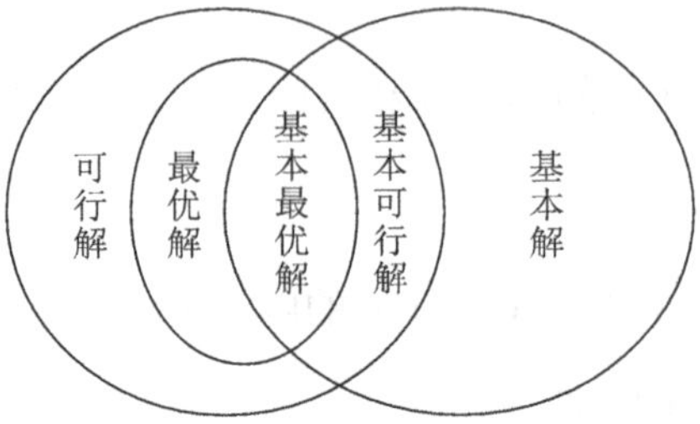

图 2-8　线性规划各种解之间的相互关系

例 2.11　找出下列线性规划问题的全部基解，基可行解，并找出最优解。

$$\mathrm{Max}Z=3x_1+5x_2,$$

$$\begin{cases} x_1\leqslant 4, \\ x_2\leqslant 6, \\ 3x_1+2x_2\leqslant 18, \\ x_1,x_2\geqslant 0. \end{cases}$$

解：化为标准型

$$\mathrm{Max}Z=3x_1+5x_2+0x_3+0x_4+0x_5,$$

$$\begin{cases} x_1+x_3=4, \\ x_2+x_4=6, \\ 3x_1+2x_2+x_5=18, \\ x_i\geqslant 0(i=1,\cdots,5). \end{cases}$$

基本解 X_1=（0,1,4,12,18）^{T}，X_2=（4,0,0,12,6）^{T}，X_3=（6,0,-2,12,0）^{T}，X_4=（4,3,0,6,0）^{T}，X_5=（0,6,4,0,6）^{T}，X_6=（2,6,2,0,0）^{T}，X_7=（4,6,0,0,-6）^{T}，X_8=（0,9,4,-6,0）^{T}.

其中基本可行解为 X_1，X_2，X_4，X_5，X_6。

最优解为 $X^*=X_6$=（2,6,2,0,0）^{T}，目标函数最优值 $Z^*=36$。

2.4.2　线性规划的性质

1. 凸集和极点的概念

凸集：设 S 是 n 维欧氏空间一个点集，若连接 S 中任意两点 $x^{(1)},x^{(2)}$ 的线段上的所有点 $\alpha x^{(1)}+(1-\alpha)x^{(2)}$ 仍在 S 中，则 S 为凸集。

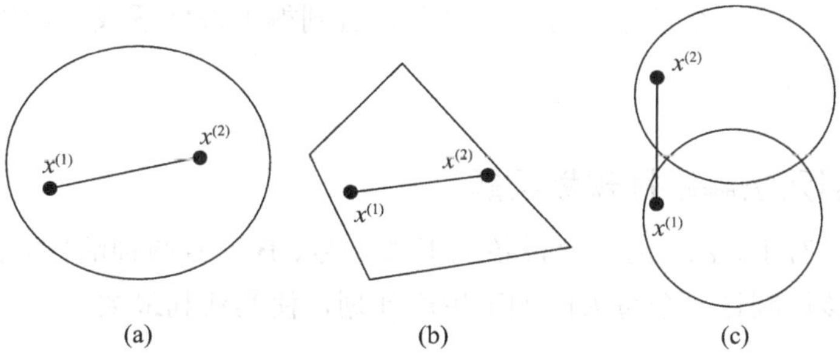

图 2-9　凸集与非凸集

圆、球体、立方体等都是凸集，圆环不是凸集。从直观上讲，凸集没有凹陷的部分，内部没有空洞。如图 2-9 中的（a）（b）是凸集，而（c）不是凸集。从（c）可见，任何两个凸集的并集不一定是凸集，但任何两个凸集的交集一定是凸集。

极点：设 S 是凸集，若 S 中的点 x 不能成为 S 中任何线段的内点，则称 x 为 S 的极点。凸多边形的顶点就是极点。

2. 线性规划解的性质

定理 2.1　若线性规划的可行域 S 非空，则 S 为凸集。即连接任意两个可行解的线段上的点仍为可行解。

定理 2.2　线性规划的基可行解 X 对应线性规划可行域的顶点。

定理 2.3　若线性规划有最优解，则最优解一定可在可行域 S 的某个极点上得到。

定理 2.1 描述了可行域的特征。定理 2.2 描述了可行域的极点和基本可行解的对应关系，但注意，它们并非一一对应，可能多个基本可行解对应于一个极点。定理 2.3 描述了最优解在可行域中的位置，若最优解唯一，则最优解一定是在个极点上达到；若具有无穷多最优解，则最优解是某些极点的凸组合。

若线性规划的可行域非空且有界，则一定有最优解；若可行域无界，则线性规划可能有最优解，也可能没有最优解。若线性规划具有无界解，则可行域一定无界。

定理 2.2 和定理 2.3 还启示我们，求最优解不是在无限个可行解中去找，而是在有限个基本可行解中去求得。从理论上说，用枚举法可求出所有基本可行解，再代入目标函数中比较得到最优解。当然这种枚举法求最优解的前提是，线性规划有最优解。

2.5　线性规划的单纯形法

单纯形法求解线性规划问题的思路是：先求一个初始的基本可行解并判断它是否最

优，若不是最优，再换一个基本可行解并判断，直到得出最优解或无最优解。这是一种逐步逼近最优解的迭代方法。

2.5.1 用消元法解线性规划问题

例 2.12 某厂有甲、乙、丙三台设备加工 A 型号、B 型号两种活件。相关数据如表 2-8 所示。现在请为该厂制订一个每天的加工生产计划，使其获利最大。

表 2-8 设备加工相关数据

三台设备	活件类型		设备的生产能力 / h
	A 型号活件	B 型号活件	
甲设备	1	0	4
乙设备	0	1	6
丙设备	3	2	18
利润（元 / 个）	2	5	

解：设 A 型工件与 B 型工件各加工 x_1，x_2 件，木例的线性规划数学模型为

$$\text{Max}Z = 2x_1 + 5x_2,\ s.t.\begin{cases} x_1 \leqslant 4, \\ x_2 \leqslant 6, \\ x_1 + 2x_2 \leqslant 18, \\ x_1, x_2 \geqslant 0. \end{cases}$$

分别在 3 个约束方程中引入松弛变量 x_3、x_4、x_5，则可将上述线性规划问题转化为标准型：

$$\text{Max}Z = 2x_1 + 5x_2,\ s.t.\begin{cases} x_1 + x_3 = 4, \\ x_2 + x_4 = 6, \\ x_1 + 2x_2 + x_5 = 18, \\ x_1, x_2, x_3, x_4, x_5 \geqslant 0. \end{cases}$$

第一步：求初始基可行解。

系数矩阵

$$A = \begin{pmatrix} 1 & 0 & 1 & 0 & 0 \\ 0 & 1 & 0 & 1 & 0 \\ 1 & 2 & 0 & 0 & 1 \end{pmatrix} = \begin{pmatrix} p_1 & p_2 & p_3 & p_4 & p_5 \end{pmatrix}.$$

显然 $R(A) = 3$，其中可令

$$B=\begin{pmatrix}1&0&0\\0&1&0\\0&0&1\end{pmatrix}=\begin{pmatrix}p_3 & p_4 & p_5\end{pmatrix}$$

为基矩阵，列向量p_3,p_4,p_5对应的决策变量x_3,x_4,x_5为基变量，将方程组改写为用非基变量表示基变量的形式

$$\begin{cases} x_3=4-x_1,\\ x_4=6-x_2,\\ x_5=18-x_1-2x_2. \end{cases} \tag{2-1}$$

令非基变量$x_1=0,x_2=0$，得初始基可行解

$$X^{(0)}=(0,0,4,6,18)^T.$$

此时，目标函数$Z=2x_1+5x_2=0$。

该初始基可行解表示工厂没有安排生产，所有设备资源都没有被利用，所以利润为 0。

第二步：判优。

工厂没有生产，利润为 0，显然不是最优解。将式（2-1）代入目标函数中可得

$$Z=2x_1+5x_2. \tag{2-2}$$

在式（2-2）中，只有非基变量x_1,x_2，且其系数都是正数，故若非基变量变为基变量，取值从等于 0 变为大于 0，则目标函数值就会增大。即若加工工件，工厂利润会增加。故初始基可行解$X^{(0)}$不是最优解。

由此可见：目标函数中非基变量的系数可以用来检验线性规划是否已得到最优解。

第三步：换基。

换基的目的是寻找更好的基可行解。由第二步的分析中可知，当非基变量x_1,x_2增加时，目标函数值会增加。

首先选择一个非基变量变换为基变量，称为入基变量。从实际出发，优先考虑安排单位利润大的产品生产。从目标函数表达式（2-2）可知，非基变量x_2的系数大于x_1的系数，所以确定x_2为入基变量。

其次，根据$R(A)=3$可知，必须选择一个基变量转换为非基变量，称为出基变量。从目标函数最大化的角度出发，我们希望x_2取值变得尽可能大。但受资源有限量的约束，入基变量x_2的值不可能无限增大，需保证其余变量的非负性，即下列不等式成立。

$$\begin{cases} x_3 = 4 - x_1 \geqslant 0, \\ x_4 = 6 - x_2 \geqslant 0, \\ x_5 = 18 - x_1 - 2x_2 \geqslant 0, \end{cases} \tag{2-3}$$

其中 x_1 仍为非基变量，取值为 0。代入式（2-3）解得

$$\begin{cases} x_2 \leqslant \dfrac{6}{1}, \\ x_2 \leqslant \dfrac{18}{2}. \end{cases} \tag{2-4}$$

故 x_2 的最小可能取值为

$$x_2 = \text{Min}\{6/1, 18/2\} = 6$$

由式（2-3）知，当 $x_2 = 6$ 时，变量 $x_4 = 0$，故确定 x_4 为出基变量。

第四步：求新的基可行解。

新的基变量为 x_2, x_3, x_5，非基变量为 x_1, x_4。将约束方程改写为用非基变量表示基变量的形式为

$$\begin{cases} x_3 = 4 - x_1, \\ x_2 = 3 - x_4, \\ x_5 - 2x_4 = 6 - x_1. \end{cases}$$

利用消元法得

$$\begin{cases} x_3 = 4 - x_1, \\ x_2 = 6 - x_4, \\ x_5 = 6 - x_1 + 2x_4. \end{cases} \tag{2-5}$$

这里，新的基矩阵是 $B = \begin{pmatrix} 1 & 0 & 0 \\ 0 & 1 & 0 \\ 0 & 2 & 1 \end{pmatrix} = \begin{pmatrix} p_3 & p_2 & p_5 \end{pmatrix}$.

令非基变量 $x_1 = 0, x_4 = 0$，得新的基可行解

$$X^{(1)} = (0, 6, 4, 0, 6)^T.$$

新的目标函数值为 $Z = 2x_1 + 5x_2 = 30$。

显然，基可行解 $X^{(1)}$ 优于初始基可行解 $X^{(0)}$。

第五步：判优（实际上是转回第二步）。

将式（2-5）代入目标函数表达式中可得

$$Z = 2x_1 - 5x_4 + 30. \tag{2-6}$$

在目标函数式（2-6）中，非基变量x_1系数为正数。所以，如果将x_1由非基变量变为基变量，其取值从等于0变为大于0，则目标函数的值就会增大。故基本可行解$X^{(1)}$不是最优解。

第六步：换基。

为寻找更优的基可行解，下面首先要换基。由第五步的分析，显然取x_1为入基变量。类似第三步确定入基变量x_1的值，需满足如下不等式组

$$\begin{cases} x_3 = 4 - x_1 \geqslant 0, \\ x_2 = 6 - x_4 \geqslant 0, \\ x_5 = 2 + x_3 + 2x_4 \geqslant 0. \end{cases} \tag{2-7}$$

当另一个非基变量x_4仍然为0时，可得到入基变量的值为

$$x_1 = \mathrm{Min}\{4/1, 6/1\} = 4.$$

此时，$x_3 = 0$，故取x_3为出基变量。

第七步：求新的基可行解。

新的基变量为x_1, x_2, x_5，非基变量为x_3, x_4。将约束方程改写为用非基变量表示基变量的形式，并用消元法化为

$$\begin{cases} x_1 = 4 - x_3, \\ x_2 = 6 - x_4, \\ x_5 = 2 + x_3 + 2x_4. \end{cases} \tag{2-8}$$

令非基变量$x_3 = 0, x_4 = 0$，得新的基可行解

$$X^{(2)} = (4, 6, 0, 0, 2)^T.$$

新的目标函数值为$Z = 2x_1 + 5x_2 = 38$。

第八步：判优。

将式（2-8）代入目标函数式可得

$$Z = 38 - 2x_3 - 5x_4. \tag{2-9}$$

从目标函数式（2-9）可知，非基变量x_3, x_4的系数都为负数，当非基变量从0变为大于0的数时，目标函数值会减小，故此时得到的基本可行解$X^{(2)}$即是最优解。

该基本最优解说明工厂的最优加工计划为，A型号活件加工4个单位，B型号活件加工6个单位，获得最大利润38，其中丙设备剩余2个台时，其他两种设备没有剩余台时。

2.5.2 单纯形法的一般原理

设线性规划标准型为

$$\mathrm{Max}Z = CX,\quad s.t.\begin{cases} AX = b, \\ X \geqslant 0. \end{cases}$$

其中 A 是 $m\times n$ 阶矩阵，且 $r(A)=m$， $X=(x_1,x_2,\cdots,x_n)^T, C=(c_1,c_2,\cdots,c_n)$，$b=(b_1,b_2,\cdots,b_n)^T$， $X\geqslant 0$ 即 $x_i\geqslant 0(i=1,2,\cdots,n)$。

不妨设 $A=(P_1,P_2,\cdots,P_n)$ 中前 m 个列向量线性无关，构成一个基 $B=(P_1,P_2,\cdots,P_m)$。记后 $n-m$ 个列向量构成矩阵 $N=(P_{m+1},P_{m+2},\cdots,P_n)$， 则 $A=(B,N)$。记基变量 $X_B=(x_1,x_2,\cdots,x_m)^T$，非基变量 $X_N=(x_{m+1},x_{m+2},\cdots,x_n)^T$。则约束方程 $AX=b$ 可写成

$(B,N)\begin{pmatrix} X_B \\ X_N \end{pmatrix}=b$，即 $BX_B+NX_N=b$.

因为 $r(B)=m$，故 B^{-1} 存在，方程两边同时左乘 B^{-1} 得

$$X_B+B^{-1}NX_N=B^{-1}b,$$

$$X_B=B^{-1}b-B^{-1}NX_N. \qquad (2\text{-}10)$$

令非基变量 $X_N=0$，故 $X_B=B^{-1}b$，则得到基本解

$$X=\begin{pmatrix} B^{-1}b \\ 0 \end{pmatrix}. \qquad (2\text{-}11)$$

若有 $B^{-1}b\geqslant 0$，则解为一个基本可行解。此时基 B 为可行基。

类似地，记 $C_B=(c_1,c_2,...,c_m)$， $C_N=(c_{m+1},c_{m+2},...,c_n)$， $C=(C_B,C_N)$。则目标函数 $Z=CX$ 可以写成

$$Z=(C_B,C_N)\begin{pmatrix} X_B \\ X_N \end{pmatrix}=C_BX_B+C_NX_N.$$

代入式，消去目标函数中的基变量得

$$Z=C_B\left(B^{-1}b-B^{-1}NX_N\right)+C_NX_N.$$

$$Z=C_BB^{-1}b+\left(C_N-C_BB^{-1}N\right)X_N. \qquad (2\text{-}12)$$

令 $X_N=0$，得到基本解（2-12）所对应的目标函数值 $Z=C_BB^{-1}b$。 $C_N-C_BB^{-1}N$

是非基变量 X_N 的系数向量，记为 $\sigma_N = C_N - C_B B^{-1} N$。由例 2.11 的求解过程可知，若目标函数中非基变量的系数都非正（即 $\sigma_N \leqslant 0$），则目标函数达到最大值，对应的基本可行解为最优解。故称 σ_N 为非基变量 X_N 的检验数。其中某一个非基变量 x_i 的检验数 $\sigma_i = C_i - C_B B^{-1} P_i \left(i = m+1, \cdots, n\right)$。

在实际计算中，B^{-1} 的计算是比较复杂的。为了简化计算，可取单位阵 E 为初始基。在这种情况下，目标函数值简化为

$$Z = C_B b.$$

x_i 的检验数简化为

$$\sigma_i = c_i - C_B P_i. \qquad (2-13)$$

最优解判别定理

对于基 B，若满足 $B^{-1}b \geqslant 0$，且非基变量检验数 $\sigma_N \leqslant 0$，则对应于基 B 的基本解（2-11）就是线性规划问题的最优解，基 B 称为最优基。

若某一基本可行解经过最优检验表明不是最优解，则需要设法求得另一个更好的基本可行解，这一过程称为换基迭代。换基迭代的主要步骤如下。

（1）确定入基变量；

（2）确定出基变量；

（3）通过消元法求得另一个更好的基本可行解。

前面例子中已说明了这种消元法的基本思路，下面用单纯形表进一步说明。

2.5.3 单纯形表及单纯形法

1. 单纯形表

将单纯形法一般原理中的所需数据和结果放在一张表中，其矩阵形式如表 2-9 所示，采用表格的形式进行计算，这种表格称为单纯形表。

表 2-9 单纯形表矩阵形式

$c_j \to$	$C_B \quad C_N$
	$X_B \quad X_N$
$C_B \quad X_B \quad b$	$B \quad N$
σ_j	$0 \quad C_N - C_B B^{-1} N$

在单纯形表中可以进行解的最优检验，当某一基本可行解不是最优解时，可求得另一个更好的基本可行解，直到求得最优解为止。单纯形表的一般形式如表 2-10 所示。

表 2-10　单纯形表的一般形式

$c_j \to$			c_1	c_2	$\cdots$	c_m	c_{m+1}	c_{m+2}	$\cdots$	c_m
C_B	X_B	b	x_1	x_2	$\cdots$	x_m	x_{m+1}	x_{m+2}	$\cdots$	x_m
c_1	x_1	b_1	1	0	$\cdots$	0	$a_{1,m+1}$	$a_{1,m+2}$	$\cdots$	a_{1n}
c_2	x_2	b_2	0	1	$\cdots$	0	$a_{2,m+1}$	$a_{2,m+2}$	$\cdots$	a_{2n}
$\vdots$	$\vdots$	$\vdots$	$\vdots$	$\vdots$		$\vdots$	$\vdots$	$\vdots$		$\vdots$
c_m	x_m	b_m	0	0	$\cdots$	1	$a_{n,m+1}$	$a_{n,m+2}$	$\cdots$	a_{nn}
σ_j			0	0	$\cdots$	0	σ_{m+1}	σ_{m+2}	$\cdots$	σ_n

X_B 列中填入基变量，这里是 $x_1, x_2, \cdots, x_m$；

C_B 列中填入基变量的价值系数，这里是 $c_1, c_2, \cdots, c_m$，它们和基变量相对应；

b 列中填入约束方程组右端的常数；

最后一行称为检验数行，对应各非基变量 x_j 的检验数，当基矩阵为单位阵时，可以用式（2-4）来计算非基变量检验数 $\sigma_j = c_j - C_B P_j$。另外，利用这个公式对基变量也做同样的计算时，发现对于所有基变量结果都是 0，因此为了表述的一致性，在基变量的检验数行上都填入 0。

表 2-9 称为单纯形表，每迭代一步构造一个新的单纯形表，每一个单纯形表对应于一个新的基可行解。

例 2.13　试列出下面线性规划问题的初始单纯形表。

$$\text{Max}Z = 2x_1 + 5x_2,$$

$$s.t.\begin{cases} x_1 \leqslant 4, \\ x_2 \leqslant 6, \\ x_1 + 2x_2 \leqslant 18, \\ x_1, x_2 \geqslant 0. \end{cases}$$

解：首先，将问题标准化得

$$\text{Max}Z = 2x_1 + 5x_2$$

$$s.t.\begin{cases} x_1 + x_3 = 4, \\ x_2 + x_4 = 6, \\ x_1 + 2x_2 + x_5 = 18, \\ x_1, x_2, x_3, x_4, x_5 \geqslant 0. \end{cases}$$

其次，确定初始基，为了简化计算，一般取单位阵为初始基，这里 x_3, x_4, x_5 所对应的系数矩阵为单位阵，故取定 x_3, x_4, x_5 为初始基向量，x_1, x_2 为非基变量。

最后，根据表 2-10 的单纯形表形式，可得到该线性规划问题的初始单纯形表，如表 2-9 所示。

表 2-11 中，最后一行的检验数只需计算非基变量 x_1,x_2 的检验数 σ_1,σ_2。基变量所对应的检验数都填入 0。由于基变量的价值系数 C_B 都为 0，由（2-4）式 $\sigma_i=c_i-C_BP_i$，可得基变量 x_1,x_2 的检验数 σ_1,σ_2 等于其价值系数 c_1,c_2。

表 2-11 单纯形表初表

$c_j\rightarrow$			2	5	0	0	0	θ_i
C_B	X_B	b	x_1	x_2	x_3	x_4	x_5	
0	x_3	4	1	0	1	0	0	
0	x_4	6	0	1	0	1	0	6/1
0	x_5	18	1	2	0	0	1	18/2
$\sigma_j\rightarrow$			2	5	0	0	0	

由初始单纯形表 2-11 可得一个初始基本可行解 $X^{(0)}=(0,0,4,6,18)^T$。

2. 单纯形法的计算步骤

单纯形法是利用单纯形表求线性规划最优解的方法。其主要步骤如下。

（1）求初始基本可行解。将线性规划问题标准化，建立初始单纯形表，求初始基本可行解。如表 2-10 所示。

（2）最优检验。若所有检验数 $\sigma_j\leqslant 0$，已求出最优解，终止求解。否则转入步骤 3。如表 2-11 中，初始基本可行解 $X^{(0)}$ 所对应的两个非基变量 x_1,x_2 的检验数都大于 0，所以 $X^{(0)}$ 不是最优解。

（3）换基迭代。这个过程比较复杂，又可分以下三个步骤。

1）确定入基变量。若 $\sigma_k=\max\{\sigma_j\left|\sigma_j>0\right.\}$，则选 x_k 为入基变量。在表 2-11 中，大于 0 的检验数有 $\sigma_1=2,\sigma_2=5$，按照取大的原则，选 x_2 为入基变量。

2）确定出基变量。求最小比值 $\theta_l=\min\{b_i/a_{ik}\left|a_{ik}>0\right.\}$，第 l 行的比值最小，选第 l 行所对应的基变量为出基变量，称为 θ 法则。其中 a_{lk} 称为主元素。在表 2-11 中，选 x_2 为入基变量，$k=2$，按照最小比值原则有 $\theta=\min\{6/1,18/2\}=6$，选 x_4 为出基变量。$a_{22}=1$ 为主元素。

3）初等变换。求得另一个更好的基本可行解，用矩阵的初等行变换将主元素 a_{lk} 化为 1，同时将其所在列的其他元素（包括检验数行）化为 0，更换基变量及其价值系数得到新的单纯形表以及对应的新的基本可行解。转入步骤（2）。表 2-12 是由表 2-11 得到的单纯形表。

表 2-12　第一次迭代

$c_j \to$			2	5	0	0	0	θ_i
C_B	X_B	b	x_1	x_2	x_3	x_4	x_5	
0	x_3	4	1	0	1	0	0	4/1
5	x_2	6	0	1	0	1	0	
0	x_5	6	1	5	0	−2	1	6/1
$\sigma_j \to$			2	0	0	−5	0	

表 2-12 所对应的基本可行解为$X^{(1)}=(0,6,4,0,6)^T$，因为$\sigma_1=2>0$，所以不是最优解，仍需求新的基本可行解，确定x_1为入基变量，x_5为出基变量，a_{13}为主元素，用方框框起来以示区别，进行初等变换，结果如表 2-13 所示。

表 2-13　第二次迭代

$c_j \to$			2	5	0	0	0	θ_i
C_B	X_B	b	x_1	x_2	x_3	x_4	x_5	
2	x_1	4	1	0	1	0	0	
5	x_2	6	0	1	0	1	0	
0	x_5	2	0	0	−1	−2	1	
$\sigma_j \to$			0	0	−2	−5	0	

表 2-13 所对应的基本可行解为$X^{(2)}=(4,6,0,0,2)^T$，因为所有检验数非正，所以$X^{(2)}$为最优解。最优目标函数值$Z^*=2\times4+5\times6=38$。

例 2.13 用单纯形法所求的线性规划问题结果和例 2.12 用消元法求解结果一致，请大家比较不同求解方法的异同点。

说明：1. 如果单纯形表中的基变量取值皆为正数，称这个基可行解为非退化解。若 LP 的所有基可形解都是非退化的，则 LP 经过有限次迭代可达到最优。

2. 如果单纯形表中的基变量取值有的为 0 时，称这个解为 LP 的退化解，此时称 LP 是退化的。理论上认为这种线性规划在迭代过程中可能产生循环，从而得不到最优解。为避免循环，常采用 1976 年 R.G.Bland 提出 Bland 法则。

Bland 法则：

1. 单纯形表中有若干个检验数$\sigma_j>0$时，取下标号小的非基变量入基；

2. 用θ法则选取出基变量时，若比值相同，则选取下标号下的基变量出基。

例 2.12　用单纯形法求解下列线性规划问题：

$$\text{Max}Z=-5x_1+x_2-x_3-x_4+x_5,$$

$$\begin{cases} 2x_1 + x_3 + x_5 = 30, \\ x_1 + x_2 + 2x_5 = 15, \\ 3x_1 + x_4 + 3x_5 = 45, \\ x_1, x_2, \cdots, x_5 \geqslant 0. \end{cases}$$

解：先将线性规划化为标准型，令 $Z' = -Z$，得

$$\text{Max}Z' = 5x_1 - x_2 + x_3 + x_4 - x_5,$$

$$\begin{cases} 2x_1 + x_3 + x_5 = 30, \\ x_1 + x_2 + 2x_5 = 15, \\ 3x_1 + x_4 + 3x_5 = 45, \\ x_1, x_2, \cdots, x_5 \geqslant 0. \end{cases}$$

注意到约束方程组系数矩阵中 x_3, x_2, x_4 对应的列向量恰好构成三阶单位方阵，可以作为初始基，由式（2-4）非基变量 x_1, x_5 的检验数分别为

$$\sigma_1 = c_1 - C_B p_1 = 5 - (1 \quad -1 \quad -1)(2 \quad 1 \quad 3)^T = 1,$$

$$\sigma_5 = c_5 - C_B p_5 = -1 - (1 \quad -1 \quad 1)(1 \quad 2 \quad 3)^T = -3.$$

基变量 x_3, x_2, x_4 检验数都为 0，得初始单纯形表如表 2-14 所示。

表 2-14　单纯形表初表

$c_j \to$			5	−1	1	1	−1	θ_i
C_B	X_B	b	x_1	x_2	x_3	x_4	x_5	
1	x_3	30	2	0	1	0	1	30/2
−1	x_2	15	1	1	0	0	2	15/1
1	x_4	45	3	0	0	1	3	45/3
$\sigma_j \to$			1	0	0	0	−3	

表 2-14 所对应的基本可行解为 $X^{(1)} = (0,15,30,45,0)^T$，因为 $\sigma_1 = 1 > 0, \sigma_5 = -3 < 0$，所以不是最优解，仍需求新的基本可行解，选取 x_1 为入基变量，$\theta = \text{Min}\{30/2, 15/1, 45/3\} = 15$，由 Bland 法则（用 θ 法则选取出基变量时，若比值相同，则选取下标号下的基变量出基，x_2 的下标号小）取定 x_2 为出基变量，换基迭代结果如表 2-15 所示。

表 2-15 所对应的基本可行解为 $X^{(2)} = (15,0,0,0,0)^T$，因为所有检验数非正，所以 $X^{(2)}$ 为最优解。最优目标函数值 $Z^* = -75$。

表 2-15　第一次换基迭代

$c_j \rightarrow$			5	-1	1	1	-1	θ_i
C_B	X_B	b	x_1	x_2	x_3	x_4	x_5	
1	x_3	0	0	-2	1	0	-3	
5	x_1	15	1	1	0	0	2	
1	x_4	0	0	-3	0	1	-3	
$\sigma_j \rightarrow$			0	-1	0	0	-5	

例 2.13 中的换基迭代采用了 Bland 法则来避免循环现象的出现。其实到目前为止在实际问题的线性规划模型中还未曾出现过循环现象。因此在退化现象出现时，实际上可以随意决定哪一个变量作为出基变量，不必考虑理论上有可能出现循环的后果。

无穷多最优解判定定理

当所有的检验数全部小于等于零时，若有某个非基变量的检验数也是零，则该线性规划有无穷多最优解。例如表 2-16 中非基变量 x_3 的检验数为 0，例 2.14 有无穷多解。

例 2.14　求解下列线性规划问题：

$$\text{Max}Z = 2x_1 + 4x_2,$$

$$s.t.\begin{cases} -x_1 + 2x_2 \leqslant 4, \\ x_1 + 2x_2 \leqslant 10, \\ x_1 - x_2 \leqslant 2, \\ x_1, x_2 \geqslant 0. \end{cases}$$

解：化为标准型后用单纯形法计算，得初始单纯形表如表 2-16 所示。

表 2-16　单纯形表初表

$c_j \rightarrow$			2	4	0	0	0	θ_i
C_B	X_B	b	x_1	x_2	x_3	x_4	x_5	
0	x_3	4	-1	2	1	0	0	4/2
0	x_4	10	1	2	0	1	0	10/1
0	x_5	2	1	-1	0	0	1	—
$\sigma_j \rightarrow$			2	4	0	0	0	

表 2-16 中，$\sigma_1 = 2, \sigma_2 = 4$，$\text{Max}\{\sigma_1, \sigma_2\} = \sigma_2$，选定 x_2 为入基变量，由 θ 法则，$\theta = \text{Min}\{4/2, 10/2\} = 2$，选定 x_1 为出基变量，a_{12} 为主元素。换基迭代如表 2-17 所示。

表 2-17 换基迭代

$c_j \to$			2	4	0	0	0	θ_i
C_B	X_B	b	x_1	x_2	x_3	x_4	x_5	
4	x_2	2	−1/2	1	1/2	0	0	
0	x_4	6	2	0	−1	1	0	6/2
0	x_5	4	1/2	0	1/2	0	1	4/0.5
$\sigma_j \to$			4	0	−2	0	0	
4	x_2	7/2	0	1	1/4	1/4	0	
2	x_1	3	1	0	−1/2	1/2	0	
0	x_5	5/2	0	0	3/4	−1/4	1	
$\sigma_j \to$			0	0	0	−2	0	

经过两次初等变换迭代得基本可行解 $X^{(1)}=(3,7/2,0,0,5/2)^T$，所有检验数都小于等于 0，故为最优解。最优目标函数值 $Z^*=20$。其中非基变量 x_3 的检验数 $\sigma_3=0$，x_3 若增加，目标函数值不变，即当 x_3 进基时目标函数值仍为最优值 20。以 x_3 为入基变量，继续迭代，如表 2-18 所示，得到另一个基本可行解 $X^{(2)}=(14/3,8/3,0,0)^T$ 仍为最优解，目标函数值 $Z^*=20$。$X^{(1)},X^{(2)}$ 是线性规划问题的两个最优基本可行解，它们连线上的所有点（凸组合）都是问题的最优解，从而原问题有无穷多最优解。

表 2-18 无穷多解

$c_j \to$			2	4	0	0	0	θ_i
C_B	X_B	b	x_1	x_2	x_3	x_4	x_5	
4	x_2	8/3	0	1	0	1/3	−1/3	
2	x_1	14/3	1	0	0	1/3	2/3	
0	x_3	10/3	0	0	1	−1/3	4/3	
$\sigma_j \to$			0	0	0	−2	0	

3. 无界解判定定理

在单纯形表中，若某个检验数 $\sigma_k>0$ 且在系数矩阵 A 中 x_k 的系数均为负，则线性规划问题具有无界解。

例 2.15 求解下列线性规划问题：

$$\text{Max}Z=-x_1+4x_2,$$

$$s.t.\begin{cases}5x_1-3x_2\leqslant 2,\\2x_1-2x_2\leqslant 4,\\x_1,x_2\geqslant 0.\end{cases}$$

解：化为标准型后用单纯形法计算，如表 2-19 所示。

表 2-19　单纯形初表

$c_j \to$			-2	3	0	0	θ_i
C_B	X_B	b	x_1	x_2	x_3	x_4	
0	x_3	2	5	-3	1	0	
0	x_4	4	2	-2	0	1	
$\sigma_j \to$			-1	4	0	0	

$\sigma_2=4$，x_2 为入基变量，但 $a_{12}<0,a_{22}<0$，没有符合条件的最小比值，说明当非基变量 x_1 保持为 0 时，只要 $x_2\geqslant 0$ 就能保证 x_3,x_4 非负，即 x_2 可以无限增大，此时目标函数值也无限增大且满足约束条件，从而问题具有无界解。

2.6　单纯形法的进一步讨论

我们在前面介绍中讲到用单纯形法来求解线性规划时，首选要得到一个初始基可行解，某些线性规划标准化后就有一个初始基可行解，但有一些标准化后没有初始基可行解，必须通过给约束条件中加上人工变量来得到初始基可行解。

因为人工变量是后加入原约束条件中的虚拟变量，要求将他们从基变量中逐个替换出来，基变量中不再含有非零人工变量，这表明原问题有解，若在最终单纯形表中，当 $\theta_j\leqslant 0$ 时，而其中仍有某个非零人工变量，表明原线性规划无解。

对加入人工变量的线性规划的解决方法有两种：大 M 法和两阶段法。

2.6.1　大 M 法

在一个线性规划的约束条件中加入人工变量后，要求人工变量对目标函数取值不受影响，为此假定人工变量在目标函数中的系数为 -M（M 为任意大的正数）。这样，目标函数要实现最大化时，必须把人工变量从基变量换出，否则，目标不可能实现最大化。

例 2.16　求解下列线性规划问题：

$$\text{Max}Z=3x_1-x_2-2x_3,$$

$$s.t.\begin{cases}x_1-2x_2+x_3\leqslant 10,\\-4x_1+x_2+2x_3\geqslant 3,\\-2x_1+x_3=1,\\x_1,x_2,x_3\geqslant 0.\end{cases}$$

解：在问题中，添加松弛变量x_4, x_5，人工变量y_1, y_2，得到

$$\text{Max}Z = 3x_1 - x_2 - 2x_3 + 0x_4 + 0x_5 - \text{M}y_1 - \text{M}y_2,\ s.t.\begin{cases} x_1 - 2x_2 + x_3 + x_4 = 10, \\ -4x_1 + x_2 + 2x_3 - x_5 + y_1 = 3, \\ -2x_1 + x_3 + y_2 = 1, \\ x_1, x_2, x_3, x_4, x_5, y_1, y_2 \geqslant 0. \end{cases}$$

在用单纯形表求解的过程中，只需将 M 看成一个足够大的正数，其他都和前面的方法一样。进用大 M 法求解，进行迭代运算，结果如表 2-20 所示。

表 2-20　大 M 法求解

$c_j \to$			3	−1	−2	0	0	−M	−M	θ_i
C_B	X_B	b	x_1	x_2	x_3	x_4	x_5	y_1	y_2	
0	x_4	10	1	−2	1	1	0	0	0	10/1
−M	y_1	3	−4	1	2	0	−1	1	0	3/2
−M	y_2	1	−2	0	1	0	0	0	1	1/1
$\sigma_j \to$			−6M+3	M−1	3M−2	0	−M	0	0	
0	x_4	9	3	−2	0	1	0	0	−1	—
−M	y_1	1	0	1	0	0	−1	1	−2	1/1
−2	x_3	1	−2	0	1	0	0	0	1	—
$\sigma_j \to$			−1	M−1	0	0	−M	0	2−3M	
0	x_4	11	3	0	0	1	−2	2	−5	
−1	x_2	1	0	1	0	0	−1	1	−2	
−2	x_3	1	−2	0	1	0	0	0	1	
$\sigma_j \to$			−1	0	0	0	−1	1−M	−M	

得到最优解$X = (0,1,1,11,0,0,0)^T$，最优目标函数值$Z^* = -3$。

说明：单纯表的终表可能出现下面三种情况：

1. 基变量中无人工变量；
2. 基变量中含有人工变量但取值为 0；
3. 基变量中含有人工变量且取值非 0。

在前两种情况下，原问题有最优解，但在第三种情况下，最优解含有不为 0 的人工变量，则原问题无可行解。

2.6.2　两阶段法

用大 M 法求解含人工变量的线性规划时，用手工计算不会碰到麻烦，但用电子计算

机求解时，对M就只能在计算机内输入一个较大的数字，这就可能造成一种计算上的误差，为克服这个困难，对添加人工变量后的线性规划分两个阶段来计算，称为两阶段法。

第一阶段：不考虑原问题是否存在基可行解，给原线性规划加入人工变量，并构造仅含人工变量的目标函数 Min$W$，然后用单纯形法求解，若得 W=0，说明原线性规划存在基可行解，可进行第二阶段计算，否则，停止计算。

第二阶段：将第一阶段计算得到的最终单纯形表除去人工变量，将目标函数行的系数换成原线性规划的目标函数，作为第二阶段计算的初始表。然后按照单纯形法的方法进行计算。

例 2.17　用单纯形法求解下列线性规划：

$$\mathrm{Max}Z = -3x_1 + x_3,$$

$$\begin{cases} x_1 + x_2 + x_3 \leqslant 4, \\ -2x_1 + x_2 - x_3 \geqslant 1, \\ 3x_2 \quad + x_3 = 9, \\ x_1, x_2, x_3 \geqslant 0. \end{cases}$$

解：变为标准型，需要加入人工变量 y_1,y_2：

$$\mathrm{Max}Z = -3x_1 + 0x_2 + x_3 + 0x_5 - \mathrm{M}y_1 - \mathrm{M}y_2,$$

$$\begin{cases} x_1 + x_2 + x_3 + x_4 = 4, \\ -2x_1 + x_2 - x_3 - x_5 + y_1 = 1, \\ 3x_2 \quad + x_3 + y_2 = 9, \\ x_1, x_2, x_3, x_4, x_5 \geqslant 0, y_1, y_2 \geqslant 0. \end{cases}$$

构造第一阶段：

$$\mathrm{Min}W = y_1 + y_2,$$

$$\begin{cases} x_1 + x_2 + x_3 + x_4 = 4, \\ -2x_1 + x_2 - x_3 - x_5 + y_1 = 1, \\ 3x_2 \quad + x_3 + y_2 = 9, \\ x_1, x_2, x_3, x_4, x_5 \geqslant 0, y_1, y_2 \geqslant 0. \end{cases}$$

第一阶段的单纯形求解，如表 2-21 所示：

表 2-21　第一阶段单纯形表

$c_j \rightarrow$			0	0	0	0	0	1	1	θ_i
C_B	X_B	b	x_1	x_2	x_3	x_4	x_5	y_1	y_2	
0	x_4	4	1	1	1	1	0	0	0	4/1
1	y_1	1	−2	[1]	−1	0	−1	1	0	1/1
1	y_2	9	0	3	1	0	0	0	1	9/3

续表

$c_j \to$			0	0	0	0	0	1	1	θ_i
C_B	X_B	b	x_1	x_2	x_3	x_4	x_5	y_1	y_2	
$\sigma_i \to$			2	−4	0	0	1	0	0	
0	x_4	3	3	0	2	1	1	−1	0	3/3
0	x_2	1	−2	1	−1	0	−1	1	0	—
1	y_2	6	[6]	0	4	0	3	−3	1	6/6
$\sigma_i \to$			−6	0	−4	0	−3	4	0	
0	x_4	0	0	0	0	1	−1/2	1/2	−1/2	
0	x_2	3	0	1	1/3	0	0	0	1/3	
0	x_1	1	1	0	2/3	0	1/2	−1/2	1/6	
$\sigma_i \to$			0	0	0	0	0	1	1	

所有的 $\sigma_j \geqslant 0$（求极小值），且人工变量已从基变量中换出，最优基变量为 x_4,x_2,x_1, 因此第一阶段的最优解为 $X^*=(1,3,0,0,0,0,0)^T$, 将最优表中的人工变量去掉，即可作为第二阶段的初始单纯形表。$X^0=(1,3,0,0,0)^T$, 为第二阶段的初始基可行解。

第二阶段：将表 2-21 中的人工变量 y_1,y_2 除去，目标函数改为

$$\mathrm{Max}Z=-3x_1+0x_2+x_3+0x_4+0x_5.$$

再从第一阶段所得最优表出发，继续用单纯形法计算，如表 2-22 所示。

表 2-22　第二阶段单纯形表

$c_j \to$			−3	0	1	0	0	θ_i
C_B	X_B	b	x_1	x_2	x_3	x_4	x_5	
0	x_4	0	0	0	0	1	−1/2	—
0	x_2	3	0	1	1/3	0	0	3/（1/3）
−3	x_1	1	1	0	[2/3]	0	1/2	1/（2/3）
$\sigma_i \to$			0	0	3	0	3/2	
0	x_4	0	0	0	0	1	−1/2	
0	x_2	5/2	−1/2	1	0	0	−1/4	
1	x_3	3/2	3/2	0	1	0	3/4	
$\sigma_i \to$			−9/2	0	0	0	−3/4	

$$X^*=(0,\frac{5}{2},\frac{3}{2},0,0)^T,\quad Z^*=\frac{3}{2}.$$

2.6.3　单纯形法计算中的几种情况

1. 目标函数极小化时解的最优性判别

有些文献中也规定求目标的极小化为线性规划的标准形式，这时只需以所有检验数 $\sigma_j \geqslant 0$ 作为表中解是否最优的标志。

2. 唯一最优解

唯一最优解的判断：单纯形表的最优表中所有非基变量的检验数小于零，则线规划具有唯一最优解。

3. 无穷多最优解

多重最优解的判断：最优表中存在非基变量的检验数为零，则线性规划具有多重最优解。

4. 无界解

无界解的判断：某个 $\theta_k > 0$ 且 $a_{ik} \leqslant 0$ （i=1,2,…,m），则线性规划具有无界解。

5. 退化

单纯形法计算中用规则确定换出变量时，有时存在两个以上相同的最小比例，这样在下一次迭代中应有一个或几个基变量等于 0，这就出现退化现象。退化现象出现的原因是模型中存在多余的约束，使多个基可行解对应同一顶点。当存在退化现象时，就可能出现循环计算。为了避免循环计算，1974 年由勃兰特（Bland）提出一种简便的规则：

（1）选取 $\sigma_j = c_j - z_j > 0$ 中下标最小的非基变量为换入变量；

（2）计算出 θ值存在两个和两个以上最小比值时，选取下标最小的基变量为换出变量。

6. 无可行解的判别

当线性规划问题中添加人工变量后，无论用大 M 法或两阶段法，初始单纯形表中的解因含非零人工变量，故实质上是非可行解。当求解结果出现所有 $\sigma_j \leqslant 0$ 时，如基变量中仍含有非零的人工变量（两阶段法求解时的第一阶段目标函数值不等于 0），表明该线性规划无可行解。

练习题

1. 思考题。

（1）什么是线性规划模型，在模型中各系数的经济意义是什么？

（2）线性规划问题的一般形式有何特征？

（3）建立一个实际问题的数学模型一般要几步？

（4）两个变量的线性规划问题的图解法的一般步骤是什么？

（5）求解线性规划问题时可能出现几种结果，哪种结果反映建模时有错误？

（6）什么是线性规划的标准型，如何把一个非标准形式的线性规划问题转化成标准形式？

（7）试述线性规划问题的可行解、基础解、基础可行解、最优解、最优基础解的概念及它们之间的相互关系。

（8）试述单纯形法的计算步骤，如何在单纯形表上判别问题具有唯一最优解、有无穷多个最优解、无界解或无可行解。

（9）在什么样的情况下采用人工变量法，人工变量法包括哪两种解法？

（10）大 M 法中，M 的作用是什么？对最小化问题，在目标函数中人工变量的系数取什么？最大化问题呢？

2. 判断下列说法是否正确。

（1）线性规划问题的最优解一定在可行域的顶点达到。

（2）线性规划的可行解集是凸集。

（3）如果一个线性规划问题有两个不同的最优解，则它有无穷多个最优解。

（4）线性规划模型中增加一个约束条件，可行域的范围一般将缩小，减少一个约束条件，可行域的范围一般将扩大。

（5）线性规划问题的每一个基本解对应可行域的一个顶点。

（6）如果一个线性规划问题有可行解，那么它必有最优解。

（7）用单纯形法求解标准形式（求最小值）的线性规划问题时，与 $\theta_j>0$ 对应的变量都可以被选作换入变量。

（8）单纯形法计算中，如不按最小非负比值原则选出换出变量，则在下一个解中至少有一个基变量的值是负的。

（9）单纯形法计算中，选取最大正检验数 θ_k 对应的变量 x_k 作为换入变量，可使目标函数值得到最快的减少。

（10）一旦一个人工变量在迭代中变为非基变量后，该变量及相应列的数字可以从单纯表中删除，而不影响计算结果。

3. 用图解法求解下列线性规划问题，并指出问题具有唯一最优解、无穷最优解还是无可行解。

（1） $\mathrm{Min}Z = 2x_1 + 3x_2$,

$$\begin{cases} 2x_1 + 3x_2 \geqslant 3, \\ x_1 + x_2 \geqslant 2, \\ x_1, x_2 \geqslant 0. \end{cases}$$

（2） $\mathrm{Max} = 6x_1 + 4x_2$,

$$\begin{cases} 2x_1 + x_2 \geqslant 2, \\ 3x_1 + 4x_2 \geqslant 12, \\ x_1, x_2 \geqslant 0. \end{cases}$$

（3） $\mathrm{Max}Z = 3x_1 + 3x_2$,

$$\begin{cases} 6x_1 + 10x_2 \leqslant 120, \\ 5 \leqslant x_1 \leqslant 10, \\ 3 \leqslant x_2 \leqslant 8, \\ x_1, x_2 \geqslant 0. \end{cases}$$

（4） $\text{Max}Z = 5x_1 + 6x_2$,

$$\begin{cases} 2x_1 - x_2 \geqslant 2, \\ -2x_1 + 3x_2 \leqslant 2, \\ x_2, x_1 \geqslant 0. \end{cases}$$

4. 将下列线性规划问题化成标准形式。

（1） $\text{Min}Z = -3x_1 + 4x_2 - 2x_3 + 5x_4$,

$$\begin{cases} 4x_1 - x_2 + 2x_3 - x_4 = -2, \\ x_1 + x_2 - x_3 + 2x_4 \leqslant 12, \\ -2x_1 + 3x_2 + x_3 - x_4 \geqslant 3, \\ x_1, x_2, x_3 \geqslant 0, x_4\text{无约束}. \end{cases}$$

（2） $\text{Min}Z = 2x_1 - 2x_2 + 3x_3$,

$$\begin{cases} -x_1 + x_2 + x_3 = 5, \\ -2x_1 + x_2 - x_3 \leqslant 6, \\ -2x_1 + 3x_2 + x_3 - x_4 \geqslant 2, \\ x_1, x_2 \geqslant 0, x_3\text{无约束}. \end{cases}$$

5. 对下列线性规划问题找出所有基本解，指出哪些是基可行解，并确定最优解。

（1） $\text{Min}Z = 3x_1 + x_2 + 2x_3$,

$$\begin{cases} 4x_1 + x_2 + 2x_3 + x_4 = 3, \\ 8x_1 + x_2 - 4x_3 + 2x_4 = 10, \\ 3x_1 - x_6 = 2, \\ x_j \geqslant 0\,(j = 1, \cdots, 6). \end{cases}$$

（2） $\text{Min}Z = 5x_1 - 2x_2 + 3x_3 + 2x_4$,

$$\begin{cases} x_1 + 2x_2 + 3x_3 + 4x_4 = 7, \\ 2x_1 + 2x_2 + x_3 + 2x_4 = 10, \\ x_j \geqslant 0\,(j = 1, \cdots, 4). \end{cases}$$

6. 分别用图解法和单纯形法求解下述问题，并对照单纯形表中的各基本可行解确认对应图解法中可行域的哪一顶点。

（1） $\text{Max}Z = 10x_1 + 5x_2$,

$$\begin{cases} 6x_1 + 8x_2 \leqslant 18, \\ 5x_1 + 2x_2 \leqslant 8, \\ x_2, x_1 \geqslant 0. \end{cases}$$

（2） $\mathrm{Max}Z=2x_1+x_2$,

$$\begin{cases}3x_1+5x_2\leqslant 15,\\3x_1+x_2\leqslant 12,\\x_2,x_1\geqslant 0.\end{cases}$$

7. 在下列线性规划问题中讨论 a,b 的值如何变化，使该问题可行域的每一顶点依次使目标函数达到最优。

$\mathrm{Max}Z=ax_1+bx_2$,

$$\begin{cases}3x_1+4x_2\leqslant 9,\\5x_1+2x_2\leqslant 8,\\x_2,x_1\geqslant 0.\end{cases}$$

8. 分别用单纯形法中的大M法和两阶段法求解下列线性规划问题，并指出属哪一类解。

（1） $\mathrm{Max}Z=2x_1-x_2+2x_3$,

$$\begin{cases}x_1+x_2+x_3\geqslant 6,\\-2x_1+x_3\geqslant 2,\\2x_2-x_3\geqslant 0,\\x_j\geqslant 0(j=1,2,3).\end{cases}$$

（2） $\mathrm{Max}Z=2x_1+3x_2+x_3$,

$$\begin{cases}x_1+4x_2+2x_3\geqslant 8,\\3x_1+2x_2\geqslant 6,\\x_1,x_2,x_3\geqslant 0.\end{cases}$$

9. 已知某线性规划问题的初始单纯形表和单纯形法迭代后得到的表 2-23，试求括号中未知数 $a\sim l$ 的值。

表 2-23 迭代后的单纯形表

		x_1	x_2	x_3	x_4	x_5
x_4	6	（b）	（c）	（d）	1	0
x_5	1	−1	3	（e）	0	1
c_j-z_j		（a）	−1	2	0	0
x_1	（f）	（g）	2	−1	1/2	0
x_5	4	（h）	（i）	1	1/2	1
c_j-z_j		0	−7	（j）	（k）	（l）

10. 某一求目标函数最大值的线性规划问题，用单纯形法求解时得到的某一步的单纯形表如表 2-24 所示。

表 2-24　某一步的单纯形表

X_B	b	x_1	x_2	x_3	x_4	x_5
x_3	4	−1	3	1	0	0
x_4	1	a_1	−4	0	1	0
x_5	d	a_2	a_3	0	0	1
$\sigma_i \rightarrow$		c	−2	0	0	0

问 a_1，a_2，a_3，c，d 各为何值及变量 x_j 属于哪一类性质的变量时：

（1）现有解为唯一最优解；

（2）现有解为最优，但最优解有无穷多个；

（3）存在可行解，但目标函数无界；

（4）此问题无可行解。

11. 某印刷企业需要印刷加工五个订单的印品。每个订单的印品印 A、B、C 几种主要工序。每个印品的每道工序所用时间及每道工序的可用时间，每个印品的利润由表 2-25 所示。问该印刷企业应如何安排生产，使总的利润最大？

表 2-25　印品加工资料

印刷工序	所需时间 /h					每道工序可用时间 /h
	印品 1	印品 2	印品 3	印品 4	印品 5	
A	3	4	6	2	3	3600
B	4	3	5	6	4	3950
C	2	3	3	4	3	2800
利润 / 百元	2.7	3	4.5	2.5	3	

12. 某印刷企业需印刷加工 Ⅰ、Ⅱ、Ⅲ、Ⅳ四种印品，产品 Ⅰ 需依次经过 A、B 两种机器加工，产品Ⅱ需依次经过 A、C 两种机器加工，产品Ⅲ需依次经过 B、C 两种机器加工，产品Ⅳ需依次经过 A、B 机器加工。有关数据如表 2-26 所示，请为该印刷企业制订一个最优生产计划。

表 2-26　加工资料

印品	机器生产率 /（件 /h）			原料成本 / 元	印品价格 / 元
	A	B	C		
Ⅰ	10	20		16	65
Ⅱ	20		10	25	80
Ⅲ		10	15	12	50
Ⅳ	20	10		18	70
机器成本 /（元 /h）	200	150	225		
每周可用小时数	150	120	70		

13. 某印刷企业的工人分四个班次，每班工作 12 小时。报到的时间分别是早上 6 点，中午 12 点，下午 6 点，夜间 12 点。每班需要的人数分别为 19 人、21 人、18 人、16 人。问：

每天最少需要派多少印刷工人值班？

如果早上 6 点上班和中午 12 点上班的人每月有 120 元加班费，下午 6 点和夜间 12 点上班的人每月分别有 100 元和 150 元加班费，如何安排上班人数，使印刷企业支付的加班费最少？

14. 某公司有两个分厂生产胶印油墨。甲分厂每天可生产高级、中级和低级的胶印油墨分别为 200 桶、300 桶和 200 桶，乙分厂每天可生产高级、中级和低级的胶印油墨分别为 100 桶、200 桶和 100 桶。该公司需要这三种胶印油墨的数量分别为 14000 桶、24000 桶和 14000 桶。甲分厂每天的运行费是 5000 元，乙分厂是 4000 元。问：

（1）该油墨公司应安排这两个分厂各生产多少天最经济？

（2）如甲分厂的运行费是 2000 元，乙分厂是 5000 元。该油墨公司应如何安排两个分厂的生产？

列出线性规划模型并求解。

15. 某印刷集团现在资金 800 万元，今后五年内考虑给以下的项目投资。已知：项目 A，从第一年到第五年每年年初都可投资，当年末能收回本利 110%；项目 B，从第一年到第四年每年年初都可投资，次年末能收回本利 125%，但规定每年最大投资额不能超过 120 万元；项目 C，需在第三年年初投资，第五年末能收回本利 140%，但规定最大投资额不能超过 320 万元；项目 D，需在第二年年初投资，第五年末能收回本利 155%，但规定最大投资额不能超过 400 万元。据测定每万元每次投资的风险指数如表 2-27 所示。问：

表 2-27　投资项目的风险系数

项目	风险指数 /（次 / 万元）
A	1.1
B	2.9
C	3.8
D	5.3

（1）应如何确定这些项目的每年投资额，使得第五年年末拥有资金的本利金额为最大？

（2）应如何确定这些项目的每年投资额，使得第五年年末拥有资金的本利在 1300 万元的基础上使得其投资总的风险系数为最小？

16. 已知某公司有四个主要车间：排版、制版、印刷和装订。公司把它接受的任务分成三类：A、B 和 C。每种任务在四个主要车间里所需的时间不同，每单位产品生产需要时间如表 2-28 所示。假设完成单位工作所用的时间固定不变，每单位 A 类任务提供的收益 200 元，每单位 B 类任务提供的收益是 400 元，每单位 C 类任务提供的收益是 150 元。公司给每一车间规定了下期的固定时间能力：排字 50h；制版 100h；印刷 200h；装订 180h。除规定时间外，公司能够利用加班加点手段在排版车间里得到附加的 30h。加班加点奖金（即除规定时间以外的增加费用）是每小时 4 元。公司希望给他的设备找到最优工作组合，所以管理部门假定能销售所有的产品。因而为了满足长期生产的需要，管理部门决定在每个时期对每类工作至少要安排 10 个单位。

（1）试确定所寻求的印刷工作的最好组合，使公司的收益最大。

（2）假如印刷公司有一个承接新业务的机会，这项新业务需要 0h 排版，3h 制版，1h 印刷和 2h 装订，要有多大的收益才对公司有吸引力？

（3）假定规定排字能力和加班排字能力两者都减少 3h，最优解有何变化？

（4）A 类任务收益在何范围内变化时最优方案不变？

（5）排版车间的生产能力在何范围内变化最优基不变？

（6）有无利用的生产能力，试进行决策分析。

表 2-28　每单位产品生产需要时间　　单位：h

车间 \ 工作任务	A	B	C
排版	0	2	2
制版	2	2	4
印刷	4	5	2
装订	4	4	0

第 3 章　对偶理论与灵敏度分析

3.1　对偶问题的提出

对偶理论是研究线性规划中原始问题与对偶问题之间关系的理论。在线性规划早期发展中最重要的发现是对偶问题，即每一个线性规划问题（称为原始问题）有一个与它对应的对偶线性规划问题（称为对偶问题）。对偶理论主要研究经济学中的相互确定关系，涉及经济学的诸多方面。产出与成本的对偶、效用与支出的对偶，是经济学中典型的对偶关系。

对偶问题的应用主要有如下几点。

1. 在某些情况下，解对偶问题比解原问题更加容易。
2. 对偶变量有重要的经济解释（影子价格）。
3. 作为灵敏度分析的工具。
4. 对偶单纯形法（从一个非可行基出发，得到线性规划问题的最优解）。
5. 避免使用人工变量（加人工变量带来很多麻烦，用两阶段法则增加一倍的计算量）。

首先通过实际例子看对偶问题的经济意义。

3.1.1　对偶问题的提出

例 3.1　某印刷工厂印刷加工 A 订单与 B 订单印刷品。印刷加工 A 订单印刷品收入为 56 元 / 件，印刷加工 B 订单印刷品收入为 30 元 / 件。A 订单印刷品需要印刷工序 4h，印后加工工序 2h；B 订单印品需要印刷工序 3h，印后加工工序 1h；该印刷工厂每日可用印刷总工时为 120h，印后加工总工时为 50h。如表 3-1 所示。

表 3-1　例 3.1 配表

加工设备	印刷品		工时限量 /h
	A 订单	B 订单	
印刷工序	4	3	120
印后加工	2	1	50
利润（元 / 件）	56	30	

问：（1）该印刷厂应如何安排印刷加工生产才能使每日收入最大？

（2）假若有一个个体经营者，手中有一个印刷品需要印刷。他想利用该印刷厂的印刷工序与印后加工工序来完成他的订单。他就要考虑付给该印刷厂每个工时的价格。他可以构造一个数学模型来研究如何定价才能既使该印刷厂觉得有利可图而愿意为他加工这批订单，又使自己所付的工时费用最少。

解（1）：设该印刷厂每日安排生产 A 印刷品 x_1 件，B 印刷品 x_2 件，则数学模型为

$$\text{Max}Z = 56x_1 + 30x_2,$$
$$\begin{cases} 4x_1 + 3x_2 \leqslant 120, \\ 2x_1 + x_2 \leqslant 50, \\ x_1, x_2 \geqslant 0. \end{cases}$$

用图解法或单纯表法求解得：$X^*=(15,20)^T$，$Z^*=1440$ 元。即印刷厂每日安排生产 A 印刷品 15 件，B 印刷品 20 件，每日最大收入 1440 元。

解（2）：设 y_1 为付给印刷工序每个工时的价格，y_2 为付给印后加工工序每个工时的价格，则数学模型为

$$\text{Min}W = 120y_1 + 50y_2,$$
$$\begin{cases} 4y_1 + 2y_2 \geqslant 56, \\ 3y_1 + y_2 \geqslant 30, \\ y_1, y_2 \geqslant 0. \end{cases}$$

用图解法或单纯表法求解得：$Y^*=(2,24)^T$，$W^*=1440$ 元。即该个体经营者付给印刷工序每个工时的价格是 2 元，付给印后加工工序每个工时的价格是 24 元，付出的最少工时费用为 1440 元。

将上述问题（1）与问题（2）称为一对对偶问题，两者之间存在着紧密的联系与区别：它们都使用了印刷厂印刷与印后加工工序相同的数据，只是数据在模型中所处的位置不同，所要表达的含义也不同。

3.1.2　原问题和对偶问题的联系与区别

1. 一个问题求最大化，另一个求最小化。如果原问题是最大化，则其对偶问题就为最

小化；反之，如果原问题是最小化，则其对偶问题就为最大化。

2. 求最大化问题时，约束条件为“≤”，求最小化问题时，约束条件为“≥”。如果原问题是最大化问题，则把所有的约束条件化为“≤”；如果原问题是最小化问题，则把所有的约束条件化为“≥”。

3. 原问题中有 n 个变量 x_i，可以知道对偶问题中就有 n 个约束条件；原问题中有 m 个约束条件，可以知道对偶问题中就有 m 个变量 y_j。

4. 原问题的目标函数中变量的系数就是对偶问题约束条件的常数项；原问题中约束条件的常数项就是对偶目标函数中变量的系数。即把原问题的目标函数的系数对应地换成对偶问题约束条件右边的常数项（例如原问题的 c_1 对应于对偶问题第一个约束条件的右边的常数项）。

5. 两个互为对偶问题的约束条件的系数矩阵互为转置。

3.1.3　原问题（LP）与对偶问题（DP）的关系

1. 对称形式下原问题与对偶问题的关系

（1）对称形式下对偶问题的一般形式

满足下列条件的线性规划问题称为具有对称形式：

1）其变量均为非负约束；

2）其约束条件当目标函数求极大值时取“≤”号，当目标函数求极小值时取“≥”号；

3）右端项 b 可取负值。

$$\text{LP：}\operatorname{Max}Z = c_1x_1 + c_2x_2 + \cdots + c_nx_n,$$

$$\begin{cases} a_{11}x_1 + a_{12}x_2 + \cdots + a_{1n}x_n \leqslant b_1, \\ a_{21}x_1 + a_{22}x_2 + \cdots + a_{2n}x_n \leqslant b_2, \\ \cdots\cdots\cdots\cdots \\ a_{m1}x_1 + a_{m2}x_2 + \cdots + a_{mn}x_n \leqslant b_m, \\ x_j \geqslant 0 (j = 1, \cdots, n). \end{cases}$$

$$\text{DP：}\operatorname{Min}W = b_1y_1 + b_2y_2 + \cdots + b_my_m,$$

$$\begin{cases} a_{11}y_1 + a_{21}y_2 + \cdots + a_{m1}y_m \geqslant c_1, \\ a_{12}y_1 + a_{22}y_2 + \cdots + a_{m2}y_m \geqslant c_2, \\ \cdots\cdots\cdots\cdots \\ a_{1n}y_1 + a_{2n}y_2 + \cdots + a_{mn}y_m \geqslant c_n, \\ y_i \geqslant 0 (i = 1, \cdots, m). \end{cases}$$

（2）对称形式下原问题及对偶问题的矩阵形式

$$\text{LP：}\operatorname{Max}Z = CX, \qquad \text{DP：}\operatorname{Min}W = Y'b,$$

$$\begin{cases} AX \leqslant b, \\ X \geqslant 0. \end{cases} \qquad \begin{cases} A'Y \geqslant C', \\ Y \geqslant 0. \end{cases}$$

例 3.2　写出下列原问题（LP）的对偶问题。

$$\text{LP: Max}Z = 2x_1 + 2x_2,$$

$$\begin{cases} 2x_1 + 4x_2 \leqslant 1, \\ x_1 + 2x_2 \leqslant 1, \\ 2x_1 + x_2 \leqslant 1, \\ x_1, x_2 \geqslant 0. \end{cases}$$

解：其对偶问题（DP）如下：

$$\text{DP：Min}W = y_1 + y_2 + y_3,$$

$$\begin{cases} 2y_1 + y_2 + 2y_3 \geqslant 2, \\ 4y_1 + 2y_2 + y_3 \geqslant 2, \\ y_1, y_2, y_3 \geqslant 0. \end{cases}$$

2. 非对称形式的原问题与对偶问题关系

并非所有的 LP 问题都有对称形式，故讨论一般情况下 LP 问题如何写出其对偶问题。非对称形式的对偶线性规划问题：（1）如果原问题的约束条件是等式约束，则它的对偶问题的对应变量就无约束。（2）如果原问题的决策变量无非负限制（或无约束），则它的对偶问题对应于该变量的约束条件应取等式。

例 3.3　写出下述线性规划的对偶问题。

$$\text{Max}Z = x_1 + 4x_2 + 3x_3,$$

$$\begin{cases} 2x_1 + 3x_2 - 5x_3 \leqslant 2, \\ 3x_1 - x_2 + 6x_3 \geqslant 1, \\ x_1 + x_2 + x_3 = 4, \\ x_1，x_2 \leqslant 0，x_3\text{无约束}. \end{cases}$$

解：先化为对称形式，因为目标函数求极大，所以约束条件变为“≤”，决策变量≥ 0，令 $x_2 = -x_2', x_2' \geqslant 0.$

$$\text{Max}Z = x_1 - 4x_2' + 3x_3,$$

$$\begin{cases} 2x_1 - 3x_2' - 5x_3 \leqslant 2, \\ -3x_1 - x_2' - 6x_3 \leqslant -1, \\ x_1 - x_2' + x_3 = 4, \\ x_1 \geqslant 0，-x_2' \leqslant 0，x_3\text{无约束}. \end{cases}$$

令对应上述 3 个约束条件（不包括非负约束条件）的对偶变量分别为 y_1, y_2, y_3，则有

$$\text{Min}W = 2y_1 - y_2 + 4y_3,$$
$$\begin{cases} 2y_1 - 3y_2 + y_3 \geqslant 1, \\ -3y_1 - y_2 - y_3 \geqslant -4, \\ -5y_1 - 6y_2 + y_3 \geqslant 3, \\ y_1, y_2, y_3 \geqslant 0. \end{cases}$$

加上原问题第三个约束条件是等号，x_3 无约束两个非对称条件，整理后对偶问题为

$$\text{Min}W = 2y_1 - y_2 + 4y_3,$$
$$\begin{cases} 2y_1 - 3y_2 + y_3 \geqslant 1, \\ 3y_1 + y_2 + y_3 \leqslant 4, \\ -5y_1 - 6y_2 + y_3 = 3, \\ y_1,\ y_2 \geqslant 0,\ y_3\text{无约束}. \end{cases}$$

经过对称形式下与非对称形式上两种情况的分析，可以总结出原规划与对偶规划相关数据间的联系。对偶关系相互对照表如表 3-2 所示。

表 3-2　对偶关系相互对照表

原问题（LP）		对偶问题（DP）	
目标函数形式	Max	目标函数形式	Min
变量	n 个变量 变量≥ 0 变量≤ 0 无正负限制	约束	n 个约束 约束≥ 约束≤ 约束 =
约束	m 个约束 约束≤ 约束≥ 约束 =	变量	m 个变量 变量≥ 0 变量≤ 0 无正负限制
约束方程右端项		目标函数价值系数	
目标函数价值系数		约束方程右端项	

例 3.4　写出下列线性规划的对偶问题。

$$\text{Max}Z = 25x_1 + 2x_2 + 3x_3,$$
$$\begin{cases} x_1 + x_2 - x_3 \leqslant 1, \\ x_1 + 2x_2 - x_3 \geqslant 1, \\ 2x_1 - x_2 + x_3 = 1, \\ x_1,\ x_2 \leqslant 0,\ x_3\text{无约束}. \end{cases}$$

解：先化为对称形式，因为目标函数求极小化，所以约束条件变为“≥”，决策变量≥ 0，令 $x_2 = -x_2', x_2' \geqslant 0$.

$$\text{Max}Z = 25x_1 - 2x_2' + 3x_3,$$
$$\begin{cases} -x_1 + x_2' + x_3 \geqslant -1, \\ x_1 - 2x_2' - x_3 \geqslant 1, \\ 2x_1 + x_2' + x_3 = 1, \\ x_1 \geqslant 0, x_2' \geqslant 0, x_3\text{无约束}. \end{cases}$$

令对应上述 3 个约束条件（不包括非负约束条件）的对偶变量分别为 y_1, y_2, y_3，则对偶问题为

$$\text{Min}W = -y_1 + y_2 + y_3,$$
$$\begin{cases} -y_1 + y_2 + 2y_3 \leqslant 25, \\ -y_1 + 2y_2 - y_3 \geqslant 2, \\ y_1 - y_2 + y_3 = 3, \\ y_1, y_2 \geqslant 0, y_3\text{无约束}. \end{cases}$$

3.2 对偶问题的基本性质

3.2.1 单纯形法的矩阵描述

对于对称形式的线性规划问题，其标准形式为

$$\text{Max}Z = CX, \qquad \text{Max}Z = CX,$$
$$\begin{cases} AX + IX_s = b, \\ X \geqslant 0, X_s \geqslant 0. \end{cases} \qquad \begin{cases} AX + IX_s = b, \\ X \geqslant 0, X_s \geqslant 0. \end{cases}$$

X_S 为松弛变量，X_S=（$x_{n+1}, x_{n+2}, \cdots, x_{n+m}$），$I$ 为 $m \times m$ 矩阵。

$$A = (B, N), X = \begin{pmatrix} X_B \\ X_N \end{pmatrix}, C = (C_B, C_N),$$

$$(B, N)\begin{pmatrix} X_B \\ X_N \end{pmatrix} = b \Rightarrow BX_B + NX_N = b.$$

列出初始单纯形表如表 3-3 所示。

表 3-3 单纯形表初表

			非基变量		基变量
C_B	X_B	b	X_B	X_N	X_S
0	X_S	b	B	N	I
	$-Z$	0	C_B	C_N	0

设若干步迭代后，基变量为 X_B, X_B 在初始单纯形表中的系数矩阵为 B，而 A 中去掉 B 的若干列组成矩阵 N，则迭代后的单纯形表如表 3-4 所示。

表 3-4 迭代后的表

			基变量	非基变量	
C_B	X_B	b	X_B	X_N	X_S
C_B	X_B	$B^{-1}b$	I	$B^{-1}N$	B^{-1}
	$-Z$	$-C_B B^{-1}b$	0	$C_N-C_B B^{-1}N$	$-C_B B^{-1}$

从表 3-4 中看出：

1. 对应初始单纯形表中的单位矩阵 I，迭代后的单纯形表中为 B^{-1}。

2. 初始单纯形表中的基变量 $X_S=b$，迭代后为 $X_B=B^{-1}b$。

3. 初始单纯形表中约束系数矩阵 $[A,I]=[B,N,I]$，迭代后的表中为 $[B^{-1}A, B^{-1}I]=[B^{-1}B, B^{-1}N, B^{-1}I]=[I, B^{-1}N, B^{-1}]$。

4. 若初始矩阵中变量 x_j 的系数列向量为 P_j，迭代后为 P_j'，则

$$P_j' = B^{-1}P_j.$$

5. 当 B 为最优基时，应有

$$\begin{cases} C_N - C_B B^{-1} N \leqslant 0, & (3-1) \\ C_B B^{-1} \geqslant 0. & (3-2) \end{cases}$$

又因为 X_B 的检验数可写为

$$\sigma_B = C_B - C_B I = 0 \Leftrightarrow \sigma_B = C_B - C_B B^{-1} B = 0. \tag{3-3}$$

将式（3-1）和式（3-3）合并，则有

$$\begin{cases} C_N - C_B B^{-1} A \leqslant 0_N, \\ C_B B^{-1} \geqslant 0. \end{cases}$$

$C_B B^{-1}$ 称为单纯形因子，令 $C_B B^{-1}=Y$ 则有

$$\begin{cases} YA \geqslant C_N, \\ Y \geqslant 0. \end{cases}$$

$C_BB^{-1}=Y$，检验数行的相反数，恰好是对偶问题的可行解。

将 $Y=C_BB^{-1}$ 代入对偶问题的目标函数值，则

$$W = Yb = C_BB^{-1}b = Z.$$

所以当原问题为最优解是，对偶问题为可行解，且两者目标函数值相同，根据下节的对偶问题的基本性质，将看到这时对偶问题的解也为最优解。

3.2.2 对偶问题的基本性质（对偶定理）

对于下面标准形式的原问题与对偶问题，有以下定理。

1. 对称性定理：对偶问题的对偶是原问题。

$$\text{LP：Max}Z = CX, \quad \begin{cases} AX \leqslant b, \\ X \geqslant 0. \end{cases} \qquad \text{DP：Min}W = Y'b, \quad \begin{cases} A'Y \geqslant C', \\ Y \geqslant 0. \end{cases}$$

证明：在 DP 中，令 $W'=-W$，

则有

$$\text{Max}W' = -bY, \quad \begin{cases} -YA \leqslant -C, \\ Y \geqslant 0. \end{cases}$$

其对偶问题为

$$\text{Min}Z' = -CX, \quad \begin{cases} -AX \geqslant -b, \\ X \geqslant 0. \end{cases}$$

令 $Z'=-Z$，则有

$$\text{Max}Z = CX, \quad \begin{cases} AX \leqslant b, \\ X \geqslant 0. \end{cases}$$

所以，对偶问题的对偶是原问题。

2. 弱对偶性：如果 $X^{(0)}$ 是原问题的可行解，$Y^{(0)}$ 是对偶问题的可行解，则恒有

$$CX^{(0)} \leqslant Y^{(0)}b.$$

证明：

$X^{(0)}$ 是原问题的可行解， 所以 $AX^{(0)} \leqslant b$. （1）

$Y^{(0)}$ 是对偶问题的可行解，所以 $Y^{(0)}A \geqslant C$. （2）

$X^{(0)}$，$Y^{(0)} \geqslant 0$，用 $X^{(0)}$ 右乘（2），$Y^{(0)}$ 左乘（1）.

$Y^{(0)}AX^{(0)} \leqslant Y^{(0)}b$.

$$Y^{(0)}AX^{(0)} \geqslant CX^{(0)},$$

即

$$CX^{(0)} \leqslant Y^{(0)}b.$$

由弱对偶性，可得出以下推论。

（1）原问题任一可行解的目标函数值是其对偶问题目标函数值的下界；反之对偶问题任一可行解的目标函数值是其原问题目标函数值的上界。

（2）如原问题有可行解且目标函数值无界，则其对偶问题无可行解；反之对偶问题有可行解且目标函数值无界则其原问题无可行解。

（3）如原问题有可行解而其对偶问题无可行解，则原问题目标函数值无界；反之对偶问题有可行解而其原问题无可行解，则对偶问题的目标函数值无界。

3. 最优性：如果 $X^{(0)}$ 是原问题的可行解，$Y^{(0)}$ 是对偶问题的可行解，则当 $CX^{(0)}=Y^{(0)}b$ 时，$X^{(0)}$，$Y^{(0)}$ 分别为各自问题的最优解。

证明：设 X 是 LP 的任一个可行解，则有

$$CX \leqslant Y^{(0)}b=CX^{(0)}.$$

所以，$X^{(0)}$ 是最大化问题的最优解，$Y^{(0)}$ 是最小化问题的最优解。

4. 强对偶性：若 LP 和 DP 同时存在可行解，则它们必都存在最优解。

证明同上。

5. 无界解定理：若原问题（对偶问题）为无界解，则其对偶问题（原问题）无可行解。

证明：反证法

设原问题目标函数为极大值，无上界。

对偶问题的可行解为 $Y^{(0)}$，

则

$$CX \leqslant Y^{(0)}b.$$

根据定理 1，原问题存在最优解，与假设矛盾，假设不成立。

6. 强对偶性定理：如果原问题和对偶问题中有一个有最优解，则另一个问题也必存在最优解，且两个问题的最优解的目标函数值相等。

证明：设 LP 存在最优解，将其化为标准型，则有

$$\text{LP：Max}Z = CX + C_aX_a,$$
$$\begin{cases} AX + IX_a = b, \\ X \geqslant 0, X_a \geqslant 0. \end{cases}$$

X_a 为松弛变量，C_a 为其价值系数（C_a=0），设原问题的最优解为 $X^{(0)}$，基为 B，则有

$$X^{(0)} = \begin{bmatrix} X^* \\ X_a^* \end{bmatrix},$$

$$\sigma_j = C_j - C_B B^{-1} P_j \leqslant 0.$$

即 $(C - C_a) - C_B B^{-1}(A, I) \leqslant 0$,

$$\Rightarrow\begin{cases}C-C_BB^{-1}A\leqslant 0\\C_a-C_BB^{-1}I\leqslant 0\end{cases}\Rightarrow\begin{cases}C_BB^{-1}A\geqslant C\\C_BB^{-1}\geqslant 0\end{cases}.$$

令 $CBB^{-1}=Y^{(0)}$ ，则有

$$\begin{cases}Y^{(0)}A\geqslant C,\\Y^{(0)}\geqslant 0.\end{cases}$$

所以 $Y^{(0)}$ 是对偶问题的一个可行解。

引入定理 2，$W^{(0)}=Y^{(0)}b=C_BB^{-1}b=C_BX_B$。

∴ 也是对偶问题的最优解。

原问题与对偶问题的解之间只有以下 3 种可能的关系：

（1）两个问题都有可行解，从而都有最优解；

（2）一个为无界，另一个必无可行解；

（3）两个都无可行解。

7. 互补松弛性：在线性规划问题的最优解中，如果对应某一约束条件的对偶变量值为非零，则该约束取严格等式；反之如果约束条件取严格不等式，则其对应的对偶变量一定为零。也即

若 $y_i^*\geqslant 0$，则有 $\sum\limits_{j=1}^{n}a_{ij}x_j^*=b_i$，即 $x_{si}=0$；

若 $\sum\limits_{j=1}^{n}c_jx_j^*<b_j$，即 $x_{si}>0$，则有 $y_i^*=0$。

因此一定有 $x_{si}\cdot y_i^*=0$。

证明：设原问题和对偶问题的标准型是

$$\text{LP：}\operatorname{Max}Z=CX,\quad\begin{cases}AX+X_S=b,\\X\geqslant 0,X_S\geqslant 0.\end{cases}\qquad\text{DP：}\operatorname{Min}W=Yb,\quad\begin{cases}YA-Y_S=C,\\Y\geqslant 0,Y_S\geqslant 0.\end{cases}$$

则

$$\begin{cases}Z=CX=(YA-Y_S)X=YAX-Y_SX,\\W=Yb=Y(AX+X_S)=YAX+YX_S.\end{cases}$$

充分性：若 $Y_SX=0$，$YX_S=0$ 则有 $Z=W$ 即 $CX^{(0)}=Y^{(0)}b$，
则 $X^{(0)}$，$Y^{(0)}$ 必是各自问题的最优解。

必要性：若 $X^{(0)}$，$Y^{(0)}$ 是各自问题的最优解，
则有 $CX^{(0)}=Y^{(0)}b=Y^{(0)}AX^{(0)}$.

即 $Y_SX=0$，$YX_S=0$.

互补松弛性定理的应用：在已知一个问题的最优解时，可求其对偶问题的最优解。已

知一个问题的对偶问题最优解时，可求其原问题的最优解。如例 3.5 与例 3.6。

例 3.5　已知下列问题的最优解为 X^*=（1/7,11/7），用互补松弛性定理求其对偶问题的最优解。

$$\text{Max}Z = x_1 + 2x_2,$$
$$\begin{cases} 3x_1 + x_2 \leqslant 2, \\ -x_1 + 2x_2 \leqslant 3, \\ x_1 - 3x_2 \leqslant 1, \\ x_1, x_2 \geqslant 0. \end{cases}$$

解：先求出其对偶问题

$$\text{Min}W = 2y_1 + 3y_2 + y_3,$$
$$\begin{cases} 3y_1 - y_2 + y_3 \geqslant 1, \\ y_{1+} 2y_2 - 3y_3 \geqslant 2, \\ y_1, y_2, y_3 \geqslant 0. \end{cases}$$

将原问题变为标准型

$$\text{Max}Z = x_1 + 2x_2,$$
$$\begin{cases} 3x_1 + x_2 + s_1 \leqslant 2, \\ -x_1 + 2x_2 + s_2 \leqslant 3, \\ x_1 - 3x_2 + s_3 \leqslant 1, \\ x_1, x_2, s_1 \geqslant 0, s_2, s_3 \geqslant 0. \end{cases}$$

将最优解 X^*=（1/7,11/7）代入原问题的标准型中，确定松弛变量取值为

$$\begin{cases} 3\times\dfrac{1}{7}+\dfrac{11}{7}+s_1 = 2, \\ -\dfrac{1}{7}+2\times\dfrac{11}{7}+s_2 = 3 \Rightarrow \begin{cases} s_1 = 0 \\ s_2 = 0 \\ s_3 = \dfrac{39}{7} \end{cases}, \\ \dfrac{1}{7}-3\times\dfrac{11}{7}+s_3 = 1. \end{cases}$$

由于 $s_3>0$，利用互补松弛性定理知 $y_3^* = 0$。

由互补松驰性，$x_1^* = \dfrac{1}{7} > 0, x_2^* > 0$，所以对偶问题的第一、二个约束的松弛变量等于零，即对偶问题的第一个、第二个约束条件左边正好等于右边的常数项，则

$$\text{Min}W = 2y_1^* + 3y_2^* + y_3^*,$$

$$\begin{cases}3y_1^*-y_2^*+y_3^*=1,\\ y_1^*+2y_2^*-3y_3^*=2,\\ y_1^*,y_2^*,y_3^*=0.\end{cases}$$

求解上式得$\begin{cases}3y_1^*-y_2^*=1\\ y_1^*+2y_2^*=2\end{cases}\Rightarrow y_1^*=\frac{4}{7},\quad y_2^*=\frac{5}{7}$。

则对偶问题的最优解为$Y^*=(y_1^*,y_2^*,y_3^*)=(\frac{4}{7},\frac{5}{7},0)$。

例 3.6　已知线性规划问题

$$\mathrm{Min}Z=2x_1+3x_2+x_3,$$

$$\begin{cases}3x_1-x_2+x_3\geqslant 1,\\ x_1+2x_2-x_3\geqslant 2,\\ x_1,x_2,x_3\geqslant 0.\end{cases}$$

已知其对偶问题的最优解为$Y=(y_1,y_2)=\left(\frac{1}{7},\frac{11}{7}\right)$，试用互补松驰性求解原问题的最优解。

解：先求其对偶问题

$$\mathrm{Max}W=y_1+2y_2,$$

$$\begin{cases}3y_1+y_2\leqslant 2,\\ -y_1+2y_2\leqslant 3,\\ y_1-y_2\leqslant 1,\\ y_1,y_2\geqslant 0.\end{cases}$$

将对偶问题的最优解y_1,y_2的值代入对偶问题约束条件，得第 3 个约束为严格不等式，由互补松驰性得$x_3^*=0$。

又由于y_1,y_2的值均大于 0，由互补松驰性知原问题的两个约束条件均为等式，即

$$\begin{cases}3x_1-x_2+x_3=1,\\ x_1+2x_2-3x_3=2.\end{cases}$$

解上述方程组得$x_1^*=\frac{4}{7},x_2^*=\frac{5}{7}$.

故原问题的最优解为$X^*=\begin{pmatrix}\frac{4}{7}\\ \frac{5}{7}\\ 0\end{pmatrix}$，$Z^*=\frac{23}{7}$.

利用互补松驰性解题的步骤如下。

第 1 步：写出对偶问题。

第 2 步：将原问题与对偶问题都化为标准型。

第 3 步：将最优解代入标准型中，确定松弛变量取值。

第 4 步：利用互补松弛性定理。

3.3 影子价格

影子价格：根据最优性定理 $Z^*=CX^*=Y^*b=W^*$，其中 b_i 既是原问题约束条件的右端项（第 i 种资源的拥有量），又是对偶问题的价值系数，那么在最优解处

$$W^* = Y^*b= Y^*_1b_1+ Y^*_2b_2+ \cdots + Y^*_mb_m.$$

此时 b_i 增加一个单位，目标函数则变化 Y_i 个单位。

Y^*（对偶解）的经济意义为：资源的单位改变量引起目标函数值的增加量，也就是在资源最优利用条件下对单位第 i 种资源的估价。但这种估价不是资源的市场价格，而是根据资源对生产所作的贡献而作的估价。为区别起见，称为影子价格（shadow price）。

1. 影子价格的大小客观的反映了资源的稀缺程度。

如果第 i 种资源供大于求，即达到最优解时，资源并没用完；

$\sum\limits_{j=1}^{n} a_{ij}x_i < b$，即 $x_{si} > 0$ 为非稀缺资源。

由互补松弛性定理，$y_i^*=0$，即该资源的影子价格 =0，增加该资源的供应不会引起目标函数值的增加。反之，如果 $y_i^* > 0$，即影子价格 > 0，则说明增加该资源的供应，会引起目标函数值的增加（$y_i^*=$ 增加量）。

上面例 3.1 的线性规划数学模型如下。

$$\text{Max}Z = 56x_1 + 30x_2,$$
$$\begin{cases} 4x_1 + 3x_2 \leqslant 120, \\ 2x_1 + x_2 \leqslant 50, \\ x_1, x_2 \geqslant 0. \end{cases}$$

其线性规划的迭代过程如表 3-5 所示。

表 3-5 单纯形表迭代过程

$c_j \to$			56	30	0	0	θ_i
C_B	X_B	b	x_1	x_2	x_3	x_4	
0	x_3	120	4	3	1	0	120/4=30
0	x_4	50	[2]	1	0	1	50/2=25
$\sigma_j \to$			56	30	0	0	
0	x_3	20	0	[1]	1	−2	20/1=20
56	x_1	25	1	1/2	0	1/2	25/（1/2）=50
$\sigma_j \to$			0	2	0	−28	
30	x_2	20	0	1	1	−2	
56	x_1	15	1	0	−1/2	3/2	
$\sigma_j \to$			0	0	−2	−24	

由表 3-5 知 Z^*=1440，X^*=（15,20）^{T}，Y^*=（2,24）。

这说明增加这两种资源都会引起目标值的增加，也就是说，它们都是稀缺资源。

如果印刷工时从 120 增加到 121，则 Z^*=1442，验证过程如表 3-6 所示。如果印后加工工时从 50 增加到 51，则 Z^*=1464。

表 3-6 增加 1 台时印刷工时的验证过程

$c_j \to$			56	30	0	0	θ_i
C_B	X_B	b	x_1	x_2	x_3	x_4	
0	x_3	121	4	3	1	0	121/4=121/4
0	x_4	50	[2]	1	0	1	50/2=25
$\sigma_j \to$			56	30	0	0	
0	x_3	21	0	[1]	1	−2	21/1=21
56	x_1	25	1	1/2	0	1/2	50/（1/2）=50
$\sigma_j \to$			0	2	0	−28	
30	x_2	21	0	1	1	−2	
56	x_1	29/2	1	0	−1/2	3/2	
$\sigma_j \to$			0	0	−2	−24	

由表 3-6 知 Z^*=1442，X^*=（29/2,21）^{T}，Y^*=（2,24）。

如果某个 y_i^*=0，则增加该资源对 Z 无影响。

影子价格的应用主要有以下几点。

1. 边际价格。管理者增加某种资源对经济效益有无影响及影响程度。

2. 隐含成本。如果增加第 3 个订单印刷品，告知新产品的定价标准。

假设第 3 个订单印刷品对两种印刷工艺的消耗分别为印刷工序 3h，印后加工 2h，问销价应为多少才能赢利？

$$3\times2+2\times24=54\text{（元）},$$

∴ 售价≥ 54 元，才赢利。如售价≤ 54 元，不如把资源投入到原来的两种产品中。

3. 告知管理者目前工厂中各种资源的稀缺程度。

$y_1^*=2\neq0$，则 $x_{1S}=0$，第一种印刷工序工时无剩余。

$y_2^*=24\neq0$，则 $x_{2S}=0$，第二种印后加工工序工时无剩余。

3.4　对偶单纯形法

3.4.1　对偶单纯形法的基本思路

求解线性规划的单纯形法的思路是：对原问题的一个基可行解，判别是否所有检验数 $\sigma_{\rm j}=c_j-z_j\leqslant0(j=1,\cdots,n)$。若是，又基变量中无非零人工变量，即找到了问题最优解；若否，再找出相邻的目标函数值更大的基可行解，并继续判别，只要最优解存在，就一直循环进行到找出最优解为止。

根据对偶问题的性质，因为 $\sigma_{\rm j}=c_j-z_j=c_j-C_BB^{-1}P_j$，当 $\sigma_{\rm j}=c_j-z_j\leqslant0(j=1,\cdots,n)$，即有 $\sum\limits_{i=1}^{m}a_{ij}y_i\geqslant c_j(j=1,\cdots,n)$，也即其对偶问题的解为可行解，由此原问题和对偶问题均为最优解。反之，如果存在一个对偶问题的可行基 B，即对 $j=1,\cdots,n$，有 $C_BB^{-1}P_j\geqslant c_j$或$c_j-z_j\leqslant0$，这时只要有 $X_B=C_BB^{-1}\geqslant0$，即原问题的解也为可行解，即两者均为最优解。否则保持对偶问题为可行解，找出原问题的相邻基本解，判别是否有 $X_B\geqslant0$，循环进行，一直使原问题也为可行解，从而两者均为最优解。

对偶单纯形法的基本思路：先找出一个对偶问题的可行基，并保持对偶问题为可行解条件下，如不存在 $X_B\geqslant0$，通过变换到一个相邻的目标函数值较小的基本解（因对偶问题是求目标函数极小化），并循环进行，一直到原问题也为可行解（即 $X_B\geqslant0$），这时对偶问题与原问题均为可行解。

3.4.2 对偶单纯形法的计算步骤

设某标准形式的线性规划问题

$$\mathrm{Max}Z = CX,$$
$$\begin{cases} AX = b, \\ X \geqslant 0. \end{cases}$$

存在一个对偶问题的可行基 B，不妨设 $B=(P_1, P_2,\cdots, P_m)$，列出单纯形表，如表 3-7 所示。

表 3-7 单纯形表

$c_j \rightarrow$			c_1	$\cdots$	c_r	$\cdots$	c_m	c_{m+1}	$\cdots$	c_s	$\cdots$	c_n
C_B	X_B	b	x_1	$\cdots$	x_r	$\cdots$	x_m	x_{m+1}	$\cdots$	x_s	$\cdots$	x_n
C_1	x_1	$\bar{b}_1$	1	$\cdots$	0	$\cdots$	0	$a_{1,m+1}$	$\cdots$	a_{1s}	$\cdots$	a_{1n}
$\vdots$	$\vdots$	$\vdots$	$\vdots$		$\vdots$	$\vdots$	$\vdots$	$\vdots$		$\vdots$		$\vdots$
c_r	x_r	$\bar{b}_r$	0	$\cdots$	1	$\cdots$	0	$a_{r,m+1}$	$\cdots$	a_{rs}	$\cdots$	a_{rn}
$\vdots$	$\vdots$	$\vdots$	$\vdots$		$\vdots$	$\vdots$	$\vdots$	$\vdots$		$\vdots$		$\vdots$
c_m	x_m	$\bar{b}_m$	0	$\cdots$	0	$\cdots$	1	$a_{m,m+1}$	$\cdots$	a_{ms}	$\cdots$	a_{mn}
$c_j-z_j \rightarrow$			0	$\cdots$	0	$\cdots$	0	$c_{m+1}-z_{m+1}$	$\cdots$	c_s-z_s	$\cdots$	c_n-z_{nn}

表 3-7 中必须有 $c_j - z_j \leqslant 0 (j=1,\cdots,n)$，$\bar{b}_i (i=1,\cdots,m)$ 的值不要求为正。当对 i=1，$\cdots$，m，有 $\bar{b}_i \geqslant 0$ 时，即表中原问题和对偶问题均为最优解。否则，通过变换一个基变量，找出原问题的一个目标函数值较小的相邻基本解。

对偶单纯形法的步骤如下。

1. 确定换出基的变量

因为总存在 <0 的 $\bar{b}_i$，令 $\bar{b}_r = \mathrm{Min}\{b_i\}$，其对应变量 x_r 为换出基的变量。

2. 确定换入基的变量

（1）为了使下一个表中第 r 行基变量为正值，因而只有对应 $a_{rj} < 0 (j = m+1,\cdots,n)$ 的非基变量才可以考虑作为换入基的变量。

（2）为了使下一个表中对偶问题的解仍为可行解，令

$$\theta = \min_j \left\{ \frac{c_j - z_j}{a_{rj}} \mid a_{rj} < 0 \right\} = \frac{c_s - z_s}{a_{rs}}. \tag{3-4}$$

称 a_{rs} 为主元素，x_s 为换入基的变量。

设下一个表中的检验数为 $(c_j - z_j)'$，

$$(c_j - z_j)' = (c_j - z_j) - \frac{a_{rj}}{a_{rs}}(c_s - z_s) = a_{rj}[\frac{c_j - z_j}{a_{rj}} - \frac{c_s - z_s}{a_{rs}}]. \quad (3\text{-}5)$$

分两种情况说明满足（3-4）式来选取主元素时，式（3-5）中：

1）对 $a_{rj} \geqslant 0$，因 $c_j - z_j \leqslant 0$，故 $\frac{c_j - z_j}{a_{rj}} \leqslant 0$，又因主元素 $a_{rs} < 0$，故 $\frac{c_s - z_s}{a_{rs}} \geqslant 0$，由此式（3-5）方括号内的值≤ 0，故有 $(c_j - z_j)' \leqslant 0$。

2）对 $a_{rj} < 0$，因 $\frac{c_j - z_j}{a_{rj}} - \frac{c_s - z_s}{a_{rs}} > 0$，故有 $(c_j - z_j)' \leqslant 0$。

3. 用换入变量替换换出变量

用换入变量替换换出变量，得到一个新的基。对新的基再检查是否所有 $\bar{b}_i(i = 1 \sim m) \geqslant 0$。如是，找到了两者的最优解，如否，回到第 1 步再循环进行。

因为由对偶问题的基本性质知，当对偶问题有可行解时，原问题可能有可行解，也可能无可行解。对出现后一种情况的判断准则是：对 $\bar{b}_r < 0$，而对所有 j=1,⋯,n 有 $a_{rj} \geqslant 0$。因为这种情况，若把表中第 r 行的约束方程列出有

$$x_r + a_{r,m+1}x_{m+1} + \cdots + a_{rn}x_n = \bar{b}_r.$$

因 $a_{rj} \geqslant 0(j = m+1, \cdots, n)$，又 $\bar{b}_r < 0$，故不可能存在 $x_j \geqslant 0(j = 1, \cdots, n)$ 的解。故原问题无可行解，这时对偶问题的目标函数值无界。

下面举例说明对偶单纯形法的计算步骤。

例 3.7　用对偶单纯形法解下列线性规划问题

$$\text{Min}W = 15x_1 + 24x_2 + 5x_3,$$

$$\begin{cases} 6x_2 + x_3 \geqslant 2, \\ 5x_1 + 2x_2 + x_3 \geqslant 1, \\ x_1, x_2, x_3 \geqslant 0. \end{cases}$$

解：先化为标准型

$$\text{Max}Z = -15x_1 - 24x_2 - 5x_3 + 0 \cdot x_4 + 0 \cdot x_5,$$

$$\begin{cases} 6x_2 + x_3 - x_4 = 2, \\ 5x_1 + 2x_2 + x_3 - x_5 = 1, \\ x_j \geqslant 0(j = 1, \cdots, 5). \end{cases}$$

把上面两个约束条件两边都同乘（-1），得

$$\begin{cases}-6x_2-x_3+x_4=-2,\\-5x_1-2x_2-x_3+x_5=-1.\end{cases}$$

其对偶单纯形表求解过程如表 3-8 所示。

表 3-8　对偶单纯形表

	$c_j\to$		-15	-24	-5	0	0
C_B	X_B	b	x_1	x_2	x_3	x_4	x_5
0 0	x_4 x_5	-2 -1	0 -5	[-6] -2	-1 -1	1 0	0 1
	$\sigma_j\to$		-15	-24	-5	0	0
	$\theta_i\to$		—	-24/（-6） =4	-5/（-1） =5	—	—
-24 0	x_2 x_5	1/3 -1/3	0 -5	1 0	1/6 [-2/3]	-1/6 -1/3	0 1
	$\sigma_j\to$		-15	0	-1	-4	0
	$\theta_i\to$		15/（-5） =3	—	-1/(-2/3) =3/2	-4/(-1/6) =12	
-24 -5	x_2 x_3	1/4 1/2	-5/4 15/2	1 0	0 1	-1/4 1/2	1/4 -3/2
	$\sigma_j\to$		-15/2	0	0	-7/2	-3/2

由表 3-8 知，$X^*=(0,1/4,1/2)^T$，$Y^*=(7/2,3/2)$。

例 3.8　用对偶单纯形法解下列线性规划问题

$$\text{Max}Z=4x_1+12x_2+18x_3,$$

$$\begin{cases}x_1+3x_3\geqslant 3,\\2x_2+2x_3\geqslant 5,\\x_1,x_2,x_3\geqslant 0.\end{cases}$$

解：先化为标准形式

$$\text{Max}Z'=-4x_1-12x_2-18x_3+0\cdot x_4+0\cdot x_5,$$

$$\begin{cases}-x_1-3x_3+x_4=-3,\\-2x_2-2x_3+x_5=-5,\\x_1,x_2,x_3,x_4,x_5\geqslant 0.\end{cases}$$

其对偶单纯形表如表 3-9 所示。

表 3-9　对偶单纯形表

$c_j \to$			-4	-12	-18	0	0
C_B	X_B	b	x_1	x_2	x_3	x_4	x_5
0 0	x_4 x_5	-3 -5	-1 0	0 [-2]	-3 -2	1 0	0 1
$\sigma_j \to$			-4	-12	-18	0	0
$\theta_i \to$			—	-12/（-2） =6	-18/（-2） =9	—	—
0 -12	x_4 x_2	-3 5/2	-1 0	0 1	[-3] 1	1 0	0 -1/2
$\sigma_j \to$			-4	0	-6	0	-6
$\theta_i \to$			-4/（-1） =4	—	-6/（-3） =2	—	—
-18 -12	x_3 x_2	1 3/2	1/3 -1/3	0 1	1 0	-1/3 1/3	0 -1/2
$\theta_i \to$			-2	0	0	-2	-6

由表 3-9 知，$X^*=(0,3/2,1)^T$，$Y^*=(2,6)$。

对偶单纯形法并不万能，只有在约束条件全都为≥ 0 时，才不必引进人工变量，使计算简化。但在初始单纯形表中，使对偶问题的解是基可行解这点对多数 LP 问题是很难实现的。因此，对偶单纯形法一般不单独使用，主要用于灵敏度分析和整数规划中。

3.5　灵敏度分析

灵敏度分析一词的含义是指对系统或事物因周围条件变化显示出来的敏感程度的分析。在前面所讲的线性规划问题中，都假定了各系数 c_j, a_{ij}, b_i 等始终保持不变，是已知常数。而实际中，这些系数通常是一些估计或预测数字。如果外界条件发生了变化，这些系数也会发生相应变化，这样一来，就会引出一些问题：1. 这些系数中，如果有一些发生变化，问题的最优解会发生怎样的变化？ 2. 如果发生变化，又将使用何种简便方法求出新的最优解？

线性规划的灵敏度分析通常有两类问题：

1. 当 C、A、b 中某一部分数据发生变化时，讨论最优解与最优值怎么变。

2. 研究 C、A、b 中数据在多大范围内波动时，使原有最优解仍为最优解，同时讨论此时最优解如何变动。

设线性规划问题：

$$\text{Max}Z = CX,$$
$$\begin{cases} AX = b, \\ X \geqslant 0. \end{cases}$$

$$A = (B, N), \quad C = (C_B, C_N), \quad X = \begin{pmatrix} X_B \\ X_N \end{pmatrix}.$$

该线性规划相应的最优单纯形表如表 3-10 所示。

表 3-10　最优单纯形表

$c_j \rightarrow$			c_1	c_2	…	c_n
C_B	X_B	b	x_1	x_2	…	x_n
c_{B1} c_{B2} ⋮ c_{Bm}	x_{B1} x_{B2} ⋮ x_{Bm}	$B^{-1}b$	$B^{-1}A = B^{-1}(P_1, P_2, \cdots, P_n)$			
$-Z$		$-C_BB^{-1}b$	$\sigma = C - C_BB^{-1}A$			

对于最大化问题，考查系数波动对最优基 B 的影响从两个方面入手：

1. 系数波动是否影响最优基 B 的可行性

$$B^{-1}b \geqslant 0.$$

2. 系数波动是否影响最优基 B 的最优性

$$C_N - C_BB^{-1}N \leqslant 0 \quad (\text{即}\, \sigma_N = C_N - C_BB^{-1}N \leqslant 0).$$

3.5.1　当价格系数 C 发生变化时

根据表 3-11，当 C 发生变化时不变的项有：

1. 约束条件与价格系数没有关系，可行域不变；

2. 原问题的最优解还是新问题的基本可行解，$X_B = B^{-1}b$。

根据表 3-11，当 C 发生变化时变化的项有：

1. 目标函数系数行 C_j；

2. 检验数行 $\sigma_j = c_j - C_BB^{-1}p_j$；

3. 目标函数值 $Z = C_BB^{-1}b$；

4. 根据检验数是否满足 $\sigma_j \leqslant 0$ 的条件，决定是否需要进行迭代。

（1）若 c_j 是非基变量的系数，则只有其对应的非基变量检验数 $\sigma_N = C_N - C_B B^{-1} N$ 发生改变，如果出现非基变量检验数大于 0，则用单纯形法进行迭代。

（2）若 c_j 是基变量的系数，则 C_B 将发生改变，那么所有的检验数 $\sigma = C - C_B B^{-1} A$ 发生改变。

例 3.9 已知线性规划的标准形式为

$$\text{Max}Z = -x_1 + 2x_2 + x_3 + 0 \cdot x_4 + 0 \cdot x_5,$$
$$\begin{cases} x_1 + x_2 + x_3 + x_4 = 6, \\ 2x_1 - x_2 + x_5 = 4, \\ x_j \geqslant 0 (j = 1, \cdots, 5). \end{cases}$$

其最优单纯形表终表如表 3-11 所示。

表 3-11 最优单纯形表终表

$c_j \to$			−1	2	1	0	0	σ_j
C_B	X_B	b	x_1	x_2	x_3	x_4	x_5	
2	x_2	6	1	1	1	1	0	
0	x_5	10	3	0	1	1	1	
−Z		−12	−3	0	−1	−2	0	

问：（1）当 c_1 由 −1 变为 4 时，求新问题的最优解。

（2）讨论 c_2 在什么范围内变化时，原有的最优解仍是最优解。

解：（1）由表 3-11 可知，c_1 是非基变量的价值系数，因此 c_1 的改变只影响 σ_1。

$$\begin{aligned} \sigma_1' &= c_1' - z_1' = c_1' - C_B B^{-1} p_1 = c_1' - C_B B^{-1} p_1 \\ &= c_1' - (2,0)\begin{bmatrix} 1 & 0 \\ 1 & 1 \end{bmatrix}\begin{bmatrix} 1 \\ 2 \end{bmatrix} = c_1' - 2 \leqslant 0 \\ &\Rightarrow c_1' \leqslant 2. \end{aligned}$$

只要 c_1 小于等于 2，最优解不变。所以当 c_1 由 −1 变为 4 时，不在 c_1 的波动范围内，所以最优解发生变化。当 c_1=4 时，其检验数 σ_1' 为

$$\begin{aligned} \sigma_1' &= c_1' - z_1' = c_1' - C_B B^{-1} p_1 = c_1' - C_B B^{-1} p_1 \\ &= 4 - (2,0)\begin{bmatrix} 1 & 0 \\ 1 & 1 \end{bmatrix}\begin{bmatrix} 1 \\ 2 \end{bmatrix} = 4 - 2 = 2 > 0. \end{aligned}$$

可见检验数最优性准则已不满足。因 $\sigma_1' > 0$，则 x_1 进基，继续换基迭代，迭代结果如表 3-12 所示。

表 3-12 迭代结果

$c_j \to$			4	2	1	0	0	σ_j
C_B	X_B	b	x_1	x_2	x_3	x_4	x_5	
2	x_2	6	1	1	1	1	0	6/1=6
0	x_5	10	[3]	0	1	1	1	10/3=10/3
	−Z	−12	2	0	−1	−2	0	
2	x_2	8/3	0	1	2/3	2/3	−1/3	
4	x_1	10/3	1	0	1/3	1/3	1/3	
−Z		−56/3	0	0	−5/3	−8/3	−2/3	

由表 3-12 知，当 c_1 由 −1 变为 4 时，最优解与目标函数值都发生了变化，最优解与最优值分别为 $X^*=\begin{bmatrix}x_1\\x_2\end{bmatrix}=\begin{bmatrix}\frac{10}{3}\\\frac{8}{3}\end{bmatrix}, Z^*=\frac{56}{3}$。

（2）要使原最优解仍为最优解，只要在新的条件下满足检验数 σ ≤ 0 成立，因为 x_2 是基变量，当 c_2 发生变化时，所有的检验数 σ 值都将发生变化。

由表 3-12 知 $B^{-1}=\begin{pmatrix}1&0\\1&1\end{pmatrix}$，

$$\sigma=C-C_BB^{-1}A$$

$$\begin{aligned}
&=(c_1,c_2',c_3,c_4,c_5)-C_BB^{-1}(p_1,p_2,p_3,p_4,p_5)\\
&=(-1,c_2',1,0,0)-(c_2',c_5)\begin{pmatrix}1&0\\1&1\end{pmatrix}\begin{pmatrix}1&1&1&1&0\\2&-1&0&0&1\end{pmatrix}\\
&=(-1,c_2',1,0,0)-(c_2',0)\begin{pmatrix}1&1&1&1&0\\3&0&1&1&1\end{pmatrix}\\
&=(-1,c_2',1,0,0)-(c_2',c_2',c_2',c_2',0)\\
&=(-1-c_2',0,1-c_2',-c_2',0)\leqslant 0.
\end{aligned}$$

即 $\begin{cases}-1-c_2'\leqslant 0,\\1-c_2'\leqslant 0,\\-c_2'\leqslant 0.\end{cases}$

求解不等式方程组，得 $c_2'\geqslant 1$。

所以当 x_2 的系数 $c_2\geqslant 1$ 时，原最优解仍能保持为最优解。

3.5.2　右端常数项 b 发生改变

当 b 变成 $b'=b+\triangle b$，此时需修改表 3-10 的第三列。基变量的取值由 $X_B=B^{-1}b$ 变为 $X_B'=B^{-1}b'$，目标函数值由 $Z=C_B B^{-1}b$ 变为 $Z'=C_B B^{-1}b'$。此时若 $b'\geqslant 0$，则因为 σ_j 没有改变，最优解仍是最优解，否则，单纯形表对应的是新问题的解不是最优解，常数项列有一个负值，此时需用对偶单纯形法继续迭代。

例 3.10　已知线性规划问题，其单纯形表终表如表 3-13 所示。

$$\text{Max}Z=-x_1-x_2+4x_3,$$
$$\begin{cases} x_1+x_2+2x_3\leqslant 9, \\ x_1+x_2-x_3\leqslant 2, \\ -x_1+x_2+x_3\leqslant 4, \\ x_1,x_2,x_3\geqslant 0. \end{cases}$$

表 3-13　单纯形表终表

$c_j\rightarrow$			-1	-1	4	0	0	0
C_B	X_B	b	x_1	x_2	x_3	x_4	x_5	x_6
-1	x_1	1/3	1	-1/3	0	1/3	0	-2/3
0	x_5	6	0	2	0	0	1	1
4	x_3	13/3	0	2/3	1	1/3	0	1/3
-Z		-17	0	-4	0	-1	0	-2

若右端列向量 $b=\begin{bmatrix}9\\2\\4\end{bmatrix}\rightarrow\begin{bmatrix}3\\2\\3\end{bmatrix}$，求新问题的最优解。

解：右端列向量变化，会影响 $X_B=B^{-1}b$。

$$X_B=B^{-1}b'=\begin{bmatrix}1&0&2\\1&1&-1\\0&0&1\end{bmatrix}^{-1}\begin{bmatrix}3\\2\\3\end{bmatrix}=\begin{bmatrix}1/3&0&-2/3\\0&1&1\\1/3&0&1/3\end{bmatrix}\begin{bmatrix}3\\2\\3\end{bmatrix}=\begin{bmatrix}-1\\5\\2\end{bmatrix}.$$

因为 $b_1=-1<0$，因此需要用对偶单纯形法继续迭代，迭代结果如表 3-14 所示。

表 3-14　换基迭代

$c_j\rightarrow$			-1	-1	4	0	0	0
C_B	X_B	b	x_1	x_2	x_3	x_4	x_5	x_6
-1	x1	-1	1	-1/3	0	1/3	0	[-2/3]
0	x5	5	0	2	0	0	1	1
4	x3	2	0	2/3	1	1/3	0	1/3

续表

$c_j \to$			-1	-1	4	0	0	0
C_B	X_B	b	x_1	x_2	x_3	x_4	x_5	x_6
$-Z$		-9	0	-4	0	-1	0	-2
$\theta_i \to$				-4/(-1/3)=12	—	—	—	-2/(-2/3)=3
0 0 4	x_6 x_5 x_3	3/2 7/2 3/2	-3/2 3/2 1/2	1/2 3/2 1/2	0 0 1	-1/2 1/2 1/2	0 1 0	1 0 0
$-Z$		-6	-3	-3	0	-2	0	0

∴新问题的最优解与最优值分别为 $X^*=(0,0,3/2,0,7/2,3/2)^T$，$Z^*=6$。

3.5.3 约束条件的系数列向量 P_k 发生改变

1. 若相应的 x_k 为非基变量，此时最优基不变，最优解不变，只改变 P_k 为 P_k'，检验数 σ_k 变为

$$\sigma_k' = c_k - CB\,B^{-1}P_k'.$$

若 $\sigma_k' \leqslant 0$，则原问题的最优解也是新问题的最优解，否则用单纯形法继续迭代。

2. 若相应的 x_k 为基变量，则表中所有系数都要改变，因此还是用单纯形法重新计算比较方便。

例 3.11　已知线性规划问题

$$\text{Max}Z = 2x_1 + 3x_2 + x_3,$$
$$\begin{cases} \frac{1}{3}x_1 + \frac{1}{3}x_2 + \frac{1}{3}x_3 + x_4 = 1, \\ \frac{1}{3}x_1 + \frac{4}{3}x_2 + \frac{7}{3}x_3 + x_5 = 3, \\ x_j \geqslant 0(j = 1,\cdots,5). \end{cases}$$

最优单纯形表终表如表 3-15 所示。

表 3-15　最优单纯形表终表

$c_j \to$			2	3	1	0	0	θ_i
C_B	X_B	b	x_1	x_2	x_3	x_4	x_5	
2 3	x_1 x_2	1 2	1 0	0 1	-1 2	4 -1	-1 1	
$-Z$		-8	0	0	-3	-5	-1	

若 P_3 由原来的 $\begin{bmatrix}1/3\\7/3\end{bmatrix}\to\begin{bmatrix}1/10\\1/3\end{bmatrix}$，最优解将如何改变？

解：计算

$$\overline{P_3'}=B^{-1}P_3'=\begin{pmatrix}4 & -1\\-1 & 1\end{pmatrix}\begin{pmatrix}1/10\\1/3\end{pmatrix}=\begin{pmatrix}1/15\\7/30\end{pmatrix},$$

$$\sigma_3=c_3-C_BB^{-1}P_3'=1-\begin{pmatrix}2 & 3\end{pmatrix}\begin{pmatrix}1/15\\7/30\end{pmatrix}=\frac{1}{6}>0.$$

∴继续换基迭代，因 $\sigma_3=\frac{1}{6}>0$，则 x_3 进基，x_2 出基，迭代结果如表 3-16 所示。

表 3-16 换基迭代

$c_j\to$			2	3	1	0	0	θ_i
C_B	X_B	b	x_1	x_2	x_3	x_4	x_5	
2 3	x_1 x_2	1 2	1 0	0 1	1/15 [7/30]	4 −1	−1 1	1/（1/15）=15 2/（7/30）=60/7
$-Z$		−8	0	0	1/6	−5	−1	
2 1	x_1 x_3	3/7 60/7	1 0	−2/7 −30/7	0 1	30/7 −30/7	−9/7 −30/7	15 60/7
$-Z$		−66/7	0	−5/7	0	−30/7	−12/7	

由表 3-16 知，当 P_3 由原来的 $\begin{bmatrix}1/3\\7/3\end{bmatrix}\to\begin{bmatrix}1/10\\1/3\end{bmatrix}$ 时，最优解与最优值分别为 $X^*=(3/7,0,60/7,0,0)^T$，$Z^*=66/7$。

3.5.4 增加一个新变量 x_{n+1}

设增加一个新变量 x_{n+1}，其价值系数 c_{n+1}，在约束条件中对应的列向量为 P_{n+1}。令 $x_{n+1}=0$，显然原问题的最优基是新问题的可行基，原有变量的检验数并没有改变，所以，将 x_{n+1} 看成非基变量，在原问题的最优单纯形表中增加一列：

$$P'_{n+1}=B^{-1}P_{n+1}\quad \sigma_{n+1}=C_{n+1}+C_BB^{-1}P_{n+1}.$$

如果 $\sigma_{n+1}\leqslant 0$，则原问题的最优解就是新问题的最优解，否则继续迭代。

（仍以例 3.10 为例）已知线性规划问题

$$\text{Max}Z=-x_1-x_2+4x_3,$$
$$\begin{cases}x_1+x_2+2x_3\leqslant 9,\\x_1+x_2-x_3\leqslant 2,\\-x_1+x_2+x_3\leqslant 4,\\x_1,x_2,x_3\geqslant 0.\end{cases}$$

其最优单纯形表终表如3-17所示。

表 3-17 最优单纯形表终表

$c_j \to$			-1	-1	4	0	0	0
C_B	X_B	b	x_1	x_2	x_3	x_4	x_5	x_6
-1	x_1	1/3	1	-1/3	0	1/3	0	-2/3
0	x_5	6	0	2	0	0	1	1
4	x_3	13/3	0	2/3	1	1/3	0	1/3
-Z		-17	0	-4	0	-1	0	-2

现增加一个新变量 x_7，且 c_7=3，P_7=（3,1,-3）^{T}，求新问题的最优解。

解：由表3-17知。

$$B^{-1}=\begin{pmatrix}1/3 & 0 & -2/3\\ 0 & 1 & 1\\ 1/3 & 0 & 1/3\end{pmatrix},$$

$$\therefore P_7'=B^{-1}P_7=\begin{pmatrix}1/3 & 0 & -2/3\\ 0 & 1 & 1\\ 1/3 & 0 & 1/3\end{pmatrix}\begin{pmatrix}3\\ 1\\ -3\end{pmatrix}=\begin{pmatrix}3\\ -2\\ 0\end{pmatrix},$$

$$\sigma_7=c_7-C_BB^{-1}P_7=3-(-1,0,4)\begin{pmatrix}3\\ -2\\ 0\end{pmatrix}=6>0.$$

∴ 继续换基迭代，x_7 进基，x_1 出基，迭代结果如表3-18所示。

表 3-18 换基迭代

$c_j \to$			-1	-1	4	0	0	0	3	θ_i
C_B	X_B	b	x_1	x_2	x_3	x_4	x_5	x_6	x_7	
-1	x_1	1/3	1	-1/3	0	1/3	0	-2/3	[3]	（1/3）/3=1/9
0	x_5	6	0	2	0	0	1	1	-2	—
4	x_3	13/3	0	2/3	1	1/3	0	1/3	0	—
-Z		-17	0	-4	0	-1	0	-2	6	
3	x_7	1/9	1/3	-1/9	0	1/9	0	-2/9	1	
0	x_5	56/9	2/3	16/9	0	2/9	1	5/9	0	
4	x_3	13/3	0	2/3	1	1/3	0	1/3	0	
-Z		-53/3	-2	-10/3	0	-5/3	0	-2/3	0	

∴由表 3-18 知，增加一个新变量 x_7，最优解与最优值分别为 $X^*=(0,0,13/3,0,56/9,0,1/9)^T$，$Z^*=53/3$。

3.5.5 追加新约束条件

1. 因为新问题的可行域总是原问题的可行域，因此若原问题的最优解 X^* 也满足新增约束条件，则原问题的最优解也是新问题的最优解，即新增约束对总的结果没有影响。

2. 若 X^* 不满足新增的约束条件，说明原问题的最优解在新问题可行域之外，需重新求解。将新增约束直接反映到最终单纯形表中再进一步分析，用对偶单纯形法继续求解。

（仍以例 3.10 为例）已知线性规划问题

$$\mathrm{Max}Z=-x_1-x_2+4x_3,$$
$$\begin{cases}x_1+x_2+2x_3\leqslant 9,\\ x_1+x_2-x_3\leqslant 2,\\ -x_1+x_2+x_3\leqslant 4,\\ x_1,x_2,x_3\geqslant 0.\end{cases}$$

其最优单纯形表终表如 3-19 所示。

表 3-19 最优单纯形表终表

$c_j\to$			-1	-1	4	0	0	0
C_B	X_B	b	x_1	x_2	x_3	x_4	x_5	x_6
-1	x_1	1/3	1	-1/3	0	1/3	0	-2/3
0	x_5	6	0	2	0	0	1	1
4	x_3	13/3	0	2/3	1	1/3	0	1/3
-Z		-17	0	-4	0	-1	0	-2

现增加新约束 $-3x_1+x_2+6x_3\leqslant 17$，求新问题的最优解。

解：将原问题的最优解代入新增约束 $-3\times\dfrac{1}{3}+0+6\times\dfrac{13}{3}=25>17$，不满足新增加的约束条件，因此引入松弛变量 x_7 后，新增约束变为 $-3x_1+x_2+6x_3+x_7\leqslant 17$，把此约束条件加入表 3-19，如表 3-20 所示。

表 3-20 增加一个约束条件后的迭代过程

$c_j\to$			-1	-1	4	0	0	0	0
C_B	X_B	b	x_1	x_2	x_3	x_4	x_5	x_6	x_7
-1	x_1	1/3	1	-1/3	0	1/3	0	-2/3	[3]
0	x_5	6	0	2	0	0	1	1	-2
4	x_3	13/3	0	2/3	1	1/3	0	1/3	0
0	x_7	17	-3	1	6	0	0	0	1

续表

$c_j \rightarrow$			-1	-1	4	0	0	0	0
C_B	X_B	b	x_1	x_2	x_3	x_4	x_5	x_6	x_7
$-Z$		-17	0	-4	0	-1	0	-2	0
-1	x_1	1/3	1	-1/3	0	1/3	0	-2/3	0
0	x_5	6	0	2	0	0	1	1	0
4	x_3	13/3	0	2/3	1	1/3	0	1/3	0
0	x_7	-8	0	-4	6	-1	0	[-4]	1
$-Z$		-17	0	-4	0	-1	0	-2	0
$\theta_i \rightarrow$			—	-4/（-4）=1	—	-1/（-1）=1	—	-2/（-4）=1/2	—
-1	x1	5/3	1	1/3	0	1/2	0	0	-1/6
0	x5	4	0	1	0	-1/4	1	0	1/4
4	x3	11/3	0	1/3	1	1/4	0	0	1/12
0	x6	2	0	1	0	1/4	0	1	-1/4
$-Z$		-13	0	-2	0	-1/2	0	0	-1/2

由表 3-20 知，增加一个约束条件后，最优解与最优值分别为 $X^*=(5/3,0,11/3,0,4,2,0)^T$，$Z^*=13$。

练习题

1. 选择题。在下列各题中，从 4 个备选答案中选出正确答案。

（1）当非基变量 x_j 的系数 c_j 波动时，最优表中引起变化的有（　　）。

A. 常数项　　B. 目标值

C. 非基变量的检验数　　D. 基变量的检验数

（2）已知对称形式原问题（Max）的最优表中的检验数为（λ_1，λ_2，…，λ_n），松弛变量的检验数为（λ_{n+1}，λ_{n+2}，…，λ_{n+m}），则对偶问题的最优解为（　　）。

A. -（λ_1，λ_2，…，λ_n）　　B.（λ_1，λ_2，…，λ_n）

C. -（λ_{n+1}，λ_{n+2}，…，λ_{n+m}）　　D.（λ_{n+1}，λ_{n+2}，…，λ_{n+m}）

（3）某线性规划问题中，对某种资源的约束条件为“所用资源≤ R”，添加松弛变量 K 后，该约束条件变为“所用资源 $+K=R$”，若在最优解中，松弛变量 K 进入了基变量并取正值，则说明（　　）。

A. 计算错误，松弛变量不可能进入基变量

B. 最优解中该资源已全部用完

C. 最优解中该资源有剩余量

D. 还有更优的解

（4）在线性规划的对偶理论与灵敏度分析中，下列（　　）叙述是错误的。

A. 影子价格就是资源的价格

B. 增加一个约束条件，目标值不会比原来变好

C. 若某种资源影子价格为零，则该资源一定有剩余

D. 对偶问题的对偶问题是原问题

（5）灵敏度分析时，在保持最优解不变的前提下，$b_i' = b_i + \Delta b_i$ 的波动值 Δb_i 可由解不等式（　　）求得。

A. $B^{-1}b \geqslant 0$　　B. $C_N - C_B B^{-1} N \leqslant 0$

C. $B^{-1}b' \geqslant 0$　　D. $C_B B^{-1} b' \geqslant 0$

（6）在保持最优解不变的前提下，基变量系数 c_i 的变化范围可由解不等式（　　）求得。

A. $\tilde{C}_N - C_B B^{-1} N \geqslant 0$　　B. $\tilde{C}_N - C_B B^{-1} N \leqslant 0$

C. $C_N - \tilde{C}_B B^{-1} N \geqslant 0$　　D. $C_N - \tilde{C}_B B^{-1} N \leqslant 0$

2. 判断下列的说法是否正确。

（1）若 B 是原问题的最优可行基，则其对偶问题的最优解 $Y^*=C_B B^{-1}$。

（2）原问题第 i 个约束是“≤”约束，则对偶变量 $y_i \geqslant 0$。

（3）当某种资源的市场价格低于影子价格时，就买进该种资源。

（4）已知 y_i^* 为线性规划的对偶问题的最优解，若 $y_i^* > 0$，说明在最优生产计划中第 i 种资源已完全耗尽。

（5）对偶单纯形法是直接解对偶问题的一种方法。

（6）影子价格就是资源的价格。

（7）如果线性规划的原问题存在可行解，则其对偶问题也一定存在可行解。

（8）任何线性规划问题存在并具有唯一的对偶问题。

（9）已知 y_i^* 为线性规划的对偶问题的最优解，若 $y_i^* = 0$，说明在最优生产计划中第 i 种资源一定有剩余。

（10）若某种资源的影子价格等于 k，在其他条件不变的情况下，当该种资源增加 5 个单位时，相应的目标函数值将增大 $5k$。

（11）减少一个约束，目标值不会比原来变差。

（12）增加一个约束，目标值不会比原来变好。

（13）若某种资源有剩余，则该种资源的剩余影子价格一定为零。

（14）若 X^*, Y^* 是原问题与对偶问题的最优解，则 $X^* = Y^*$。

（15）应用对偶单纯形法计算时，若单纯形法中某一基变量 $x_i<0$，又所在行的元素全部大于或等于零，则可以判断其对偶问题具有无界解。

3. 求出下列线性规划问题的对偶问题。

（1）$\text{Max}Z = 6x_1 + 3x_2 + 5x_3$,

$$\begin{cases} x_1 + 2x_2 + x_3 \leqslant 17, \\ 2x_1 + x_2 + 3x_3 = 16, \\ x_1 + x_2 + x_3 = 11, \\ x_1, x_2 \geqslant 0; x_3\text{无约束}. \end{cases}$$

（2）$\text{Max}Z = 2x_1 + x_2 + 3x_3 + x_4$,

$$\begin{cases} x_1 + x_2 + x_3 + x_4 \leqslant 5, \\ 2x_1 - x_2 + 2x_3 = -6, \\ x_1 - x_3 + x_4 \geqslant 2, \\ x_1, x_3 \geqslant 0; x_2, x_4\text{无约束}. \end{cases}$$

（3）$\text{Min}Z = 3x_1 + 2x_2 - 3x_3 + 4x_4$,

$$\begin{cases} x_1 - 2x_2 + 3x_3 + 5x_4 \leqslant 3, \\ x_2 + 3x_3 + 4x_4 \geqslant -5, \\ 2x_1 - 4x_2 - 6x_3 - 4x_4 = 3, \\ x_1 \geqslant 0, x_4 \leqslant 0; x_2, x_3\text{无约束}. \end{cases}$$

（4）$\text{Min}Z = -6x_1 - 5x_2 - 7x_3$,

$$\begin{cases} -x_1 + 5x_2 - 3x_3 \geqslant 15, \\ -5x_1 - 6x_2 + 10x_3 \leqslant 20, \\ x_1 - x_2 - x_3 = -6, \\ x_1 \leqslant 0, x_2 \geqslant 0, x_3\text{无约束}. \end{cases}$$

4. 已知求解某线性规划问题的最终单纯形表如表 3-21 所示，表中 x_4, x_5 为松弛变量，问题的约束条件为“⩽”形式。

表 3-21　某线性规划的单纯形表终表

$c_j \rightarrow$		c_1	c_2	c_3	c_4	c_5
X_B	b	x_1	x_2	x_3	x_4	x_5
x_3	5/2	0	1/2	1	1/2	0
x_1	5/2	1	−1/2	0	−1/6	1/3
$c_j - z_j$		0	−4	0	−4	−2

试求：（1）写出原线性规划问题。

（2）直接由表 3-21 写出其对偶问题的最优解。

5. 已知线性规划问题

$$\text{Max}Z = c_1x_1 + c_2x_2 + c_3x_3,$$

$$\begin{cases} a_{11}x_1 + a_{12}x_2 + a_{13}x_3 \leqslant b_1, \\ a_2x_1 + a_{22}x_2 + a_{23}x_3 \leqslant b_2, \\ x_1, x_2, x_3 \geqslant 0. \end{cases}$$

用单纯形法求解得此线性规划的最终单纯形表（其中 x_4,x_5 为增加的松弛变量）如表 3-22 所示。

表 3-22　单纯形表终表

$c_j \to$		c_1	c_2	c_3	c_4	c_5
X_B	b	x_1	x_2	x_3	x_4	x_5
x_3	3/2	1	0	1	1/2	−1/2
x_1	2	1/2	1	0	−1	2
$c_j - z_j$		−3	0	0	0	−4

试求：（1）$a_{11},a_{12},a_{13},a_{21},a_{22},a_{23},b_1,b_2$ 的值；

（2）c_1,c_2,c_3 的值。

6. 若对偶问题的最优解为 Y*=（4,1），试用互补松弛性定理求原问题的最优解。

$$\text{Max}Z = 2x_1 + x_2 + 5x_3 + 6x_4,$$

$$\begin{cases} 2x_1 + x_3 + x_4 \leqslant 8, \\ 2x_1 + 2x_2 + x_3 + 2x_4 \leqslant 12, \\ x_i \geqslant 0(i = 1-4). \end{cases}$$

7. 已知线性规划问题

$$\text{Min}Z = 2x_1 + x_2 + 2x_3,$$

$$\begin{cases} -x_1 + x_2 + x_3 = 4, \\ -x_1 + x_2 - kx_3 \leqslant 6, \\ x_1, x_2 \geqslant 0, x_3\text{无约束}. \end{cases}$$

已知此线性规划的最优解为 $X^* = \begin{bmatrix} -5 \\ 0 \\ -1 \end{bmatrix}$,

试用互补松驰性求：

（1）求 k 的值；

（2）写出并求其对偶问题的最优解。

8. 某厂生产甲、乙、丙三种产品，已知有关数据如表 3-23 所示，试回答下面的问题。

表 3-23　产品加工数据

资源	三种产品及其消耗定额			资源拥有量 / 件
	甲	乙	丙	
劳动力	6	3	5	45
材料	3	4	5	30
单件利润（元 / 件）	4	1	5	

（1）建立该问题的线性规划模型，求使得该厂获利最大的生产计划？

（2）若产品乙、丙的单件利润不变，则产品甲的利润在什么范围变动时，上述最优解是不变的？

（3）若有一种新产品丁，新产品消耗劳动力为 3 单位，新产品消耗材料为 2 单位，单件利润为 2.5 元 / 件。问丁产品是否值得安排生产，并求新的最优计划？

（4）如劳动力数量不变，材料不足时可以从市场上购买，每单位 0.4 元，问该厂要不要购进材料扩大生产，购买多少为宜？

（5）由于某种原因，该厂决定暂停甲产品的生产，试重新确定新的生产计划。

9. 某厂生产Ⅰ、Ⅱ、Ⅲ三种产品，分别经过 A、B、C 三种设备加工，已知生产单位各种产品所需要的设备台时，设备的现有加工能力以及每件产品的预期的利润如表 3-24 所示。

表 3-24　产品加工的相关数据

三种设备	三种产品及加工的相关数据			设备能力（台时）/h
	Ⅰ	Ⅱ	Ⅲ	
A	1	2	1	120
B	10	4	5	600
C	2	2	6	320
单件利润 /（元 / 件）	9	6	4	

根据上述资料试回答下列问题：

（1）求获利最大的产品生产加工计划。

（2）产品Ⅲ每件的利润增加到多大时才值得安排生产？如果产品Ⅲ的每件利润增加到 50/6 元，求最优计划的变化。

（3）产品Ⅰ的利润在多大范围变化时，原最优计划保持不变？

（4）设备 A 的能力如果为 $100+12\theta$，确定保持最优基不变的 θ 的变化范围。

（5）如有一种新产品，加工一件设备 A、B、C 的台时为 1h、4h、3h，预期每件的利润为 8 元，是否值得安排生产？

（6）如合同规定该厂至少生产 10 件产品Ⅲ，试确定最优的变化。

10. 已知某工厂计划生产Ⅰ、Ⅱ、Ⅲ三种图书产品，各产品在 A、B、C 设备上加工，每生产一单位（万本）的数据如下表 3-25 所示。

表 3-25　产品加工的相关资料

三种设备	三种产品及其消耗系数			每月设备有效台时 / h
	Ⅰ	Ⅱ	Ⅲ	
A	8	2	10	300

续表

三种设备	三种产品及其消耗系数			每月设备有效台时 / h
	I	II	III	
B	10	5	8	400
C	2	13	10	420
单位产品利润（千元）	3	2	2.9	

（1）如何充分发挥设备能力，使生产赢利最大？

（2）如果为了增加产量，可借用其他工厂的设备 B，每月可借用台时 60h，租金为 1.8 万元，问借用设备是否合算？

（3）若另有两种新产品Ⅳ、Ⅴ，其中Ⅳ为 10 台时，单位产品利润 2.15 元；新产品Ⅴ需用设备 A 台时为 4h，B 台时为 4h，C 台时为 12h，单位产品赢利 1.88 元。如 A、B、C 设备台时不增加，分别回答这两种新产品投产在经济上是否划算？

（4）对产品工艺重新进行设计，改进结构，改进后生产每件产品Ⅰ，需要设备 A 台时为 9h，设备 B 台时为 12h，设备 C 台时为 4h，单位产品利润 4.5 元，问这对原计划有何影响？

11. 某印刷文教用品的工厂用原材料白坯纸印刷原稿纸、日记本和练习本三种产品。该厂现有工人 100 人，每月白坯纸的供应量为 700 令。已知工人的劳动生产率为每人每日可生产原稿纸 30 捆，或生产日记本 30 打，或练习本 30 箱。已知原材料的消耗为每捆原稿纸用白坯纸 0.08 令，每打日记本用白坯纸 0.3 令，每箱练习本用白坯纸 0.5 令。又知道每生产一捆原稿纸可以获利 2 元，生产一打日记本获利 3 元，生产一箱练习本获利 1 元。

试确定：

（1）现有生产条件下的获利最大的方案。

（2）如白坯纸的供应量不变，当工人数不足可以招收临时工，临时工的工资支出为每人每月 100 元，则印刷加工厂要不要招收临时工，招多少最为合适？

12. 某印刷企业装订车间每天各时间段内需求的装订工人人数如表 3-26 所示。

表 3-26 各时间段所需人数

时间区段	5:00—9:00	9:00—13:00	13:00—17:00	17:00—21:00	21:00—5:00（次日）
需求数 / 人	150	200	180	170	100

该印刷企业装订工人上班分五个班次，每班 8h，具体上班时间为第一班 2:00—10:00，第二班 6:00—14:00，第三班 10:00—18:00，第四班 14:00—22:00，第五班 18:00—2:00（次日）。每名工人每周上 5 个班，并被安排在不同的日子，由一名装订车间主任负责装订工人的值班安排。值班方案要做到在人员或经济上比较节省，又要做到尽可能合情合理。下面是一些正在考虑中的值班方案。

方案 1：每名装订工人连续上班 5 天，休息 2 天，并从上班第一天起按从上第一班到第五班顺序安排。

方案2：考虑到按上述方案中每名装订工人在周末（周六、周日）两天内休息安排不均匀。于是规定每名装订工人在周六、周日两天内安排一天且只安排一天休息，再在周一至周五期间安排4个班，同样上班的五天内分别顺序安排5个不同班次。

在对第1、2方案建立线性规划模型并求解后，发现方案2虽然在安排周末休息上比较合理，但所需值班人数要比第1方案有较多增加，经济上不太合算，于是又提出了第3方案。

方案3在方案2基础上，动员一部分装订工人放弃周末休息，即每周在周一至周五间由装订车间主任给安排三天值班，加周六周日共上五天班，同样五天班分别安排不同班次。作为奖励，规定放弃周末休息的装订工人，其工资和奖金总额比其他印刷企业员工增加$a\%$。

根据上述，帮助该印刷企业的装订车间主任分析研究，并给出解决方案：

（a）对方案1、2建立使值班印刷企业装订工人人数为最少的线性规划模型并求解；

（b）对方案3，同样建立使值班印刷企业装订工人人数为最少的线性规划模型并求解，然后回答a的值为多大时，第3方案较第2方案更经济。

13. 某设备制造公司制造生产两种型号骑订机A和B，每台A型骑订机给公司带来中等水平的利润0.36万元，每台B型骑订机给公司带来0.54万元可观利润。

生产车间经理目前正为下个月制订生产计划。也就是他要确定A、B两种骑订机各需制造多少台，才能使公司的获利最大。已知公司每月有48000工时的生产能力，制造一台A型需6工时，制造一台B型需10.5工时。生产车间经理知道下个月他只能从配件厂得到骑订机的甲配件10500件，A、B型骑订机都使用相同的甲配件，每台A和B型骑订机需要甲配件各为2个单位和1个单位。另外根据公司最近对各种骑订机的月需求预测，B型骑订机的产量限制在3500台以内，在该公司制造生产能力范围内，A型骑订机的产量没有限制。根据上述资料回答以下问题：

（1）建立该问题的线性规划数学模型，确定两种骑订机应各制造生产多少台。

（2）销售部得知可以花费50万元做一个广告，使得下个月对B型骑订机的需求增加25%。问这个广告是否应当做？为什么？

（3）车间生产经理知道通过让工人加班工作，可以增加下个月工厂的生产能力，加班工作可以使工厂的工时能力增长25%。该公司在新的工时能力的情况下，A和B型骑订机应当各制造多少台？

（4）车间经理知道没有额外的成本，加班工作是不可能实现的。除了正常工作时间外，他愿意为加班工作支付的最大费用是多少？

（5）车间经理考虑了同时做广告和加班工作。做广告使得B型骑订机的需求增加20%，加班工作使得工厂工时能力增加25%。制造车间在同时做广告和加班工作的情况下，A和B型骑订机应当各制造多少台？

（6）在知道了广告费用为50万元以及最大限度地使用加班工作的成本为160万元的情况下，问题（5）的决策是否优于问题（1）的决策？

（7）公司发现实际上分销商还在大幅度降低 A 型骑订机的售价，以削减库存。由于公司与分销商签订了利润分配协议，每台 A 型骑订机的利润将不再是 0.36 万元，而是 0.28 万元，在这种利润下降的情况下，A 和 B 型骑订机应当各制造多少台？

（8）通过在制造装配线对 A 型骑订机的随机测试，公司发现了质量问题。测试人员发现超过 60% 的 A 型骑订机的甲配件不太合格，由于通过随机测试得到缺陷率如此之高，经理决策在制造装配线对每台 A 型骑订机进行测试。由于增加测试环节，制造装配一台 A 型骑订机的时间从原来的 6 工时上升到了 7.5 工时。在 A 型骑订机的制造装配时间增长的情况下，A 和 B 型骑订机应当各制造多少台？

（9）公司领导希望占据更大的 B 型骑订机市场份额，因此要求制造公司满足所有客户对 B 型骑订机的需求。公司要求车间经理确定与问题（1）相比，制造装配厂的利润将下降多少，然后该公司领导要求在利润降低不超过 200 万元的情况下满足全部 B 型骑订机的需求。

（10）车间经理现在通过综合考虑问题（5）（6）（7）提出的新情况，做出最终决策。对于是否做广告、是否加班工作、A 型骑订机的生产台数、B 型骑订机的生产台数的决策是什么？

第 4 章　运输与指派问题

在生产实际中，经常需要将某种物资从一些产地运往一些销地，因而存在如何调运使总的运费最小的问题。根据各产地的生产量和销地的需求量及各地之间的运输费用，如何制定一个运输方案，使总的运输费用最小，这样的问题称为运输问题（Transportation Problem）。此外，有些线性规划问题从实际意义上看，并非运输问题，但其模型结构类似运输问题，也可以化作运输问题进行求解。运输问题是一个典型的线性规划问题。

4.1　运输问题及其数学模型

在印刷行业也存在很多运输与指派方面的问题，例如，下面用实例来分析运输问题。

例 4.1　某造纸厂有三个发货点可以向印刷厂提供某种印刷纸张。三个发货点 A_1、A_2、A_3 的供应量分别为 50kt、45kt 和 65kt，三个印刷厂 B_1、B_2、B_3 的需求量分别为 20kt、70kt 和 70kt。已知该造纸厂的三个发货点到三个印刷厂的单位运价如表 4-1 所示，问如何安排运输方案，使得该造纸厂的总运费最少？

表 4-1　单位运价表　　单位：千元 /kt

造纸厂的三个发货点	三个印刷厂		
	B_1	B_2	B_3
A_1	4	8	5
A_2	6	3	6
A_3	2	5	7

解：设 x_{ij} 表示从 A_i 运往 B_j 的纸张数量，则其运输量表如表 4-2 所示。

表 4-2 运输量表

造纸厂的三个发货点	三个印刷厂			供应量 / kt
	B_1	B_2	B_3	
A_1	x_{11}	x_{12}	x_{13}	50
A_2	x_{21}	x_{22}	x_{23}	45
A_3	x_{31}	x_{32}	x_{33}	65
需求量 / kt	20	70	70	160

由于总供应量等于总需求量，因此，一方面从某个发货点运往三个印刷厂的总纸张数量等于该发货点的供应量，例如 A_1 现有供应量共 50kt，分别发往 B_1、B_2、B_3，即 $x_{11}+x_{12}+x_{13}=50$。则三个发货地供应量满足下列方程组。

$$\begin{cases}x_{11}+x_{12}+x_{13}=50,\\x_{21}+x_{22}+x_{23}=45,\\x_{31}+x_{32}+x_{33}=65.\end{cases}$$

另一方面从各发货点运往某印刷厂的总纸张数量等于该印刷厂的需要量，例如 B_1 需求量为 20kt，分别由三个发货点 A_1、A_2、A_3 提供，即 $x_{11}+x_{21}+x_{31}=20$，则三个印刷厂收货地发货量满足下列方程组

$$\begin{cases}x_{11}+x_{21}+x_{31}=20\\x_{12}+x_{22}+x_{32}=70\\x_{13}+x_{23}+x_{33}=70\end{cases}$$

综上所述，该问题的数学模型为

$$\mathrm{Min}F=4x_{11}+8x_{12}+x5_{13}+6x_{21}+3x_{22}+6x_{23}+2x_{31}+5x_{32}+7x_{33},$$

$$\begin{cases}x_{11}+x_{12}+x_{13}=50,\\x_{21}+x_{22}+x_{23}=45,\\x_{31}+x_{32}+x_{33}=65,\\x_{11}+x_{21}+x_{31}=20,\\x_{12}+x_{22}+x_{32}=70,\\x_{13}+x_{23}+x_{33}=70,\\x_{ij}\geqslant 0(i=1,2,3;j=1,2,3).\end{cases}$$

生产实际中一般的运输问题可用以下数学语言描述。

已知有 m 个生产地点 A_i（i=1,⋯, m），可供应某种物资，其供应量（产量）为 a_i（i=1,⋯, m）；有 n 个销售地点 B_j（j=1,⋯, n），需要该种物资，其需要量（销量）为 b_j（j=1,⋯, n）；从 A_i 到 B_j 运输单位物资的运价（单价）为 c_{ij}；设 $\Sigma a_i=\Sigma b_j$，这些数据可汇总于如表 4-3 所

示的产销平衡表，现要制定一个使总运费最小的调运方案。

表 4-3　运输问题产销平衡表（c_{ij} 为单位运价）

产地	销地				产量
	B_1	B_2	…	B_n	
A_1	c_{11}	c_{12}	…	c_{1n}	a_1
A_2	c_{21}	c_{22}	…	c_{2n}	a_2
…	…	…	…	…	…
A_m	c_{m1}	c_{m2}	…	c_{mn}	a_m
销量	b_1	b_2	…	b_n	Σa_i / Σb_j

若用 x_{ij} 表示从 A_i 到 B_j 的运量，在产销平衡的条件下，要求得总运费最小的调运方案，其数学模型如下（模型 Y）。

$$\text{Min}F=\sum_{i=1}^{m}\sum_{j=1}^{n}c_{ij}x_{ij},$$

$$\begin{cases}\sum\limits_{j=1}^{n}x_{ij}=a_i\left(i=1,\cdots,m\right),\\ \sum\limits_{i=1}^{m}x_{ij}=b_j\left(j=1,\cdots,n\right),\\ x_{ij}\geqslant 0,\left(i=1,\cdots,m;j=1,\cdots,n\right).\end{cases}$$

该模型中，包含了 $m\times n$ 个变量，$m+n$ 个约束条件，且有特殊结构的系数矩阵，即

$$x_{11}\quad x_{12}\quad\cdots\quad x_{1n}\quad x_{21}\quad x_{22}\quad\cdots\quad x_{2n}\quad\cdots\quad x_{m1}\quad x_{m2}\quad\cdots\quad x_{mn},$$

$$\begin{pmatrix}
1 & 1 & \cdots & 1 & & & & & & & & & \\
 & & & & 1 & 1 & \cdots & 1 & & & & & \\
 & & & & & & & & \cdots & & & & \\
 & & & & & & & & & 1 & 1 & \cdots & 1 \\
1 & & & & 1 & & & & & 1 & & & \\
 & 1 & & & & 1 & & & & & 1 & & \\
 & & \cdots & & & & \cdots & & & & & \cdots & \\
 & & & 1 & & & & 1 & & & & & 1
\end{pmatrix}
\begin{matrix}\left.\begin{matrix}\\ \\ \\ \\ \end{matrix}\right\}m\text{行}\\ \left.\begin{matrix}\\ \\ \\ \\ \end{matrix}\right\}n\text{行}\end{matrix}.$$

上述矩阵的列向量可用 p_{ij} 来描述，显然 p_{ij} 中除第 i 个元素和第 $m+j$ 个元素为 1 以外，其余元素均为 0。

4.2　表上作业法

4.2.1　运输问题数学模型的基本概念

对于运输问题的数学模型（模型 Y）有如下定理。

定理 4.1　运输问题的数学模型必有最优解。

首先，运输问题一定有可行解；而任何单位运价 $c_{ij} \geqslant 0$，因此对于任一可行解必有目标函数值大于等于零，即目标函数有下界。因此，对于极小化的运输问题必有最优解。

定理 4.2　运输问题约束方程系数矩阵 A 的秩为 $m+n-1$，即 R（A）$=m+n-1$。

由定理 4.1 可知，我们在求解运输问题时就不需要进行无最优解的判别；另外从定理 4.2 可知，运输问题任一基可行解的非零分量的个数不能多于 $m+n-1$，或者说基变量的个数为 $m+n-1$。

定义 4.1（闭回路的定义）　在运输问题的调运表中，凡能排成 x_{i1j1}，x_{i1j2}，x_{i2j3}，…，x_{isjs}，x_{isj1} 形式的变量集合，称为一个闭回路，其中诸变量称为该闭回路的顶点。

表 4-4 中即为两个闭回路。闭回路 1：x_{11}，x_{12}，x_{22}，x_{23}，x_{33}，x_{31}，x_{11}；闭回路 2：x_{15}，x_{16}，x_{36}，x_{37}，x_{27}，x_{25}，x_{15}。

表 4-4　闭回路

	B_1	B_2	B_3	B_4	B_5	B_6	B_7
A_1	x_{11}	x_{12}	x_{13}	x_{14}	x_{15}	x_{16}	x_{17}
A_2	x_{21}	x_{22}	x_{23}	x_{24}	x_{25}	x_{26}	x_{27}
A_3	x_{31}	x_{32}	x_{33}	x_{34}	x_{35}	x_{36}	x_{37}

在给出调运方案的计算表上，从每一空格出发找一条闭回路（每个空格均有唯一的一条闭回路），以空格为起点，沿水平或垂直方向前进，遇到一个适当的数字就转弯 90°，这样又会遇到一个适当的数字，再转 90°，若干次后，回到出发的那个空格，即形成一个闭回路。把闭回路的每一顶点按顺时或逆时针顺序标号，并把奇标号的单位运输费用取正值，偶标号的单位运输费用取负值，其代数和即为该空格的检验数。闭回路有如下特点：1. 每个顶点都是转角；2. 每行或每列只有且仅有两个顶点；3. 每个顶点的连线都是水平的或垂直的。

定理 4.3　运输问题 $m+n-1$ 个变量 x_{i1j1}，x_{i2j2}，…，x_{isjs}（$s=m+n-1$）构成某一基可行解的基变量的充要条件是：不包含以这些变量为顶点的闭回路。

该定理能帮助我们简便地求出基可行解或判别某一可行解是否为基可行解。

4.2.2 表上作业法

和一般线性规划一样，运输问题的最优解也一定可以在其基可行解中找到。表上作业法的实质是单纯形法，是一种求解运输问题的特殊的方法。类似于单纯形法，表上作业法仍然需要解决如下三个问题：（1）确定初始基可行解；（2）最优解的判定；（3）基可行解的转换。

表上作业法的步骤：

1. 找出初始可行解，即在（$m \times n$）产销平衡表上给出 $m+n-1$ 个数字；

2. 求各非基变量的检验数，即在表上计算空格的检验数，判别是否达到最优解，如已是最优，终止，否则下一步；

3. 确定换入变量和换出变量，找出新的基可行解，在表上用闭回路法调整；

4. 重复第 1 步、第 3 步直到得出最优解。

下面通过例题来说明表上作业法的计算过程。

1. 初始基可行解的确定

确定初始基可行解的方法很多，如最小元素法、伏格尔法、西北角法等。这里仅介绍既常用又简便的方法——最小元素法。

最小元素法的基本思想就是就近供应，即从单位运价表中最小的运价开始确定供销关系，然后次小。一直到求出初始基可行解为止。结合例 4.2，给出最小元素法的具体步骤。

例 4.2　设某印刷公司把印刷完的图书分别从 A_1、A_2、A_3 三个分厂运往 B_1、B_2、B_3、B_4 四个客户所在地，各处供应量、需求量及单位运价如表 4-5 所示。问应如何安排运输方案，才能使总运费最少？

表 4-5　供需量及单位运价表

三个分厂	四个客户单位运价 /（元 / kg）				产量 / kg
	B_1	B_2	B_3	B_4	
A_1	3	7	6	4	50
A_2	2	4	3	3	20
A_3	8	3	8	9	30
销量 / kg	40	20	15	25	100 / 100

用最小元素法求初解的步骤如下：

（1）列出其产销平衡运价调运表（包括单价、产量与销量），如表 4-6 所示。

（2）在调运表中找出一个单位运价最小的格子，在相应的运量位置上填上尽可能大的数（必须满足约束条件）。

如表 4-6 中，单位运价等于 2 为最小，这样在 B_1 所在格子相应运量位置上填上尽可能大的数 20（满足 A_2 产量为 20 的约束条件，即 A_2 所有的产量都供应给 B_1）。

（3）在填有数字的格子所在行或者列运量应该为 0 的位置上打“×”（即表示该运量为 0，相应的变量为非基变量），且只能在行或列的方向上打“×”，不能同时在两个方向上打“×”；

如第 2 行第 1 个填有运量为 20 的格子，由于 A_2 的供应量已全部用完，即 A_2 的 20 吨产量都给 B_1 供应完了，不能给其他印刷厂供应了，因此，该行的其他格子的运量应全部为 0，这样在相应的运量位置上打“×”。

（4）在没有填数，也未打“×”的格子重复上述（2）（3）步。

（5）最后剩下的一行或列只能填数，不能打“×”。

表 4-6　产销平衡运价表

三个分厂	四个客户单位运价 /（元 / kg）								产量 / kg
	B_1		B_2		B_3		B_4		
A_1	3	20	7	0	6	5	4	25	50
A_2	2	20	4	0	3	0	3	0	20
A_3	8	0	3	20	8	10	9	0	30
销量 / kg	40		20		15		25		

表 4-6 中给出 $x_{11}=20$，$x_{13}=5$，$x_{14}=25$，$x_{21}=20$，$x_{32}=20$，$x_{33}=10$，其他 $x_{ij}=0$，显然是该运输问题的一个可行解，同时，调运表中不包含以这些非零变量为顶点的闭回路。因此，该可行解就是该运输问题的一个基可行解，如表 4-7 所示，例如 A_1 共有 50 吨，分别提供给 $B_1$20 吨、$B_3$5 吨、$B_4$25 吨；B_1 共需要 40 吨，分别由 A_1 供应 20 吨、A_2 供应 20 吨。即 x_{11}、x_{13}、x_{14}、x_{21}、x_{32}、x_{33} 是基变量，空格是非基变量。更一般地，可以证明，由最小元素法给出的可行解就是运输问题的一个基可行解。

表 4-7　由最小元素法求出的基可行解

三个分厂	四个客户				产量 / kg
	B_1	B_2	B_3	B_4	
A_1	20		5	25	50
A_2	20				20
A_3		20	10		30
销量 / kg	40	20	15	25	

2. 最优解的判定

最优解的判定，通常有两种方法，即闭回路法和位势法。

（1）闭回路法

在表 4-6 所描述的调运表中，任一非基可变量都可以作出这样的闭回路：该闭回路以选定的非基变量为第一个顶点，其余的顶点都是基变量。可以证明，对于任一非基变量，这样的闭回路只有唯一一条。

在这样的闭回路上，可以对调运方案进行调整，而能使调运方案仍然满足所有约束条件，即满足产销平衡的要求。例如，对表 4-6 中非基变量 x_{12} 即 A_1B_2 格作闭回路（闭回路的方向按顺时针或逆时针都可以），如表 4-8 所示。

表 4-8　闭回路

三个分厂	四个客户单位运价 / （元 / kg）								产量 / kg
	B_1		B_2		B_3		B_4		
A_1	3	20	7		6	5	4	25	50
A_2	2	20	4		3		3		20
A_3	8		3	20	8	10	9		30
销量 / kg	40		20		15		25		

在表 4-8 中所示的闭回路上，为满足产销平衡条件，若要使 x_{12} 增加 1 个单位运量，x_{13} 就必须减少 1 个运量，同理 x_{33} 必须增加 1 个运量，x_{32} 必须减少 1 个运量。再来观察这样调整后，目标函数的变化。x_{12} 增加 1 个单位运量，则运费增加 7 个单位，x_{13} 减少 1 个单位运量，则运费减少 6 个单位，x_{33} 增加 1 个单位运量，则运费增加 8 个单位，x_{32} 减少 1 个单位运量，则运费减少 3 个单位。这样，调整后目标函数总的变化量为 7-6+8-3=6，即目标函数增加 6 个单位。因此，以上的调整是不合算的，即选 x_{12} 为非基变量的选择是正确的。

这种在闭回路上进行的 1 个单位运量的调整所得到的目标函数值的变化量，实际上是相应非基变量的检验数。如表 4-8 中 x_{12} 的检验数可以计算为 $\sigma_{12}=c_{12}-c_{13}+c_{33}-c_{32}=7-6+8-3=6$。由于运输问题为极小化，所以若所有的非基变量的检验数大于等于 0，则表中的基可行解就是最优解，否则，就要进行基可行解的转换。

对表 4-7 中所有非基变量的检验数计算如表 4-9 所示。

表 4-9　非基变量的检验数

非基变量	闭回路	检验数
x_{12}	$x_{12}\to x_{13}\to x_{33}\to x_{32}\to x_{12}$	6
x_{22}	$x_{22}\to x_{21}\to x_{11}\to x_{13}\to x_{33}\to x_{32}\to x_{22}$	4
x_{23}	$x_{23}\to x_{21}\to x_{11}\to x_{13}\to x_{23}$	-2
x_{24}	$x_{24}\to x_{21}\to x_{11}\to x_{14}\to x_{24}$	0
x_{31}	$x_{31}\to x_{11}\to x_{13}\to x_{33}\to x_{31}$	3
x_{34}	$x_{34}\to x_{33}\to x_{13}\to x_{14}\to x_{34}$	3

x_{23} 的检验数 $\sigma_{23}=c_{23}-c_{21}+c_{11}-c_{13}=3-2+3-6=-2<0$，故表 4-7 中的基可行解不是最优解。

（2）位势法

当运输问题变量个数较多时，闭回路法计算比较烦琐，此时位势法更为简便。

对于运输问题

$$\text{Min}F=CX,$$

$$\begin{cases}AX=b,\\X\geqslant 0.\end{cases}$$

设 B 为其一可行基，则相应的基可行解的各变量的检验数可用下式计算，即

$$\sigma_{ij}=c_{ij}-C_BB^{-1}P_{ij}.$$

又运输问题的对偶问题为

$$\text{Max}Z=Yb,$$

$$\begin{cases}YA\geqslant C,\\Y\text{无限制}.\end{cases}$$

其中，$Y=(u_1,\cdots,u_m,v_1,\cdots,v_n)$ 为对偶变量，其中的各分量分别对应 $m+n$ 个条件。

根据对偶理论有

$$Y=C_BB^{-1},$$

因此有

$$\sigma_{ij}=c_{ij}-YP_{ij}.$$

又因为，P_{ij} 中除第 i 个元素和第 $m+j$ 个元素为 1 以外，其余元素均为 0，即

$$P_{ij}=\begin{bmatrix}0\\0\\\cdots\\1\\0\\\cdots\\1\\0\end{bmatrix}\begin{matrix}\\\\\\\leftarrow\text{第}i\text{位置}\\\\\\\leftarrow\text{第}m+j\text{位置}.\\\\\end{matrix}$$

所以有

$$\sigma_{ij}=c_{ij}-YP_{ij}=c_{ij}-(u_1, \cdots, u_m, v_1, \cdots, v_n)P_{ij}$$

$$=c_{ij}-(u_i+v_j).$$

而所有基变量的检验数等于零，因此有：

$c_{ij}-(u_i+v_j)=0$（因为共有 m+n−1 个基变量，所以此方程组共有 $m+n-1$ 个方程），即 $u_i+v_j=c_{ij}$（i，j）∈ I（基变量下标集）。

由于 u_i 对应于调运表中的第 i 行，称其为第 i 行的行位势；v_j 对应于调运表中的第 j 列，称其为第 j 列的列位势；位势法的具体办法如下。

① 在调运表中，对于每一个基变量都按公式 $u_i+v_j=c_{ij}$ 列出一个位势方程，形成位势方程组（共有 $m+n-1$ 个方程组）；

②任意决定其中一个位势的数值，然后求出其他位势的数值；

③按公式 $\sigma_{ij}=c_{ij}-(u_i+v_j)$ 计算非基变量的检验数，若所有非基变量的检验数均大于等于 0，则调运表中的基可行解就是最优解，否则不是最优解。

下面用位势法对表 4-6 中的基可行解进行最优性检验，其位势表如表 4-10 所示。

表 4-10 位势表

三个分厂	四个客户单位运价 /（元 / kg）								产量 / kg	行位势
	B_1		B_2		B_3		B_4			
A_1	3	20	7		6	5	4	25	50	u_1
A_2	2	20	4		3		3		20	u_2
A_3	8		3	20	8	10	9		30	u_3
销量 / kg	40		20		15		25			
列位势	v_1		v_2		v_3		v_4			

根据 $c_{ij}-(u_i+v_j)=0$，列出位势方程组为

$$\begin{cases} u_1+v_1=3, \\ u_1+v_3=6, \\ u_1+v_4=4, \\ u_2+v_1=2, \\ u_3+v_2=3, \\ u_3+v_3=8. \end{cases}$$

取 $u_1=0$（因为共有 $m+n$ 个对偶变量，但只有 $m+n-1$ 个方程，所以令其中一个为自

由变量，一般令 $u_1=0$），解上述方程组得一组 u_i，v_j 的解，如表 4-11 所示。

表 4-11　一组 u_i，v_j 的解

$u_1=0$	$v_1=3$
$u_2=-1$	$v_2=1$
$u_3=2$	$v_3=6$
	$v_4=4$

各非基变量的检验数为

$$\sigma_{12}=c_{12}-(u_1+v_2)=7-(0+1)=4>0,$$

$$\sigma_{22}=c_{22}-(u_2+v_2)=4-(-1+1)=2>0,$$

$$\sigma_{23}=c_{23}-(u_2+v_3)=3-(-1+6)=-2<0,$$

$$\sigma_{24}=c_{24}-(u_2+v_4)=3-(-1+4)=0,$$

$$\sigma_{31}=c_{31}-(u_3+v_1)=8-(2+3)=3>0,$$

$$\sigma_{34}=c_{34}-(u_3+v_4)=9-(2+4)=3>0.$$

由于 $\sigma_{23}=-2<0$，故表 4-7 中的基可行解不是最优解。

3. 基可行解的转换

当调运表中，仍然有非基变量的检验数为负，则说明问题还没有得到最优解，需要进行基可行解的转换。具体办法如下。

（1）以某一个 $\sigma_{ij}<0$（若有多个则取最小者）对应的变量 x_{ij} 作为进基变量；

（2）以所选的 x_{ij} 为第一个顶点作闭回路，该闭回路除 x_{ij} 外，其余顶点都是基变量，并排序；

（3）以顺序为偶数的顶点的基变量最小值 $\mathrm{Min}\{(x_{ij})_k|k$ 为偶数$\}$ 作为调整量，在顺序为奇数的顶点上加上该调整量，在顺序为偶数的顶点上减去该调整量，即可得到新的基可行解。

这里对表 4-6 中的基可行解进行转换。

由于 $\sigma_{23}=-2<0$，故以 x_{23} 为进基变量，并以 x_{23} 为第一个顶点作闭回路，如表 4-12 所示。

表 4-12　基可行解转换

三个分厂	四个客户单位运价 /（元 / kg）								产量 / kg
	B_1		B_2		B_3		B_4		
A_1	3	20	7		6	5	4	25	50

续表

三个分厂	四个客户单位运价 /（元 / kg）								产量 / kg
	B_1		B_2		B_3		B_4		
A_2	2	20	4		3	x_{23}	3		20
A_3	8		3	20	8	10	9		30
销量 / kg	40		20		15		25		

表 4-11 中所示的闭回路上，偶数顶点（x_{23} 为第 0 个顶点，x_{21} 为第 1 个顶点，x_{11} 为第 2 个顶点，x_{13} 为第 3 个顶点）上的基变量最小值为 5，以该调整量进行调整得到新的基可行解如表 4-13 所示。

表 4-13　换基迭代得到新可行解

三个分厂	四个客户单位运价 /（元 / kg）								产量 / kg
	B_1		B_2		B_3		B_4		
A_1	3	25	7		6		4	25	50
A_2	2	15	4		3	5	3		20
A_3	8		3	20	8	10	9		30
销量 / kg	40		20		15		25		

根据 $c_{ij}-（u_i+v_j）=0$，新基可行解的位势方程组为

$$\begin{cases} u_1+v_1=3, \\ u_1+v_4=4, \\ u_2+v_1=2, \\ u_2+v_3=3, \\ u_3+v_2=3, \\ u_3+v_3=8. \end{cases}$$

取 $u_1=0$，解上述方程组得一组 u_i，v_j 的解，如表 4-14 所示。

表 4-14　一组 u_i，v_j 的解

$u_1=0$	$v_1=3$
$u_2=-1$	$v_2=-1$
$u_3=4$	$v_3=4$
	$v_4=4$

各非基变量的检验数为

$$\sigma_{12}=7-(0-1)=8>0,$$

$$\sigma_{13}=6-(0+4)=2>0,$$

$$\sigma_{22}=4-(-1-1)=6>0,$$

$$\sigma_{24}=3-(-1+4)=0,$$

$$\sigma_{31}=8-(4+3)=1>0,$$

$$\sigma_{34}=9-(4+4)=1>0.$$

由于所有非基变量的检验数均大于等于 0，故从表 4-12 中得到最优解为

$x_{11}=25$，$x_{14}=25$，$x_{21}=15$，$x_{23}=5$，$x_{32}=20$，$x_{33}=10$，其他 $x_{ij}=0$.

最少运费为

$f^*=3\times25+4\times25+2\times15+3\times5+3\times20+8\times10=360$（元）.

此外，由于 $\sigma_{24}=0$，故此问题有另一最优基可行解。具体求法是在表 4-12 中，以 x_{24} 为进基变量作闭回路，进行调整后得到。

由上面分析可知，表上作业法的实质是单纯形方法用于求解运输问题这样一类特殊形式线性规划问题的简化，因而也称它为运输单纯形法。

最后总结表上作业法的解题步骤有以下四步：

（1）编制调运表（包括产销平衡表及单位运价表）。

（2）正在调运表上求出初始基可行解。

（3）用位势法或闭回路法计算非基变量的检验数。若所有非基变量的检验数≥ 0，则已得到问题的最优解，停止计算。否则转下一步。

（4）选取小于 0 的检验数中的最小者对应的变量作为进基变量，用闭回路法进行基可行解的转换，得到新的基可行解，转步骤（3）。

4.3 产销不平衡的运输问题及其求解

对于产销平衡的问题可用表上作业法求解，但对于产销不平衡的问题则需要进行处理，将其化成平衡问题，才能用表上作业法求解。有产量大于销量和销量大于产量两种情况。

4.3.1 产量大于销量

产量大于销量的运输问题的特征是 $\Sigma a_i > \Sigma b_j$，其数学模型为

$$\text{Min}F = \sum_{i=1}^{m}\sum_{j=1}^{n} c_{ij}x_{ij},$$

$$\begin{cases} \sum_{j=1}^{n} x_{ij} \leqslant a_i \left(i=1,\cdots,m\right), \\ \sum_{i=1}^{m} x_{ij} = b_j \left(j=1,\cdots,n\right), \\ x_{ij} \geqslant 0 \left(i=1,\cdots,m; j=1,\cdots,n\right). \end{cases}$$

解此类问题可假想一个销地 B_{n+1}，其需要量为 $b_{n+1}=\Sigma a_i - \Sigma b_j$；若用 $x_{i,\ n+1}$ 表示从 A_i 到 B_{n+1} 的运量，可令 $c_{i,\ n+1}=0$ 或等于第 A_i 产地储存单位物资的费用。因为 $x_{i,\ n+1}$ 实际上表示 A_i 产地没有运出去而库存的物资数量。经处理后，问题变成了产销平衡的运输问题，其数学模型为

$$\text{Min}F = \sum_{i=1}^{m}\sum_{j=1}^{n+1} c_{ij}x_{ij},$$

$$\begin{cases} \sum_{j=1}^{n+1} x_{ij} = a_i \left(i=1,\cdots,m\right), \\ \sum_{i=1}^{m} x_{ij} = b_j \left(j=1,\cdots,n+1\right), \\ x_{ij} \geqslant 0 \left(i=1,\cdots,m; j=1,\cdots,n+1\right). \end{cases}$$

这样，m 个产地、n 个销地的不平衡运输问题，转化成了 m 个产地、n+1 个销地的平衡运输问题，此时可用表上作业法求解。在用最小元素法求解该类问题初始基可行解时，若某列的运价全为 0 时，则该列最后考虑。

例 4.3　一个印刷企业的三个分厂将印刷品运到四个客户所在城市，各分厂的印刷量、客户的需求量和各印刷分厂运往各个客户的每件印刷品的运费表如 4-15 所示，问应如何调运可使总运费最小？求其平衡运输问题的单位运价表。

表 4-15　单位运价表

三个分厂	四个客户所在城市单位运价 /（元 / t）				印刷量 / t
	B_1	B_2	B_3	B_4	
A_1	2	12	3	10	7
A_2	1	3	2	7	13
A_3	5	7	8	3	9
需求量 / t	6	9	4	5	

解：由于产量大于销量（7+13+9>6+9+4+5），需要虚设一个客户，其运费为 0，运量为 29-24=5，其平衡运输问题的单位运价表如表 4-16 所示。

表 4-16　平衡运输问题的单位运价表

三个分厂	客户所在城市单位运价 /（元 / t）					印刷量 / t
	B_1	B_2	B_3	B_4	B_5（虚设销地）	
A_1	2	12	3	10	0	7
A_2	1	3	2	7	0	13
A_3	5	7	8	3	0	9
需求量 / t	6	9	4	5	5	29　29

其数学模型为

$$
\begin{aligned}
\operatorname{Max}Z = {} & 2x_{11}+12x_{12}+3x_{13}+10x_{14}+x_{21}+3x_{22}+2x_{23}+7x_{24} \\
& +5x_{31}+7x_{32}+8x_{33}+3x_{34},
\end{aligned}
$$

$$
\begin{cases}
x_{11}+x_{12}+x_{13}+x_{14} \leqslant 7, \\
x_{21}+x_{22}+x_{23}+x_{24} \leqslant 13, \\
x_{31}+x_{32}+x_{33}+x_{34} \leqslant 9, \\
x_{11}+x_{21}+x_{31} = 6, \\
x_{12}+x_{22}+x_{32} = 9, \\
x_{13}+x_{23}+x_{33} = 4, \\
x_{14}+x_{24}+x_{34} = 5, \\
x_{ij} \geqslant 0\left(i=1\sim 3, j=1\sim 4\right).
\end{cases}
$$

4.3.2　销量大于产量

销量大于产量的运输问题的特征是 $\Sigma a_i < \Sigma b_j$，其数学模型为

$$\mathrm{Min}F=\sum_{i=1}^{m}\sum_{j=1}^{n}c_{ij}x_{ij},$$

$$\begin{cases}\sum_{j=1}^{n}x_{ij}=a_i\left(i=1,\cdots,m\right),\\ \sum_{i=1}^{m}x_{ij}\leqslant b_j\left(j=1,\cdots,n\right),\\ x_{ij}\geqslant 0\left(i=1,\cdots,m;j=1,\cdots,n\right).\end{cases}$$

解此问题可假想一个产地 A_{m+1}，其产量为 $a_{m+1}=\Sigma b_j-\Sigma a_i$； 若用 $x_{m+1,\ j}$ 表示从 A_{m+1} 到 B_j 的运量，可令 $c_{m+1,\ j}=0$ 或等于第 B_j 产地所缺单位物资的损失。因为 $x_{m+1,\ j}$ 实际上表示 B_j 销地所缺的物资数量。经处理后，问题变成了产销平衡的运输问题，其数学模型为

$$\mathrm{Min}F=\sum_{i=1}^{m+1}\sum_{j=1}^{n}c_{ij}x_{ij},$$

$$\begin{cases}\sum_{j-1}^{n}x_{ij}=a_i\left(i=1,\cdots,m+1\right),\\ \sum_{i=1}^{m+1}x_{ij}=b_j\left(j=1,\cdots,n\right),\\ x_{ij}\geqslant 0\left(i=1,\cdots,m+1;j=1,\cdots,n\right).\end{cases}$$

此时，可用表上作业法求解。在用最小元素法求解该问题初始基可行解时，若某行的运价全为 0 时，则该行最后考虑。

例 4.4　某印刷企业有两个分厂将印刷品运到三个客户所在城市，各分厂的印刷量、三个客户的需求量和各分厂运往各个客户的每件印刷品的运费表如表 4-17 所示，问应如何调运可使总运费最小？求其平衡运输问题的单位运价表。

表 4-17　单位运价表

两个印刷分厂	三个客户所在城市单位运价 /（元 / t）			印刷量 / t
	B_1	B_2	B_3	
A_1	1	8	6	5
A_2	3	5	7	8
需求量 /t	3	6	8	

解：由于产量小于销量（5+8<3+6+4+8），需要虚设一个印刷分厂，其运费为 0，运量为 17-13=4，其平衡运输问题的单位运价表如表 4-18 所示。

表 4-18 平衡运输问题的单位运价表

两个印刷分厂	客户所在城市单位运价 /（元 / t）			印刷量 / t
	B_1	B_2	B_3	
A_1	1	8	6	5
A_2	3	5	7	8
A3（虚设产地）	0	0	0	4
需求量 / t	3	6	8	17 \ 17

其数学模型为

$$\mathrm{Max}Z = x_{11} + 8x_{12} + 6x_{13} + 3x_{21} + 5x_{22} + 7x_{23},$$

$$\begin{cases} x_{11} + x_{12} + x_{13} = 5, \\ x_{21} + x_{22} + x_{23} = 8, \\ x_{11} + x_{21} \leqslant 3, \\ x_{12} + x_{22} \leqslant 6, \\ x_{13} + x_{23} \leqslant 8, \\ x_{ij} \geqslant 0(i = 1,2, j = 1,2,3). \end{cases}$$

4.4 运输问题的应用

4.4.1 一般的产销不平衡运输问题

例 4.5 有三个造纸厂要为四家印刷企业提供某种印刷张纸。三个造纸厂及四家印刷企业对纸张的供应量与需求量及从三个造纸厂到四家印刷企业的单位纸张运价（元 / t）如表 4-19 所示，试求出运费最小的运输方案。

表 4-19 供需量及单位运价表

三个造纸厂	四家印刷企业单位运价 /（元 / t）				供应量 / t
	B_1	B_2	B_3	B_4	
A_1	3	2	4	5	210

续表

三个造纸厂	四家印刷企业单位运价 /（元 / t）				供应量 / t
	B_1	B_2	B_3	B_4	
A_2	7	5	2	2	120
A_3	9	6	3	5	150
需求量 / t	50	100	150	80	480 / 380

解：由表 4-19 可知，总供应量为 480t，总需求量为 380t，这个问题为产量大于销量的运输问题。因此，需要假想一个印刷企业 B_5，其需求量为 480-380=100（t）。问题并未给出张纸的存储费用，因此，从各造纸厂到 B_5 的单位运价视为零，即 $c_{i5}=0$（$i=1$，2，3）。这样得到新的产销平衡运价表如表 4-20 所示。

表 4-20　产销平衡运价表

三个造纸厂	五家印刷企业单位运价 /（元 / t）					供应量 / t
	B_1	B_2	B_3	B_4	B_5	
A_1	3	2	4	5	0	210
A_2	7	5	2	2	0	120
A_3	9	6	3	5	0	150
需求量 / t	50	100	150	80	100	480 / 480

用表上作业法解得该问题的最优调运方案如表 4-21 所示。

表 4-21　最优调运方案

三个造纸厂	五家印刷企业单位运价 /（元 / t）					供应量 / t
	B_1	B_2	B_3	B_4	B_5	
A_1	50	100	0	0	60	210
A_2	0	0	40	80	0	120
A_3	0	0	110	0	40	150
需求量 / t	50	100	150	80	100	480 / 480

表 4-21 为最优调运方案即 $x_{11}=50$，$x_{12}=100$，$x_{15}=60$，$x_{23}=40$，$x_{24}=80$，$x_{33}=110$，$x_{35}=40$。其中 $x_{15}=60$，$x_{35}=40$ 表示 A_1，A_3 分别有 60 个和 40 个单位的纸张库存。最低总运费为 920 元。

例 4.6 某运输问题有三个生产印刷油墨的工厂和三个印刷企业，三个油墨厂生产的印刷油墨的总供应量小于三个印刷企业的最高需求量之和，但超过了三个印刷企业的最小需求量之和。现在，各印刷企业的最低需求必须满足，最低需求到最高需求之间的需求若不能满足，会造成经济损失，其中 B_1 销量必须满足，B_2、B_3 不能满足的单位损失分别为 4 元和 3 元。单位运价、供应量与需求量如表 4-22 所示。求出最优调运方案。

表 4-22 单位运价及供需量

三个油墨厂	三个印刷企业单位运价 /（元 / t）			供应量 / t
	B_1	B_2	B_3	
A_1	6	1	7	210
A_2	6	4	6	820
A_3	3	2	5	150
最低需求 / t 最高需求 / t	600 600	120 200	300 480	1150 \ 1150

解：B_2 的最高需求与最低需求不相等，而 B_1 的最低需求必须满足，因此可将 B_2 看成两个销地 B_{21} 和 B_{22}，其中 B_{21} 的需求量为 B_2 的最低需求量，该需求量必须全部满足；B_{22} 的需求量为 B_2 的最高需求量减去最低需求量，即为 200−120=80，该需求量可以不被满足。对印刷企业 B_3 也可作同样的处理。这样问题就变为一个三个油墨厂、五个印刷企业的运输问题，其中总产量为 1150，总供应量为 1230，因此是一个销大于产的问题。为解此问题，又要假设一个产地 A_4，其产量为 1230−1150 = 80。为了使各印刷企业的最低销量得到满足，可令 A_4 运往 B_1、B_{21}、B_{31} 的运价为 M，即给出一个很高的运价。这样就可以得到如下产销平衡运价表，如表 4-23 所示。

表 4-23 产销平衡运价表

油墨厂	印刷企业					供应量 / t
	B_1	B_{21}	B_{22}	B_{31}	B_{32}	
A_1	6	1	1	7	7	210
A_2	6	4	4	6	6	820
A_3	3	2	2	5	5	150
A_4	M	M	4	M	3	100
需求量 / t	600	120	80	300	180	1280 \ 1280

用表上作业法求解，可以得到如表 4-24 所示的最优调运方案。

表 4-24　最优调运方案

油墨厂	印刷企业单位运价 /（元 / t）					供应量 / t
	B_1	B_{21}	B_{22}	B_{31}	B_{32}	
A_1	10	120	80	0	0	210
A_2	440	0	0	300	80	820
A_3	150	0	0	0	0	150
A_4	0	0	0	0	100	100
需求量 / t	600	120	80	300	180	1280 / 1280

从表 4-21 最优调运表中可以看出，B_1 和 B_2 的需求量得到全部满足，而 B_3 的需求量满足了 380，缺 100 个单位。最低总费用（包括缺货损失费 300 元）为 5930 元。

4.4.2　生产与存储问题

例 4.7　某生产制造印刷设备的公司，现要安排今后 4 个季度的生产计划。已知今后四个季度的合同签订数，企业各季度生产能力及生产成本如表 4-25 所示。考虑资金的机会成本，预计每件产品每存储一个季度的费用为 0.2 千元。在完成合同的条件下，试安排这四个季度的生产计划，使生产成本与存储费用之和最小。

表 4-25　生产能力及生产成本

季　度	合同签订数 / 台	生产能力 / 台	生产成本 / 千元
1	240	290	3.2
2	260	280	3.34
3	250	260	3.32
4	270	250	3.42

解：设 x_{ij} 表示第 i 季度生产第 j 季度交货的该种产品的数量，考虑生产成本与存储费用后，x_{ij} 所对应的目标函数中的价格系数 c_{ij} 如表 4-26 所示。

表 4-26　x_{ij} 所对应的价格系数 c_{ij}

生产的季度	交货的季度对应价格系数			
	一季度	二季度	三季度	四季度
一季度	3.2	3.4	3.6	3.8
二季度		3.34	3.54	3.74
三季度			3.32	3.52
四季度				3.42

这样问题的数学模型可以描述为

$$\begin{aligned}\mathrm{Min}F = & 3.2x_{11}+3.4x_{12}+3.6x_{13}+3.8x_{14}\\ & +3.34x_{22}+3.54x_{23}+3.74x_{24}\\ & +3.32x_{33}+3.52x_{34}\\ & +3.42x_{44},\end{aligned}$$

$$\begin{cases}x_{11}=240,\\ x_{12}+x_{22}=260,\\ x_{13}+x_{23}+x_{33}=250,\\ x_{14}+x_{24}+x_{34}+x_{44}=270.\end{cases} \quad \text{合同限制约束}$$

$$\begin{cases}x_{11}+x_{12}+x_{13}+x_{14}\leqslant 290,\\ x_{22}+x_{23}+x_{24}\leqslant 280,\\ x_{33}+x_{34}\leqslant 260,\\ x_{44}\leqslant 250,\\ x_{ij}\geqslant 0(i=1-4, j=1-4,\ i>j).\end{cases} \quad \text{生产能力约束}$$

上述模型中，前 4 个条件为合同限制约束，后四各条件为生产能力约束。观察该模型，若将 x_{21}、x_{31}、x_{32}、x_{41}、x_{42}、x_{43} 等变量补齐，则模型变为一个标准的运输问题数学模型。为了保证模型的性质不变，必须使这些补齐的变量为 0。为此，可在目标函数中令这些变量的系数为 M，这样就得到一个产销不平衡的运输问题。此时，可假设一个销地，变成产销平衡问题。供需平衡及成本如表 4-27 所示。

表 4-27　供需平衡及成本

生产的四个季度	交货的季度价格系数					产量 / 台
	1	2	3	4	5	
1	3.2	3.4	3.6	3.8	0	290
2	M	3.33	3.53	3.73	0	280
3	M	M	3.31	3.51	0	260
4	M	M	M	3.42	0	250
销量 / 台	240	260	250	270	60	1080 / 1080

用表上作业法，可求得四个季度的最优生产方案如表 4-28 所示。

表 4-28　最优生产方案

生产的四个季度	交货的季度交货台数 / 台					产量 / 台
	1	2	3	4	5	
1	240	0	0	0	50	290
2	0	260	0	10	10	280
3	0	0	250	10	0	260
4	0	0	0	250	0	250
销量 / 台	240	260	250	270	60	1080 / 1080

从表 4-28 最优调运表中可以看出，第 1 季度生产 290 台，其中 240 台在第 1 季度交货，另 50 台用于满足第 5 季度需要；第 2 季度生产 280 台，其中 10 台在第 4 季度交货，另 10 台用于满足第 5 季度需要；第 3 季度生产 260 台，其中 250 台在第 3 季度交货，另 10 台在第 4 季度交货；第 4 季度则生产 250 台，在第 4 季度交货。最小的生产成本与存储费用的总费用为 3394 千元。

此问题还有另一个最优生产方案，如表 4-29 所示。

表 4-29　另一个最优生产方案

生产的四个季度	交货的季度交货台数 / 台					产量 / 台
	1	2	3	4	5	
1	240	0	0	0	50	290
2	0	260	10	0	10	280
3	0	0	240	20	0	260
4	0	0	0	250	0	250
销量 / 台	240	260	250	270	60	1080 / 1080

从表 4-29 最优调运表中可以看出，第 1 季度生产 290 台，其中 240 台在第 1 季度交货，另 50 台用于满足第 5 季度需要；第 2 季度生产 280 台，其中 10 台在第 3 季度交货，另 10 台用于满足第 5 季度需要；第 3 季度生产 260 台，其中 240 台在第 3 季度交货，另 20 台在第 4 季度交货；第 4 季度则生产 250 台，在第 4 季度交货。最小的生产成本与存储费用的总费用为 3394 千元。

4.4.3　转运问题

例 4.8　某印刷公司有两个分厂分别设在北京和深圳这两座城市，在上海和郑州设有两个办事处负责为南京、济南、南昌和青岛四个城市客户进行中转产品印刷。因大连与青岛相距较近，公司同意也可以向青岛的客户直接发货。各分厂产量、各地需要量、线路网络及相应各城市间的每单位产品的运费均标在图 4-1 中，单位为百元。现在的问题是：如何调运这种产品使公司总的运费最小？

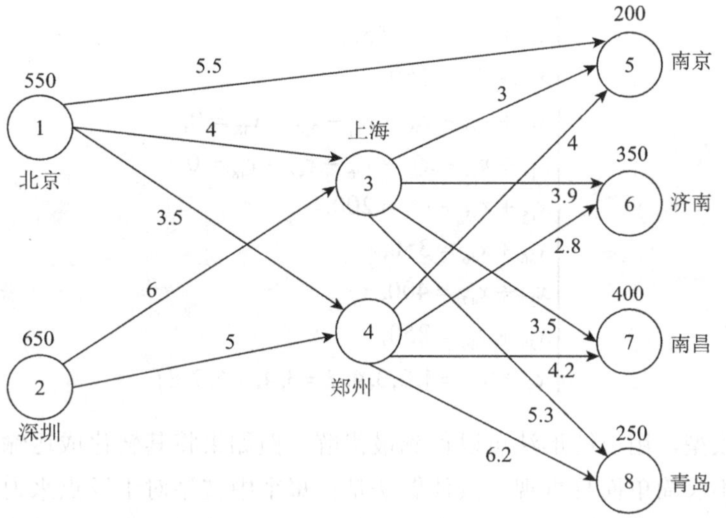

图 4-1　转运图

解：如图 4-1 所示，给各城市编号，即 i=1，2，…，8 分别代表北京、深圳、上海、郑州、南京、济南、南昌和青岛。

设 x_{ij} 表示从 i 到 j 的运输量（t），则问题的目标函数为

$$\begin{aligned}\text{Min}F = &4x_{13}+3.5x_{14}+5.5x_{15}+6x_{23}+5x_{24}\\&+3x_{35}+3.9x_{36}+3.5x_{37}+5.3x_{38}\\&+4x_{42}+2.8x_{46}+4.2x_{47}+6.2x_{48}.\end{aligned}$$

对于发点 1、2 有供应量约束

$$x_{13}+x_{14}+x_{15}\leqslant 550,$$
$$x_{23}+x_{24}\leqslant 650.$$

对于中转点 3、4 有平衡约束，运入量等于运出量，即

$$x_{13}+x_{23}-x_{35}-x_{36}-x_{37}-x_{38}=0,$$
$$x_{14}+x_{24}-x_{45}-x_{46}-x_{47}-x_{48}=0.$$

对于需求点 5、6、7、8 有需求量约束，运入量等于其需求量，即

$$x_{15}+x_{35}+x_{45}=200,$$
$$x_{36}+x_{46}=350,$$
$$x_{37}+x_{47}=400,$$
$$x_{38}+x_{48}=250.$$

综上分析，由此可得该问题的线性规划模型：

$$\begin{aligned}\mathrm{Min}F = 4x_{13} + 3.5x_{14} + 5.5x_{15} + 6x_{23} + 5x_{24} \\ + 3x_{35} + 3.9x_{36} + 3.5x_{37} + 5.3x_{38} \\ + 4x_{42} + 2.8x_{46} + 4.2x_{47} + 6.2x_{48},\end{aligned}$$

$$\begin{cases} x_{13} + x_{14} + x_{15} \leqslant 550, \\ x_{23} + x_{24} \leqslant 650, \\ x_{13} + x_{23} - x_{35} - x_{36} - x_{37} - x_{38} = 0, \\ x_{14} + x_{24} - x_{45} - x_{46} - x_{47} - x_{48} = 0, \\ x_{15} + x_{35} + x_{45} = 200, \\ x_{36} + x_{46} = 350, \\ x_{37} + x_{47} = 400, \\ x_{38} + x_{48} = 250, \\ x_{ij} \geqslant 0 (i = 1,2,3,4; j = 3,4,5,6,7,8). \end{cases}$$

对于上述模型，用单纯形法可以得到最优解，但如果将其转化成运输问题模型，用表上作业法求解不仅简单而且直观。具体做法是：每个中转站对于发点来说可以看作销地，其销量为所有可以运到该地的产量之和；每个中转站对于销地来说可以看作产地，其产量等于其销量。这样，该问题就变成了 4 个产地、6 个销地的运输问题。产地到销地的单位运价的处理办法是：中转站自己到自己的运价为 0，网络图中，不能直接运输的产地到销地之间的运价为 M，其余运价直接用网络图中标明的数字。此问题的产销平衡及运价如表 4-30 所示。

表 4-30　产销平衡及运价表

产地	需求地单位运行 / （元 / t）						供应量 / t
	上海	郑州	南京	济南	南昌	青岛	
北京	4	3.5	5.5	M	M	M	550
深圳	6	5	M	M	M	M	650
上海	0	M	3	3.9	3.5	5.3	1200
郑州	M	0	4	2.8	4.2	6.2	1200
需求量 / t	1200	1200	200	350	400	250	3600 / 3600

用表上作业法，可求得该问题的最优调运方案如表 4-31 所示。

表 4-31　最优调运方案

产地	需求地运量 / t						供应量 / t
	上海	郑州	南京	济南	南昌	青岛	
北京	350	0	200	0	0	0	550
深圳	0	650	0	0	0	0	650
上海	850	0	0	0	350	0	1200
郑州	0	550	0	350	50	250	1200
需求量 / t	1200	1200	200	350	400	250	3600 / 3600

最优调运方案为：产地北京向中转站上海运 350 吨，直接向终点站南京运 200 吨；产地深圳向中转站郑州运 650 吨；中转站上海向南昌运 350 吨；中转站郑州向济南、南昌和青岛各运输 350 吨、50 吨、250 吨。最小运费为 9465 元。

4.5　指派问题

4.5.1　指派问题的数学模型

在生活中经常会遇到各种类型的问题：有若干项工作需要分配给若干人（或部门）来完成；有若干项合同需要选择若干个投标者来承包；某单位有 n 项任务，恰好有 n 个人可以完成这些任务等。诸如此类的问题称为指派问题或分派问题。它们的基本要求是在满足特定的指派要求条件下，使指派方案的总体效果最佳。由于指派问题的多样性，有必要定义指派问题的标准形式。

指派问题的标准形式（以人和事为例）是：有 n 个人和 n 件事，已知第 i 个人作第 j 件事的费用为 $c_{ij}(i,j=1,2,\cdots,n)$，要求确定人和事之间的一一对应的指派方案，使完成这 n 件事的总费用最少。

为了建立标准指派问题的数学模型，假设有 n 项任务，恰好有 n 个人可以完成这些任务，设：

$$x_{ij}=\begin{cases}1 & \text{若指派第}i\text{人做第}j\text{件事}\\0 & \text{若指派第}i\text{人不做第}j\text{件事}\end{cases}\quad (i,j=1,2,\cdots,n).$$

这样，问题的数学模型可写成：

$$\text{Min}Z=\sum_{i=1}^{n}\sum_{j=1}^{n}c_{ij}x_{ij}, \tag{4-1}$$

$$s.t\begin{cases}\sum_{i=1}^{n}x_{ij}=1 \quad (j=1,2,\cdots,n), & (4\text{-}2)\\ \sum_{j=1}^{n}x_{ij}=1 \quad (i=1,2,\cdots,n), & (4\text{-}3)\\ x_{ij}=0 \text{ 或 } 1 \quad (i,j=1,2,\cdots,n). & (4\text{-}4)\end{cases}$$

其中，式（4-1）表示每件事必有且只有一个人去做，式（4-2）表示每个人必做且只做一件事。

注：

1. 指派问题是产量（a_i）、销量（b_j）相等，且 $a_i=b_j=1$（i，j=1,2,…,n）的运输问题。

2. 有时也称 c_{ij} 为第 i 个人完成第 j 件工作所需的资源数，称之为效率系数（或价值系数）。并称矩阵

$$C=(c_{ij})_{n\times n}=\begin{pmatrix}c_{11} & c_{12} & \cdots & c_{1n}\\ c_{21} & c_{22} & \cdots & c_{2n}\\ \vdots & \vdots & & \vdots\\ c_{n1} & c_{n2} & \cdots & c_{nn}\end{pmatrix} \tag{4-5}$$

为效率矩阵（或价值系数矩阵）。

并称决策变量 x_{ij} 排成的 $n\times n$ 矩阵

$$X=(x_{ij})_{n\times n}=\begin{pmatrix}x_{11} & x_{12} & \cdots & x_{1n}\\ x_{21} & x_{22} & \cdots & x_{2n}\\ \vdots & \vdots & & \vdots\\ x_{n1} & x_{n2} & \cdots & x_{nn}\end{pmatrix} \tag{4-6}$$

为决策变量矩阵。

式（4-6）的特征是它有 n 个 1，其他都是 0。这 n 个 1 位于不同行、不同列。每一种情况为指派问题的一个可行解，共有 $n!$ 个解。

例 4.9　某印刷集团计划建设五个仓库。为了尽早建成营业，该印刷集团决定由 5 家建筑公司分别承建。已知建筑公司 A_i（i=1,2,…,5）对新仓库 B_j（j=1,2,…,5）的建造费用的报价（万元）为 c_{ij}（i，j=1,2,…,5），如表 4-32 所示。该印刷集团应当对 5 家建筑公司

怎样分派建筑任务，才能使总的建筑费用最少？

表4-32 建筑公司对新仓库的建造费用报价表

产地	销地				
	B_1	B_2	B_3	B_4	B_5
A_1	4	8	7	15	12
A_2	7	9	17	14	10
A_3	6	9	12	8	7
A_4	6	7	14	6	10
A_5	6	9	12	10	6

解：这是一标准的指派问题，设

$$x_{ij}=\begin{cases}1 & \text{当}A_i\text{承建}B_j\text{时}\\ 0 & \text{当}A_i\text{不承建}B_j\text{时}\end{cases}\qquad (i,j=1,2,\cdots,5).$$

则问题的数学模型为

$$\text{Min } Z=4x_{11}+8x_{12}+\cdots+10x_{54}+6x_{55},$$

$$s.t\begin{cases}\sum_{i=1}^{5}x_{ij}=1 & (j=1,2,\cdots,5),\\ \sum_{j=1}^{5}x_{ij}=1 & (i=1,2,\cdots,5),\\ x_{ij}=0\text{ 或 }1 & (i,j=1,2,\cdots,5).\end{cases}$$

此问题可以看成5个产地的产量都为1个单位，5个销地的销量都为1个单位的运输问题。

4.5.2 匈牙利解法原理

指派问题是一类特殊的运输问题，可以用表上作业法来求解。1955年，库恩（W.W.Kuhn）提出的匈牙利法能充分利用指派问题的特殊性质，有效地减少计算量。

定理4.4 设指派问题的效率矩阵为$C=(c_{ij})_{n\times n}$，若将该矩阵的某一行（或某一列）的各个元素都减去统一常数μ（μ可正可负），得到新的效率矩阵$C'=(c'_{ij})_{n\times n}$，则以C'为效率矩阵的新的指派问题且与原指派问题的最优解相同。但其最优解比原最优解减少μ。

证明：设式（4-1）～（4-4）为原指派问题。现在C矩阵的第k行个元素都减去同一常数μ，记新的指派问题的目标函数为Z'，则有

$$Z' = \sum_{i=1}^{n}\sum_{j=1}^{n} c'_{ij}x_{ij} = \sum_{\substack{i=1\\i\neq k}}^{n}\sum_{j=1}^{n} c'_{ij}x_{ij} + \sum_{j=1}^{n} c'_{ij}x_{ij} = \sum_{\substack{i=1\\i\neq k}}^{n}\sum_{j=1}^{n} c_{ij}x_{ij} + \sum_{j=1}^{n}(c_{kj} - \mu)x_{kj}$$

$$= \sum_{\substack{i=1\\i\neq k}}^{n}\sum_{j=1}^{n} c_{ij}x_{ij} + \sum_{j=1}^{n} c_{kj}x_{kj} - \mu\sum_{j=1}^{n} x_{kj} = \sum_{i=1}^{n}\sum_{j=1}^{n} c_{ij}x_{ij} - \mu\cdot 1 = Z - \mu,$$

因此有

$$\text{Min}Z' = \text{Min}(Z-\mu) = \text{Min}Z - \mu.$$

而新问题的约束方程同原指派问题。因此其最优解比相同，而最优解差一个常数。

推论：若将指派问题的效率矩阵每一行即每一列分别减去各行及各列的最小元素，则得到新指派问题与原指派问题有相同的最优解。

当将效率矩阵的每一行都减去各行的最小元素，将所得的矩阵的每一列再减去当前列中最小元素，则最后得到新效率矩阵 C' 中必然出现一些 0 元素。设 $c'_{ij}=0$，从第 i 行来看，它表示第 i 个人去干第 j 项工作效率（相对）最好。而从第 j 列来看，这个 0 表示第 j 项工作以第 i 人来干效率（相对）最高。

定义 4.2　在效率矩阵 C 中，有一组在不同行不同列的 0 元素，称为独立 0 元素组，此时每个元素称为独立 0 元素。

例 4.10　已知

$$C=\begin{pmatrix} 5 & 0 & 2 & 0 \\ 2 & 3 & 0 & 0 \\ 0 & 5 & 6 & 7 \\ 4 & 8 & 0 & 0 \end{pmatrix},$$

则 $\{c_{12}=0,\ c_{24}=0,\ c_{31}=0,\ c_{43}=0\}$ 是一个独立 0 元素组，$c_{12}=0$，$c_{24}=0$，$c_{31}=0$，$c_{43}=0$ 分别称为独立 0 元素。$\{c_{12}=0,\ c_{23}=0,\ c_{31}=0,\ c_{44}=0\}$ 也是一个独立 0 元素组，而 $\{c_{14}=0,\ c_{23}=0,\ c_{31}=0,\ c_{44}=0\}$ 就不是一个独立 0 元素组，因为 $c_{14}=0$ 与 $c_{44}=0$ 这两个 0 元素位于同一列中。

根据以上对效率矩阵中 0 元素的分析，对效率矩阵 C 中出现的独立 0 元素组中 0 元素所处的位置，在决策变量矩阵中令相应的 $x_{ij}=1$，其余的 $x_{ij}=0$。就可找到指派问题的一个最优解。

例 4.10 中，

$$X_{(1)} = \begin{pmatrix} 0 & 1 & 0 & 0 \\ 0 & 0 & 0 & 1 \\ 1 & 0 & 0 & 0 \\ 0 & 0 & 1 & 0 \end{pmatrix}$$

就是一个最优解。同理

$$X_{(2)}=\begin{pmatrix}0&1&0&0\\0&0&1&0\\1&0&0&0\\0&0&0&1\end{pmatrix}$$

也是一个最优解。

但是在有的问题中发现效率矩阵 C 中独立 0 元素的个数不够 n 个，这样就无法求出最优指派方案，需作进一步的分析。首先给出下述定理。

定理 4.5　效率矩阵 C 中独立 0 元素的最多个数等于能覆盖所有 0 元素的最少直线数。

指派问题的求解步骤：

1. 变换指派问题的系数矩阵（c_{ij}）为（b_{ij}），使在（b_{ij}）的各行各列中都出现 0 元素，即从（c_{ij}）的每行元素都减去该行的最小元素；再从所得新系数矩阵的每列元素中减去该列的最小元素。

2. 进行试指派，以寻求最优解。在（b_{ij}）中找尽可能多的独立 0 元素，若能找出 n 个独立 0 元素，就以这 n 个独立 0 元素对应解矩阵（x_{ij}）中的元素为 1，其余为 0，这就得到最优解。

找独立 0 元素，常用的步骤如下。

（1）从只有一个 0 元素的行开始，给该行中的 0 元素加圈，记作◎。然后划去◎所在列的其他 0 元素，记作 Ø；这表示该列所代表的任务已指派完，不必再考虑别人了。依次进行到最后一行。

（2）从只有一个 0 元素的列开始（画 Ø 的不计在内），给该列中的 0 元素加圈，记作◎；然后划去◎所在行的 0 元素，记作 Ø，表示此人已有任务，不再为其指派其他任务了。依次进行到最后一列。

（3）若仍有没有画圈的 0 元素，且同行（列）的 0 元素至少有两个，比较这行各 0 元素所在列中 0 元素的数目，选择 0 元素少的并将其加圈（表示选择性多的要“礼让”选择性少的）。然后划掉同行同列的其他 0 元素。可反复进行，直到所有 0 元素都已圈出和划掉为止。

（4）若◎元素的数目 m 等于矩阵的阶数 n（即：$m=n$），那么这指派问题的最优解已得到。若 $m<n$，则转入下一步。

3. 用最少的直线通过所有 0 元素。其方法：

（1）对没有◎的行打“√”；

（2）对已打“√”的行中所有含 Ø 元素的列打“√”；

（3）再对打有“√”的列中含◎ 元素的行打“√”；

（4）重复（1）（2）直到得不出新的打√号的行、列为止；

（5）对没有打√号的行画横线，有打√号的列画纵线，这就得到覆盖所有 0 元素的最少直线数 l。

注：l 应等于 m，若不相等，说明试指派过程有误，回到第 2 步，另行试指派；若 l=$m < n$，表示还不能确定最优指派方案，须再变换当前的系数矩阵，以找到 n 个独立的 0 元素，为此转第 4 步。

例 4.11　已知矩阵

$$C_1=\begin{pmatrix}5&0&2&0\\2&3&0&0\\0&5&6&7\\4&8&0&0\end{pmatrix},\ C_2=\begin{pmatrix}5&0&2&0&2\\2&3&0&0&0\\0&5&5&7&2\\4&8&0&0&4\\0&6&3&6&5\end{pmatrix},\ C_3=\begin{pmatrix}7&0&2&0&2\\4&3&0&0&0\\0&3&3&5&\\6&8&0&0&4\\0&4&1&4&3\end{pmatrix}.$$

分别用最少直线去覆盖各自矩阵中的 0 元素

$$C_1=\begin{pmatrix}5&0&2&0\\2&3&0&0\\0&5&6&7\\4&8&0&0\end{pmatrix},\ C_2=\begin{pmatrix}5&0&2&0&2\\2&3&0&0&0\\0&5&5&7&2\\4&8&0&0&4\\0&6&3&6&5\end{pmatrix},\ C_3=\begin{pmatrix}7&0&2&0&2\\4&3&0&0&0\\0&3&3&5&\\6&8&0&0&4\\0&4&1&4&3\end{pmatrix}.$$

可见，C_1 最少需要 4 条线，C_2 最少需要 4 条线，C_3 最少需要 5 条线，方能划掉矩阵中所有的 0。即它们独立 0 元素组中 0 元素最多分别为 4，4，5。

例 4.12　某印刷企业的折页车间有 A、B、C、D 四项工作需甲、乙、丙、丁四人去做。由他们完成任务的所需时间如表 4-33 所示，问如何分派任务，可使总时间最少？

表 4-33　所需时间　　单位：h

四名员工	四项任务所需时间			
	A	B	C	D
甲	6	7	11	2
乙	4	5	9	8
丙	3	1	10	4
丁	5	9	8	2

解：由题目给定效率矩阵

$$(C_{ij})=\begin{pmatrix}2&15&13&4\\10&4&14&15\\9&14&16&13\\7&8&11&9\end{pmatrix}.$$

1. 变换系数矩阵，增加 0 元素。

$$(c_{ij})=\begin{bmatrix}6&7&11&2\\4&5&9&8\\3&1&10&4\\5&9&8&2\end{bmatrix}\begin{matrix}-2\\-4\\-1\\-2\end{matrix}\Rightarrow\begin{bmatrix}4&5&9&0\\0&1&5&4\\2&0&9&3\\3&7&6&0\end{bmatrix}\Rightarrow\begin{bmatrix}4&5&4&0\\0&1&0&4\\2&0&4&3\\3&7&1&0\end{bmatrix}$$

$$-5$$

2. 试指派（找独立 0 元素）。

$$\begin{bmatrix}4&5&4&◎\\◎&1&Ø&4\\2&◎&4&3\\3&7&1&Ø\end{bmatrix}$$

找到 3 个独立 0 元素，但 $m=3<n=4$。

3. 作最少的直线覆盖所有 0 元素。

$$\begin{bmatrix}4&5&4&◎\\◎&1&Ø&4\\2&◎&4&3\\3&7&1&Ø\end{bmatrix}\begin{matrix}\surd\\ \\ \\ \surd\end{matrix}$$
$$\qquad\qquad\qquad\surd$$

独立 0 元素的个数 m 等于最少直线数 l，即 $l=m=3<n=4$。

4. 没有被直线通过的元素中选择最小值为 1，变换系数矩阵，将没有被直线通过的所有元素减去这个最小元素；直线交点处的元素加上这个最小值。得到新的矩阵，重复第 2 步进行试指派。

$$\begin{bmatrix}3&4&3&\mathbf{0}\\\mathbf{0}&1&\mathbf{0}&5\\2&\mathbf{0}&4&4\\2&6&\mathbf{0}&\mathbf{0}\end{bmatrix}\Longrightarrow\begin{bmatrix}3&4&3&◎\\◎&1&Ø&5\\2&◎&4&4\\2&6&◎&Ø\end{bmatrix}$$

得到 4 个独立 0 元素，所以最优解矩阵为

$$\Longrightarrow\begin{bmatrix}0&0&0&1\\1&0&0&0\\0&1&0&0\\0&0&1&0\end{bmatrix}$$

即甲去做 D 任务，乙去做 A 任务，丙去做 B 任务，丁去做 C 任务。完成 4 项任务的最少总时间为 2+4+1+8=15。

例 4.13 已知五人分别完成五项工作耗费如表 4-34 所示，求最优分配方案。

表 4-34 五人完成五项工作耗费 单位：h

五个人	五项任务耗时				
	A	B	C	D	E
甲	7	5	9	8	11
乙	9	12	7	11	9
丙	8	5	4	6	8
丁	7	3	6	9	6
戊	4	6	7	5	11

解：1. 变换系数矩阵，增加 0 元素。

$$(c_{ij})=\begin{bmatrix}7&5&9&8&11\\9&12&7&11&9\\8&5&4&6&9\\7&3&6&9&6\\4&6&7&5&11\end{bmatrix}\begin{matrix}-5\\-7\\-4\\-3\\-4\end{matrix}\Rightarrow\begin{bmatrix}2&0&4&3&6\\2&5&0&4&2\\4&1&0&2&5\\4&0&3&6&3\\0&2&3&1&7\end{bmatrix}\Rightarrow\begin{bmatrix}2&0&4&2&4\\2&5&0&3&0\\4&1&0&1&3\\4&0&3&5&1\\0&2&3&0&5\end{bmatrix}\quad -1\quad -2$$

2. 独立 0 元素的个数 l=4<5，故画直线调整矩阵。

$$\Rightarrow\begin{bmatrix}2&\circledcirc&4&2&4\\2&5&\varnothing&3&\circledcirc\\4&1&\circledcirc&1&3\\4&\varnothing&3&5&1\\\circledcirc&2&3&\varnothing&5\end{bmatrix}$$

$$\Rightarrow\begin{bmatrix}2&\circledcirc&4&2&4\\2&5&\varnothing&3&\circledcirc\\4&1&\circledcirc&1&3\\4&\varnothing&3&5&1\\\circledcirc&2&3&\varnothing&5\end{bmatrix}\begin{matrix}\surd\\ \\ \\ \surd\\ \end{matrix}$$
$$\begin{matrix}&\surd&&&\end{matrix}$$

3. 选择直线外的最小元素为 1；直线外元素减 1，直线交点元素加 1，其他保持不变。

$$\Rightarrow\begin{bmatrix}1&\circledcirc&3&1&3\\2&6&\varnothing&3&\circledcirc\\4&2&\circledcirc&1&3\\3&\varnothing&2&4&\varnothing\\\circledcirc&3&3&\varnothing&5\end{bmatrix}\begin{matrix}\surd\\\surd\\\surd\\\surd\\ \end{matrix}$$
$$\begin{matrix}&\surd&\surd&&\surd\end{matrix}$$

4. l =m=4 < n=5，选择直线外最小元素为 1，直线外元素减 1，直线交点元素加 1，其他保持不变，得到新的系数矩阵。

$$\Longrightarrow \begin{bmatrix} \emptyset & \circledcirc & 3 & \emptyset & 3 \\ 1 & 6 & \circledcirc & 2 & \emptyset \\ 3 & 2 & \emptyset & \circledcirc & 3 \\ 2 & \emptyset & 2 & 3 & \circledcirc \\ \circledcirc & 4 & 4 & \emptyset & 6 \end{bmatrix}$$

5. 总费用为 5+7+6+6+4=28。此问题有多解，如下列两种情况也是最优解。

$$\begin{bmatrix} \circledcirc & \emptyset & 3 & \emptyset & 3 \\ 1 & 6 & \emptyset & 2 & \circledcirc \\ 3 & 2 & \circledcirc & \emptyset & 3 \\ 2 & \circledcirc & 2 & 3 & \emptyset \\ \emptyset & 4 & 4 & \circledcirc & 6 \end{bmatrix}$$

总费用为 7+9+4+3+5=28

$$\begin{bmatrix} \emptyset & \emptyset & 3 & \circledcirc & 3 \\ 1 & 6 & \emptyset & 2 & \circledcirc \\ 3 & 2 & \circledcirc & \emptyset & 3 \\ 2 & \circledcirc & 2 & 3 & \emptyset \\ \circledcirc & 4 & 4 & \emptyset & 6 \end{bmatrix}$$

总费用为 8+9+4+3+4=28

4.5.3　一般的指派问题

在实际应用中，常会遇到非标准形式，解决的思路是：先化成标准形式，然后再用匈牙利法求解。

1. 最大化的指派问题

其一般形式为

$$\text{Max}Z = \sum_{i=1}^{n}\sum_{j=1}^{n} c_{ij}x_{ij},$$

$$s.t\begin{cases} \sum\limits_{i=1}^{n} x_{ij} = 1 \quad (j = 1 \sim n), \\ \sum\limits_{j=1}^{n} x_{ij} = 1 \quad (i = 1 \sim n), \\ x_{ij} = 0OR1 \quad (i, j = 1 \sim n). \end{cases}$$

处理办法：设最大化的指派问题的系数矩阵为 $C=(c_{ij})_{n\times n}$，m=Max｛$c_{11}, c_{12}, \cdots, c_{nn}$｝，令 $B=(B_{ij})_{n\times n}=(m-c_{ij})_{n\times n}$，则以 B 为系数矩阵的最小化指派问题和以 C 为系数矩阵的原最大化指派问题有相同的最优解。

例 4.14　某印刷企业有 4 名工人 A_1、A_2、A_3、A_4，分别操作 4 台机台 B_1、B_2、B_3、B_4。每人每小时产量如表 4-35 所示，求产值最大的分配方案。

表 4-35 每人每小时的产量 单位：件

四名工人	四台机台产量			
	B_1	B_2	B_3	B_4
A_1	10	9	8	7
A_2	3	4	5	6
A_3	2	1	1	2
A_4	4	3	5	6

解：$C=(c_{ij})_{n\times n}=\begin{pmatrix}10&9&8&7\\3&4&5&6\\2&1&1&2\\4&3&5&6\end{pmatrix}$，$M=\text{Max}\{10,9,8,7,\cdots,5,6\}=10$,

$$B=(B_{ij})_{n\times n}=(10-c_{ij})_{n\times n}=\begin{pmatrix}0&1&2&3\\7&6&5&4\\8&9&9&8\\6&7&5&4\end{pmatrix}\rightarrow\begin{pmatrix}0&1&2&3\\3&2&1&0\\0&1&1&0\\2&3&1&0\end{pmatrix}\Rightarrow\begin{pmatrix}0&0&1&3\\3&1&0&0\\0&0&0&0\\2&2&0&0\end{pmatrix}=B',$$

B' 中的◎数 $=n=4$，所以

$$X=\begin{pmatrix}1&0&0&0\\0&0&0&1\\0&1&0&0\\0&0&1&0\end{pmatrix} \qquad (*)$$

即为最优解。

从而产值最大的分配方案也为（*），最大产值为

$$Z=10+6+1+5=22.$$

2. 人数和事件数不等的指派问题

（1）若人数 < 事件数，添一些虚拟的“人”，此时这些虚拟的“人”做各件事的费用系数取为 0，理解为这些费用实际上不会发生。

（2）若人数 > 事件数，添一些虚拟的“事”，此时这些虚拟的“事”被各个人做的费用系数同样也取为 0。

例 4.15 某厂现有 5 项工作需要 4 个人来完成。每人做每件工作所耗的时间如表 4-36 所示。

表 4-36　每人做每件工作所耗的时间　　单位：h

4 个工人	5 项工作耗时				
	B_1	B_2	B_3	B_4	B_5
A_1	10	11	4	2	8
A_2	7	11	10	14	12
A_3	5	6	9	12	14
A_4	13	15	11	10	7

问该工厂如何指派哪个人去完成哪项工作，使总消耗时间最小？

解：添加虚拟人 A_5，构造标准耗时距阵为

$$C=\begin{pmatrix}10&11&4&2&8\\7&11&10&14&12\\5&6&9&12&14\\13&15&11&10&7\\0&0&0&0&0\end{pmatrix}\xrightarrow{\text{行变换}}\begin{pmatrix}8&9&2&0&6\\0&4&3&7&5\\0&1&4&7&9\\6&8&4&3&0\\0&0&0&0&0\end{pmatrix}=C',$$

所圈 0 数 =4< 5=n，寻找最少覆盖 0 的直线。

$$C'=\begin{pmatrix}8&9&2&0&6\\0&4&3&7&5\\0&1&4&7&9\\6&8&4&3&0\\0&0&0&0&0\end{pmatrix}$$

从未划去的元素中找最小者：｛4，3，7，5，1，4，7，9｝=1。未划去的行减去此最小者 1，划去的列加上次最小者 1，得 C''。

$$C''=\begin{pmatrix}9&9&2&0&6\\0&3&2&6&4\\0&0&3&6&8\\7&8&4&3&0\\1&0&0&0&0\end{pmatrix}$$

◎个数 =n, 从而得到最优指派为

$$X^*=\begin{pmatrix}0&0&0&1&0\\1&0&0&0&0\\0&1&0&0&0\\0&0&0&0&1\\0&0&1&0&0\end{pmatrix}$$

从而最少耗时为 $Z=2+7+6+7=22$。

3. 一个人可做几件事的指派问题

若某人可做几件事，则可将该人化作相同的几个“人”来接受指派。这几个“人”做同一件事的费用系数当然一样。

4. 某事不能由某人去做的指派问题

某事不能由某人去做，可将此人做此时的费用取作足够大的 M。

例 4.16　某企业需分配甲、乙、丙、丁四个人去完成 A、B、C、D、E 五项任务，每人完成各项任务的时间如表 4-37 所示。由于任务重，人数少，考虑：任务 E 必须完成，其他 4 项任务可选 3 项完成。但甲不能做 A 项工作。试分别确定最优分配方案，使完成任务的总时间最少。

表 4-37　每人完成各项任务的时间　　单位：h

四个人	五项任务耗时				
	A	B	C	D	E
甲	25	29	31	42	37
乙	39	38	26	20	33
丙	34	27	28	40	32
丁	24	42	36	23	45

解：这是不平衡的指派问题，首先转换为标准型，再用匈牙利法求解。

由于任务数多于人数，所以假定一名虚拟人，设为戊。因为工作 E 必须完成，故设戊完成 E 的时间为 M（M 为非常大的数），其余效率系数为 0，则标准型的效率矩阵表如表 4-38 所示。

表 4-38　标准型的效率矩阵表　　单位：h

五个人	五项任务耗时				
	A	B	C	D	E
甲	M	29	31	42	37
乙	39	38	26	20	33
丙	34	27	28	40	32
丁	24	42	36	23	45
戊	0	0	0	0	M

用匈牙利法求解过程如下：

$$C=\begin{pmatrix} M & 29 & 31 & 42 & 37 \\ 39 & 38 & 26 & 20 & 33 \\ 34 & 27 & 28 & 40 & 32 \\ 24 & 42 & 36 & 23 & 45 \\ 0 & 0 & 0 & 0 & M \end{pmatrix} \xrightarrow{\text{行变换}} \begin{pmatrix} M & 0 & 2 & 13 & 8 \\ 19 & 18 & 6 & 0 & 13 \\ 7 & 0 & 1 & 13 & 5 \\ 1 & 19 & 13 & 0 & 22 \\ 0 & 0 & 0 & 0 & M \end{pmatrix} \xrightarrow{\text{列变换}}$$

$$\begin{pmatrix} M & 0 & 2 & 13 & 3 \\ 19 & 18 & 6 & 0 & 8 \\ 7 & 0 & 1 & 13 & 0 \\ 1 & 19 & 13 & 0 & 17 \\ 0 & 0 & 0 & 0 & M \end{pmatrix}.$$

由于◎数 =4< 5= 阶数，下找最少覆盖 0 的直线

$$C'=\begin{pmatrix} M & 0 & 2 & 13 & 3 \\ 19 & 18 & 6 & 0 & 8 \\ 7 & 0 & 1 & 13 & 0 \\ 1 & 19 & 13 & 0 & 17 \\ 0 & 0 & 0 & 0 & M \end{pmatrix} \begin{matrix} \\ \surd\ -1 \\ \\ \surd\ -1 \\ \\ \end{matrix}$$

M={19,18.6.13,1,19,13,22} =1，第 2、4 行减去 1，第 4 列加上 1 得

$$C''=\begin{pmatrix} M & 0 & 2 & 13 & 3 \\ 18 & 17 & 5 & 0 & 7 \\ 7 & 0 & 1 & 14 & 0 \\ 0 & 18 & 12 & 0 & 16 \\ 0 & 0 & 0 & 1 & M \end{pmatrix}.$$

从而得最优指派方案为甲做 B，乙做 D，丙做 E，丁做 A 任务 C 放弃。最少的耗时数为 $Z=29+20+32+24=105$。

练习题

1. 单项选择题。

（1）运输问题在用表上作业法计算的时候，用闭回路法进行调整检验时，通过任一空格可以找到（　　）闭回路。

A. 唯一　　B. 多个　　C. 零个　　D. 不能确定

（2）在产销不平衡的运输问题中，如果产量大于销量，通过（　　）把其变成一个产销平衡的运输问题。

A. 假想一个产地　B. 假想一个销地　C. 去掉一个产地　D. 没有办法

（3）最小元素法的基本思想就是（　　）。

A. 依次供应　　B. 全面供应　　C. 选择供应　　D. 就近供应

（4）在表上作业法中，调运方案中有数字的格为（　　）。

A. $m+n$　　B. $m-n$　　C. $m+n-1$　　D. $m*n$

（5）运输问题的数学模型中，包含有（　　）变量。

A. $m+n$　　B. $m-n$　　C. $m+n-1$　　D. $m*n$

（6）运输问题的数学模型中，包含有（　　）个约束条件。

A. $m+n$　　B. $m-n$　　C. $m+n-1$　　D. $m*n$

（7）有 5 个产地 4 个销地的平衡运输问题的模型具有如下特征（　　）。

A. 有 9 个变量　　B. 有 9 个基变量　　C. 有 20 个约束　　D. 有 8 个基变量

（8）运输问题中，在检验数表上所有检验数都（　　），此时运输表中给出的方案就是最优方案。

A. 大于零　　B. 等于零　　C. 大于等于零　　D. 小于零

（9）在产销不平衡的运输问题中，如果销量大于产量时，可以在产销平衡表上（　　），把其变成一个产销平衡的运输问题。

A. 假想一个产地　　B. 假想一个销地　　C. 去掉一个产地　　D. 没有办法

（10）运输问题数学模型的特点之一是（　　）。

A. 一定有最优解　　B . 不一定有最优解　　C. 一定有基可行解　　D. 不一定有基可行解

（11）下列错误的结论是（　　）。

A. 将指派（分配）问题的效率矩阵每行分别乘以一个非零数后最优解不变

B. 将指派问题的效率矩阵每行分别加上一个数后最优解不变

C. 将指派问题的效率矩阵每个元素同时乘以一个非零数后最优解不变

D. 指派问题的数学模型是整数规划模型

（12）下列（　　）组变量组是一个闭回路。

A. $\{x_{11},x_{12},x_{23},x_{34},x_{41},x_{13}\}$　　B. $\{x_{21},x_{13},x_{34},x_{41},x_{12}\}$

C. $\{x_{12},x_{32},x_{33},x_{23},x_{21},x_{11}\}$　　D. $\{x_{12},x_{22},x_{32},x_{33},x_{23},x_{21}\}$

2. 判断表 4-39、表 4-40 中给出的调运方案能否作为表上作业法求解的初始基可行解？为什么？

表 4-39　调运方案

产地	四个销地单位运价 /（元 / t）				供应量 / t
	B_1	B_2	B_3	B_4	
A_1	50		150		200
A_2	0	100		0	100
A_3				50	50
需求量 / t	50	100	150	50	

表 4-40 调运方案

产地	四个销地单位运价 /（元 / t）				供应量 / t
	B_1	B_2	B_3	B_4	
A_1	60		140		200
A_2		100			100
A_3	10		10	50	70
需求量 / t	70	100	150	50	

3. 用表上作业法求解表 4-41 所示的运输问题。

表 4-41 供需量及单位运价表

三个产地	四个销地单位运价 /（元 / t）				供应量 / t
	B_1	B_2	B_3	B_4	
A_1	3	9	8	6	600
A_2	12	20	7	10	1000
A_3	6	11	13	14	700
需求量 / t	300	500	900	600	

4. 某印刷集团有两个分厂 A_1、A_2 及三个客户 B_1、B_2、B_3 的有关数据如表 4-42 所示。三个客户 B_1、B_2、B_3 允许缺货，两个分厂 A_1、A_2 允许存储。问怎样调配，使总费用最少？建立其数学模型，并用表上作业法求解。

表 4-42 供需量及单位运价表

两个产地	三个客户单位运价 /（元 / 件）			供应量 / t	单位存储费 /（元 / 件）
	B_1	B_2	B_3		
A_1	4	6	8	200	5
A_2	6	2	4	200	4
需求量 / t	50	100	100		
单位缺货费 /（元 / 件）	3	8	5		

5. 甲、乙、丙三个印刷企业每年需要印刷纸张分别为320万吨、250万吨、350万吨，由A、B两个造纸厂负责供应。已知纸张年供应量A为400万吨，B为450万吨。由造纸厂至三个印刷企业的单位运价（万元/万吨）如表4-43所示。

表4-43　供需量及单位运价

造纸厂	三家印刷企业单位运价/（万元/万吨）		
	甲	乙	丙
A	15	18	22
B	12	25	16

由于需求量大于供给量，经研究平衡决定，甲印刷企业供应量不少于280万吨，乙印刷企业需要量应全部满足，丙印刷企业供应量不少于270万吨。此外甲印刷企业每缺1万吨纸损失10万元，丙印刷企业每缺1万吨纸损失12万元。试求将供应量分配完又使总费用（包括缺货费）为最低的调运方案。

6. 某印刷设备制造公司要完成合同规定的三个时期的某设备订货任务，现已知各时期该公司的生产能力、合同任务、生产单位产品的成本等数据如表4-44所示。又已知单位产品每时期存储费为1000元。现要求：

（1）建立该问题的线性规划数学模型；

（2）将其化为运输问题，并用表上作业法求解该问题。

表4-44　合同数、生产能力及生产成本

时期	生产能力/台	定货量/台	生产成本/（千元/台）
1	30	20	8
2	20	15	12
3	25	20	11

7. 某工厂月底安排某一产品在下月四周的生产计划。估计每件产品在第一周与第二周的生产成本为150元，后两周的生产成本为170元，各周产品需求量分别为700件、800件、1000件和1200件，工厂每周至多生产产品900件，在第二周、第三周可加班生产。加班生产时每周可增产300件，但生产成本每件需增加30元。过剩产品的储存费为每周15元。请安排生产，使总成本最小，建立运输模型。

8. 已知运输问题的产销平衡表、单位运价表及最优调运方案分别如表4-45和表4-46所示。试求：

（1）从$A_2 \rightarrow B_2$的单位运价C_{22}在什么范围内变化时，上述最优调运方案不变？

（2）当$A_2 \rightarrow B_4$的单位运价C_{24}变为何值时，有无穷多最优调运方案。

表 4-45 产销平衡表及最优调运方案

三个产地	四个销地单位运价 /（元 / t）				产量 / t
	B_1	B_2	B_3	B_4	
A_1		5		10	15
A_2		10	15		25
A_3	5				5
销量 / t	5	15	15	10	

表 4-46 单位运价表

三个产地	四个销地单位运价 /（元 / t）			
	B_1	B_2	B_3	B_4
A_1	10	1	20	11
A_2	12	7	9	20
A_3	2	14	16	18

9. 某市是一个人口不到 15 万人的小城市，根据该市的蔬菜种植情况，分别在 A、B 和 C 设三个收购点，再由收购点分送到全市的 8 个菜市场。按常年情况，A、B、C 三个收购点每天收购量分别为 200、170 和 160（单位：100kg），各菜市场的每天需求量及发生供应短缺时带来的损失如表 4-47 所示。从收购点至各菜市场的距离如表 4-48 所示，设从收购点至各菜市场蔬菜调运费用为 1 元 /（100kg • 100m）。

表 4-47 各菜市场每天需求及短缺损失

菜市场	每天需求 /（100kg）	短缺损失 /（元 /100kg）
1	75	10
2	60	8
3	80	5
4	70	10
5	100	10
6	55	8
7	90	5
8	80	8

表 4-48 收购点至各菜市场的距离

距离 / （100m）		菜市场距离 / （100m）							
		1	2	3	4	5	6	7	8
收购点	A	4	8	8	19	11	6	22	16
	B	14	7	7	16	12	16	23	17
	C	20	19	11	14	6	15	5	10

（1）为该市设计一个从各收购点至各菜市场的定点供应方案，使用于蔬菜调运及预期的短缺损失为最小；

（2）若规定各菜市场短缺量一律不超过需求量的 18%，重新设计定点供应方案；

（3）为满足城市居民的蔬菜供应，该市的领导规划增加蔬菜种植面积，试问增产的蔬菜每天应分别向 A、B、C 三个采购点各供应多少最为经济合理？

10. 某印刷设备制造公司根据合同要求从当年开始起连续四年年末交付 40 台规格型号相同的印刷设备。该制造公司在这四年内生产印刷设备的能力及每台印刷设备的成本情况如表 4-49 所示。

表 4-49 生产能力及制造每台印刷设备的成本

年度	可生产印刷设备数量 / 台		制造成本 / （万元 / 台）	
	正常上班时间	加班时间	正常上班时间	加班时间
1	20	30	50	55
2	38	24	56	61
3	15	30	60	65
4	42	23	53	58

根据该公司的情况，若制造出来的印刷设备当年未能交货，每台设备每积压一年的存储和维护费用为 4 万元。在签订合同时，该公司已储存了 20 台印刷设备，同时又要求四年期末完成合同后还需要储存 25 台印刷设备备用。问该公司如何安排每年的印刷设备生产量，使得在满足上述各项要求的情况下，总的生产费用加储存维护费用为最少？

第 5 章 整数规划

用单纯形法求解线性规划的结果往往得到分数或小数解。但在很多实际问题中，全部或部分变量的取值必须是整数，如人或者机器设备不可分割，就需要引入整数规划（Integer Programming，IP）来解决。整数规划在工业、商业、交通运输、经济管理和军事等领域都有重要的应用。整数规划的应用主要有：交通领域的路径优化问题；仓储、运输等物流以及供应链领域；制造业里的生产流程优化；电力领域的电网的布局以及分配；电子工程里的设施部件分配问题；能源领域的优化，如如何铺设输油管道；火车、课程、飞机时刻表安排问题等调度问题；资产配置、风险控制等经济金融领域的应用等。

5.1 整数规划问题的提出

5.1.1 整数规划的定义

整数规划是指规划中的变量（全部或部分）限制为整数，若在线性模型中，变量限制为整数，则称为整数线性规划。在线性规划问题中，有些最优解可能是分数或小数，但对于某些具体问题，常要求某些变量的解必须是整数。例如，当变量代表的是机器的台数、工作的人数或装货的车数等。为了满足整数的要求，初看起来似乎只要把已得的非整数解舍入化整就可以了。实际上化整后的数不见得是可行解和最优解，所以应该有特殊的方法来求解整数规划。

5.1.2 整数规划的数学模型及分类

整数规划的一般数学模型是

$$\text{Max}Z(\text{或Min}Z)=\sum_{j=1}^{n}c_jx_j,$$

$$\begin{cases}\sum_{j=1}^{n}a_{ij}x_j \geqslant b_i & (i=1,2,\cdots,m),\\ x_j \geqslant 0 & (j=1,2,\cdots,n,\text{且部分或全部为整数}).\end{cases}$$

如不加特殊说明，如果有变量限制为整数，一般指整数线性规划。由于决策变量取整要求的不同，整数规划可分为纯整数规划、全整数规划、混合整数规划、0-1 整数规划。

1. 纯整数规划：所有决策变量取非负整数（引进的松弛变量和剩余变量可以不要求取整数）。

2. 全整数规划：除了所有决策变量取非负整数外，系数 a_{ij} 和常数项 b_i 也要求是整数（引进的松弛变量和剩余变量也必须是整数）。

3. 混合整数规划：只有一部分的决策变量要求取非负整数，另一部分可以取非负实数。

4. 0-1 整数规划：所有决策变量只能取 0-1 两个整数。

整数规划与线性规划不同之处只在于增加了整数约束。不考虑整数约束所得到的线性规划称为整数规划的线性松弛模型。

5.1.3 整数规划问题的提出

对整数规划问题的求解可以先不考虑对变量的整数约束，作为一般线性规划问题来求解，当解为非整数时可用四舍五入或凑整数寻找最优解，其实这种方法是不可行的，原因有以下两点。

1. 用凑整的方法计算量很大，而且还不一定能找到最优解

如某整数线性规划先不考虑整数约束条件，求其线性规划问题的最优解为 $x_1^*=4.6, x_2^*=5.5$，用凑整数的方法时需比较与 x_1, x_2 的上述数值最接近的四种组合：$(4,5),(5,5),(4,6),(5,6)$，如果问题中有 10 个变量，就要比较 $2^{10}=1024$ 个整数解组合，而且最优解还不一定在这些组合中。

2. 放松约束也无法求出其最优解

例 5.1　整数规划问题

$$\text{Max}Z=3x_1+2x_2,$$

$$s.t.\begin{cases}2x_1+3x_2 \leqslant 14,\\ x_1+0.5x_2 \leqslant 4.5,\\ x_1 \geqslant 0, x_2 \geqslant 0(\text{整数}).\end{cases}$$

先不考虑整数约束条件，用图解法求解如图 5-1 所示。

如果不考虑整数约束，称为上述线性规划问题的松弛问题，松弛问题的最优解为

$$x_1 = 3.25, x_2 = 2.5，$$

取整以后 $x_1 = 3, x_2 = 2$ 是可行解，但 $x_1 = 3, x_2 = 3; x_1 = 4, x_2 = 2; x_1 = 4, x_2 = 3$ 都不是可行解，而 $x_1 = 3, x_2 = 2$ 对应的目标函数值 $Z = 3x_1 + 2x_2 = 13$ 却不是最优解，然而最优解是 $x_1 = 4, x_2 = 1, \text{Max}Z = 3x_1 + 2x_2 = 14$。

直接对松弛问题进行求解，通过四舍五入或去尾法都可能无法求得整数规划问题的最优解，这就需要对整数线性规划问题有特殊的求解方法。目前求解整数规划的方法主要有分枝定界法与割平面法。

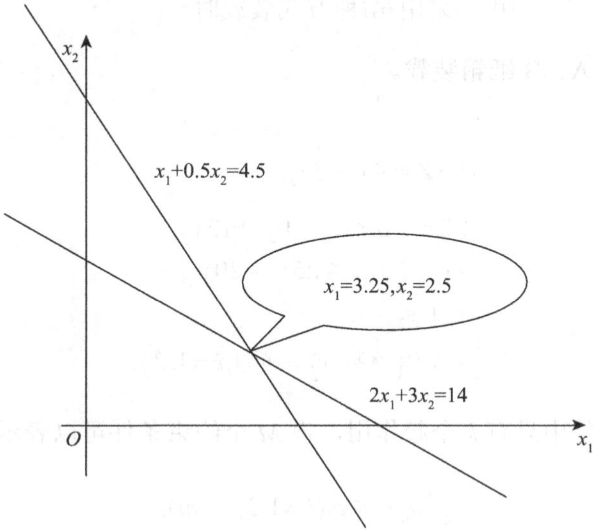

图 5-1　图解法

5.2　整数规划的应用

整数线性规划问题的数学模型的研究有着重要的意义，很多管理问题无法归纳为线性规划问题的数学模型，但却可以设置逻辑变量建立起整数规划问题的数学模型。

5.2.1　装箱问题

例 5.2　工厂现有纸箱 A 可以装 10kg 重、0.025m^3 的物品。他准备用来装甲、乙两种货品，每件物品的重量、体积和价值如表 5-1 所示。

表 5-1　物品装箱

所装物品	重量（kg/ 件）	体积（m^3/ 件）	价值（元 / 件）
甲	1.2	0.002	4
乙	0.8	0.0025	3

假设此人还有一种纸箱 B，最大载重量为 12kg，其体积是 0.02m^3。如只能选择其一，问如何安排使所装物品价值最大。

解：设甲、乙两种物品各装 x_1、x_2 件，引入 0-1 变量（或称逻辑变量）y_i，令

$$y_i=\begin{cases}1,\text{采用第}i\text{种方式装载时}\\0,\text{不采用第}i\text{种方式装载时}\end{cases}\quad(i=1,2).$$

i=1,2 分别是采用 A、B 纸箱装载。

数学模型为

$$\text{Max}Z=4x_1+3x_2,$$

$$\begin{cases}1.2x_1+0.8x_2\leqslant 10y_1+12y_2,\\2x_1+2.5x_2\leqslant 25y_1+20y_2,\\y_1+y_2=1,\\x_i\geqslant 0\left(\text{整数},y_i=0\text{或}1,i=1,2\right).\end{cases}$$

一般 M 个约束条件中只有 k 个起作用，设 M 个约束条件可以表示为

$$\sum_{j=1}^{n}a_{ij}x_j\leqslant b_i(i=1,2,\cdots,m),$$

设 $y_i=\begin{cases}1 & \text{假设第}i\text{个约束条件不起作用}\\0 & \text{假设第}i\text{个约束条件起作用}\end{cases}(i=1,2,\cdots,m).$

又 M 为任意大的正数，则

$$\begin{cases}\sum_{j=1}^{n}a_{ij}x_j\leqslant b_i+My_i(i=1,2,\cdots,m),\\y_1+y_2+\cdots+y_m=m-k,\\y_i=0\text{或}1\left(i=1,\cdots,m\right).\end{cases}$$

因为若 $y_i=0$，则 $\sum_{j=1}^{n}a_{ij}x_j\leqslant b_i$ 条件起作用。

若 $y_i=1$，则 $\sum_{j=1}^{n}a_{ij}x_j\leqslant b_i+M$，$\sum_{j=1}^{n}a_{ij}x_j\leqslant b_i$ 条件不起作用。

5.2.2 选址问题

现准备在几个地点建厂，可供选择的地点有 $A_1, A_2, \cdots, A_m$，它们的生产能力分别是 a_1, $a_2, \cdots, a_m$（假设生产同一种产品）。第 i 个工厂的建设费用为 f_i（ $i = 1, 2, \cdots, m$），并有 n 个地点 $B_1, B_2, \cdots, B_n$ 需要销售这种产品，其销量分别为 $b_1, b_2, \cdots, b_n$，从工厂 A_i 运往销地 B_j 的单位运费为 c_{ij}（如表 5-2 所示）。试决定在哪里地方建厂，既能满足各地的要求，又能使总建设费和总运输费用最省？

表 5-2 单位运价及建设费用

产地	销售地单位运价				零件需要量	建设费用
	B_1	B_2	…	B_n		
A_1	c_{11}	c_{12}	…	c_{1n}	a_1	f_1
A_2	c_{21}	c_{22}	…	c_{2n}	a_2	f_2
…	…	…	…	…	…	…
A_m	c_{m1}	c_{m2}	…	c_{mn}	a_m	f_m
零件销量	b_1	b_2	…	b_n		

设 x_{ij} 表示从工厂 A_i 运往销地 B_j 的运量（$i = 1, 2, \cdots, m$；$j = 1, 2, \cdots, n$）

$$y_i = \begin{cases} 1, 在A_i建厂 \\ 0, 不在A_i建厂 \end{cases} \quad (i = 1, 2, \cdots, m),$$

则该问题可归结为求 x_{ij} 和 y_i（$i = 1, 2, \cdots, m$；$j = 1, 2, \cdots, n$），则有

$$\text{Min}Z = \sum_{i=1}^{m} \sum_{j=1}^{n} c_{ij} x_{ij} + \sum_{i=1}^{m} f_i y_i,$$

$$s.t. \sum_{j=1}^{n} x_{ij} \leqslant (=) a_i y_i \qquad (i-1, 2, \cdots, m),$$

$$\sum_{i=1}^{m} x_{ij} (=) \leqslant b_j \qquad (j = 1, 2, \cdots, n),$$

$$x_{ij} \geqslant 0, y_i = 0或1 \quad (i = 1, 2, \cdots, m;\ j = 1, 2, \cdots, n).$$

产地与销地的约束条件取等号还是小于等于号，取决于产量之和是小于销量之和还是大于销量之和。在整数规划选址模型中，x_{ij} 可以取非负实数，而 y_i 只能取 0 或 1，这类问题称为混合整数规划问题。

例 5.3 某印刷集团在 A_1 地已有一个印刷工厂，其产品的生产能力为 35 千万箱，为了扩大生产，打算在 A_2、A_3、A_4、A_5 地中再选择几个地方建厂。已知在 A_2、A_3、A_4、A_5 地建厂的固定成本分别为 185 千万元、320 千万元、385 千万元、480 千万元，另外，A_1

产量及A_2、A_3、A_4、A_5建成厂的产量，销地的销量以及产地到销地的单位运价（每千箱运费）如表5-3所示。

表5-3 产量、销量及单位运价表

五个产地	三个销地单位运价/（元/千箱）			产量/千箱
	B_1	B_2	B_3	
A_1	8	4	3	35
A_2	5	2	3	15
A_3	4	3	4	20
A_4	9	7	5	28
A_5	10	4	2	35
销量/千箱	55	48	40	

问应该在哪几个地方建厂，在满足销量的前提下，使得其总的固定成本和总的运输费用之和最小？

解：设x_{ij}为从印刷工厂A_i运往销地B_j的运输量（单位千箱），$y_k=1$（当A_k被选中时）或0（当A_k没被选中时）（k=2,3,4,5）。

A_2、A_3、A_4、A_5为待选择建厂地址，又因产量之和小于（35+15+20+28+35<55+48+40）销量之和，此问题的数学模型如下

$$\begin{aligned}\text{Min}Z=&185y_2+320y_3+385y_4+480y_5+8x_{11}+4x_{12}+3x_{13}+5x_{21}+2x_{22}+3x_{23}\\&+4x_{31}+3x_{32}+4x_{33}+9x_{41}+7x_{42}+5x_{43}+10x_{51}+4x_{52}+2x_{53},\end{aligned}$$

$$\begin{cases}x_{11}+x_{12}+x_{13}=35,\\x_{21}+x_{22}+x_{23}=15y_2,\\x_{31}+x_{32}+x_{33}=20y_3,\\x_{41}+x_{42}+x_{43}=28y_4,\\x_{51}+x_{52}+x_{53}=35y_5,\\x_{11}+x_{21}+x_{31}+x_{41}+x_{51}\leqslant 55,\\x_{12}+x_{22}+x_{32}+x_{42}+x_{52}\leqslant 48,\\x_{13}+x_{23}+x_{33}+x_{43}+x_{53}\leqslant 40,\\x_{ij}\geqslant 0\left(i=1,2,3,4,5;\ j=1,2,3\right)。y_k为0-1变量，k=2,3,4,5。\end{cases}$$

前5个约束条件是5个产地的产量限制，后3个约束条件是3个销地的销量限制，此问题是产量之和小于销量之和。

例5.4 某纸张公司拟在市东、西、南三区建立仓库，拟议中有7个位置（点）A_i（i=1,2,…,7）可供选择，并要求：

（1）在东区，由A_1、A_2、A_3三个点中至多选两个；

（2）在西区，由 A_4、A_5 两个点中至少选一个；

（3）在南区，由 A_6、A_7 两个点中只能选一个。

如选用 A_i 点，设备投资估计为 b_i 万元，每年可获得利润估计为 c_i 万元，但投资总额不能超过 B 万元，问应选择哪几个点可使年利润最大？试建立此问题的 0-1 规划模型。

解：设变量 $x_i=\begin{cases}1, 当A_i点被选中\\0, 当A_i点未被选中\end{cases}\quad (i=1,2,\cdots,7).$

其 0 ～ 1 规划数学模型为

$$\mathrm{Max}Z=\sum_{i=1}^{7}c_ix_i,$$

$$\begin{cases}\sum_{i=1}^{7}b_ix_i\leqslant B,\\x_1+x_2+x_3\leqslant 2,\\x_4+x_5\geqslant 1,\\x_6+x_7\geqslant 1,\\x_i=0或1.\end{cases}$$

约束条件 1 是投资约束，约束条件 2、3、4 分别对应于（1）东区、（2）西区、（3）南区的三个要求。

5.2.3 固定成本问题

例 5.5 某印刷公司有个订单需印刷加工 6000 件，可以用三种方式的任意一种形式印刷加工。已知每种印刷加工形式的固定成本、生产该产品订单的变动成本以及每种印刷加工形式的最大加工数量（件）限制如表 5-4 所示，怎样安排该订单的印刷加工使总成本最小？

表 5-4 印刷加工的相关数据

加工方式	固定成本 / 元	变动成本 /（元 / 件）	最大加工数 / 件
本厂印刷加工	600	9.5	1800
外包 1 厂印刷加工	680	7	2400
外包 2 厂印刷加工	700	7.5	2350

解：设 x_j 为采用第 j（j=1,2,3）种方式生产的产品数量设 0-1 变量 y_j，令

$$y_j=\begin{cases}1 & 采用第j种加工方式，x_j>0\ 时\\0 & 不采用在第j种加工方式，x_j=0\ 时\end{cases}\quad (j=1,2,3),$$

$$\mathrm{Min}Z=(600y_1+9.5x_1)+(680y_2+7x_2)+(700y_3+7.5x_3).$$

$$\begin{cases} x_j - My_j \leqslant 0 \quad (j=1,2,3), \\ x_1 + x_2 + x_3 \geqslant 6000, \\ x_1 \leqslant 1800, \\ x_2 \leqslant 2400, \\ x_3 \leqslant 2350, \\ x_j \geqslant 0, y_j = 1\text{或}0 (j=1,2,3). \end{cases}$$

各加工方式的固定费用只有在选择这种方式时才产生，为了说明固定费用这种性质，设 y_i=1（当选择第 i 种印刷加工方式时）或 0（当不选择第 i 种印刷加工方式时）。

引入约束 $x_i \leqslant My_i (i=1,2,3)$，$M$充分大，以保证当$y_i = 0$时，$x_i = 0$。$M$ 是一个很大的正数。

5.2.4 指派问题

例 5.6 有 A、B、C、D 四项任务需分派给甲、乙、丙、丁四个人去做，这四个人都能承担上述四项任务，每人完成任务所需时间如表 5-5 所示，问应如何分派任务，可使完成四项任务的工时最少？要求每项任务只能由一个人完成，且每人只能承担一项任务。

表 5-5 四人完成四项任务的效率

四个人	四项任务			
	A	B	C	D
甲	9	17	16	7
乙	12	7	14	16
丙	8	17	14	17
丁	7	9	11	9

类似的问题还有：n 项任务如何分配到 n 台机床上去分别加工完成；n 条航线，如何指定 n 艘船去航行的问题，等等。

对每个指派问题，都需有类似表 5-5 那样的表，该表称为效率矩阵或系数矩阵，其元素 $c_{ij} > 0$（$i, j = 1, 2, \cdots, n$）表示第 i 个人去完成第 j 项任务的效率（或时间、成本等）。

引入 0-1 变量 x_{ij}：

$$x_{ij} = \begin{cases} 1, \text{当指派第 } i \text{ 个人去完成第 } j \text{ 项任务} \\ 0, \text{当不指派第 } i \text{ 个人去完成第 } j \text{ 项任务} \end{cases} \quad i,j=1,2,\cdots,n$$

则本例的数学模型可表示如下：

$$\text{Min}Z = \sum_{i=1}^{4} \sum_{j=1}^{4} c_{ij} \cdot x_{ij}$$

$$\begin{cases}\sum_{j=1}^{4}x_{ij}=1 \quad (i=1,2,3,4), & (5-1)\\ \sum_{i=1}^{4}x_{ij}=1 \quad (j=1,2,3,4), & (5-2)\\ x_{ij}=0或1 \quad (i,j=1,2,3,4).\end{cases}$$

约束条件（5-1）表示每个人只能去做一件事；约束条件（5-2）表示每件事只能有一个人来做，目标函数 Z 为总的时间。

指派问题是一个典型的 0-1 规划问题，也是一类特殊的运输问题，当然可以用求解 0-1 规划、运输问题的方法来求解，然而针对指派问题设计的一种有效算法，见第 4 章运输与指派问题介绍过的匈牙利法。

5.2.5 投资决策问题

设有 n 个投资项目，其中第 j 个项目需要资金 a_j 万元，将来可获利润 c_j 万元。若现有资金总额为 b 万元，则应选择哪些投资项目，才能获利最大？

设：$y_i=\begin{cases}1, 对第 j 个项目投资\\ 0, 不对第 j 个项目投资\end{cases} \quad (j=1, 2, \cdots, n).$

设 Z 为可获得的总利润（万元），则该问题的数学模型为

$$\mathrm{Max}Z=\sum_{j=1}^{n}c_j x_j , \tag{5-3}$$

$$\begin{cases}\sum_{j=1}^{n}a_j x_j \leqslant b,\\ x_i=0或1 \quad (j=1,2,\cdots,n).\end{cases} \tag{5-4}$$

由于决策变量 x_j（$j=1, 2, \cdots, n$）只能取 0 或 1 值，可以称该类问题为 0-1 规划。

（5-3）与（5-4）组合的模型一般称为“0-1 背包问题”，因为它起初用以描述一个旅行者在旅途中携带哪些物品的问题。（3）式中 c_j 表示第 j 种物品的价值和效用，a_j 表示其重量，而 b 则表示旅行者所能承受的最大负重。若允许所携带的同一种物品多于一件，则只须把约束条件“$x_j=0$ 或 1”改换成“$x_j \geqslant 0$ 且为整数”即可。这时（5-3）与（5-4）组合的模型就是一个纯整数规划模型，同时也称为“一般背包问题”。

例 5.7　某印刷集团需要建立 1 ～ 2 个新工厂：A 地或 B 地，且新工厂必须靠近交通运输便捷之地。此外，还考虑建一个仓库，若仓库与工厂设在同一地点，就可以节省运输费用。若不准备设立新厂，也就不需要建任何仓库。问题的关键是将新厂建在 A 地还是 B 地，或同时在两地建厂；同时考虑建一个仓库，仓库必须建在与新厂所在的城市。

当不考虑财务因素时，这两个地点的优劣不相上下，管理层认为应该在财务分析的基

础上做出决策。这次扩张可使用的资金总量为 1200 万元，印刷集团的决策目标是恰当地在新厂和库存间分配资金，以及确定将新厂建在何处，给公司带来最大的长期效益，即使投资的净现值最大化。选址决策问题的数据表如表 5-6 所示。问该印刷集团对选址问题应如何进行决策？请列出数学模型。

表 5-6　选址决策问题的数据表

决策序号	是或否	净现值收益 / 百万元	资本需求 / 百万元
1	工厂在 A 地	9.5	7
2	工厂在 B 地	6	4.5
3	仓库在 A 地	7	5
4	仓库在 B 地	5	3

解：设 $x_i=1$ 表示决策 i 为是，$x_i=0$ 表示决策 i 为否，$i=1\sim4$

$$\mathrm{Max}Z=9.5x_1+6x_2+7x_3+5x_4,$$

$$\begin{cases}7x_1+4.5x_2+5x_3+3x_4\leqslant 12,\\x_3+x_4\leqslant 1,\\x_3\leqslant x_1,\\x_4\leqslant x_2,\\x_i\text{是0-1变量}\left(i=1\sim4\right).\end{cases}$$

第 2 个约束条件是只能建一个仓库。第 3、4 个约束条件表示如果建新厂，才建仓库，如果不建新厂就不建仓库。

一般地，在许多决策问题中：

从 n 个决策方案中只选 k 个，则约束条件为 $\sum_{i=1}^{n}x_i=k$；

从 n 个决策方案中可以选 k 个，则约束条件为 $\sum_{i=1}^{n}x_i\leqslant k$；

决策 i 必须以决策 j 为前提，则约束条件为 $x_i\leqslant x_j$；

决策 i 和决策 j 必须一致，则约束条件为 $x_i=x_j$。

5.2.6　集合布点问题

例 5.8　某城市共有八个区，表 5-7 给出救护车从一个区至另一个区的车程时间（min），该市拟建救护中心，要求各区离救护中心的车程时间必须在 8min 之内。试为该市提供决策建议：至少建多少个救护中心，建于何处？

表 5-7 救护车从一区至另一个区的车程时间 单位：min

八个区	八个区							
	区 1	区 2	区 3	区 4	区 5	区 6	区 7	区 8
区 1	0	8	9	11	13	14	8	15
区 2	8	0	10	12	13	11	17	14
区 3	9	10	0	7	7	8	12	10
区 4	11	12	7	0	8	7	10	9
区 5	13	13	7	8	0	8	14	16
区 6	14	11	8	7	8	0	10	7
区 7	8	17	12	10	14	10	0	12
区 8	15	14	10	9	16	7	12	0

解：设

$$x_i=\begin{cases}1,\text{在区}i\text{建救护中心}\\0,\text{不在区}i\text{建救护中心}\end{cases}(i=1,2,\cdots,8).$$

根据表 5-7 所示，若救护车中心建于该区时，救护车程 8min 内所能覆盖的区，如表 5-8 所示。

表 5-8 若救护车中心建于某区时，救护车程 8min 内所能覆盖的区

救护中心建于该区	救护车程 8min 内覆盖的区				
1	1	2	7		
2	1	2			
3	3	4	5	6	
4	3	4	5	6	
5	3	4	5	6	
6	3	4	5	6	8
7	1	7			
8	6	8			

如果救护中心建于区 1，由表 5-8 可知，在区 1、区 2、区 7 必须要建一个救护中心，即 $x_1+x_2+x_7\geqslant 1$，其他类推，去掉重复的约束条件，其数学模型为

$$\text{Min}Z=\sum_{i=1}^{8}x_i,$$

$$\begin{cases} x_1+x_2+x_7\geqslant 1, \\ x_1+x_2\geqslant 1, \\ x_3+x_4+x_5+x_6\geqslant 1, \\ x_3+x_4+x_5+x_6+x_8\geqslant 1, \\ x_1+x_7\geqslant 1, \\ x_6+x_8\geqslant 1, \\ x_i=0\text{或}1\left(i=1,2,\cdots,8\right). \end{cases}$$

5.3 整数规划的一般解法

从数学模型上看，整数规划似乎是线性规划的一种特殊情况，求解只需在线性规划解的基础上，通过舍入取整，求得整数规划的解即可，实际上，通过舍入取整得到的整数解不一定是整数规划问题的最优解，甚至可能不是整数规划的可行解。本节将介绍分枝定界法和割平面法两种解法。

5.3.1 分枝定界法

分枝定界法是求解整数规划的一种常用的有效方法，它不仅能针对纯整数规划问题求解，也能对混合整数规划问题求解。分枝定界法由“分枝”和“定界”两部分组成。分枝定界的基本思路是：先不考虑整数约束，去解相应的线性规划问题。对于最大化问题，它的最优值是整数规划的最优值的上界。如果线性规划问题的最优解满足整数约束，那么它就是整数规划问题的最优解。否则，就在不满足整数约束的变量中，任选一个 x_i，设它的值为 b_i，分别增加约束条件

$$x_i\leqslant [b_{i0}] \quad \text{和} \quad x_i\geqslant [b_{i0}]+1.$$

于是线性规划问题的可行域被分成两个子域，中间割去了 $[b_{i0}]<x_i<[b_{i0}]+1$ 部分，显然此部分是不含有原整数规划问题的解，此时，原问题分解为两个子问题，称为分枝。

分枝定界法首先求解整数规划相应的线性规划问题，如果其最优解符合整数条件，则线性规划问题的最优解就是整数规划问题的解。如果其最优解不符合整数条件，则求出整数规划的上下界用增加约束条件的方法，并把相应的线性规划的可行域分成子区域（称为分枝），再求解这些子区域上的线性规划问题，不断缩小最优目标函数值上下界的距离，当上下界的值相等时，整数规划的解就被求出，就是其目标函数值取此下界的对应线性规划的整数可行解。

分枝定界法的计算步骤如下。

第一步：不考虑整数约束条件，计算原问题目标函数值的初始上界。

第二步：计算原问题目标函数值的初始下界。一般可以设置其初始下界为零。

第三步：增加约束条件将原问题分枝。

第四步：分别求解一对分枝。

第五步：修改上、下界。

第六步：比较上、下界大小，如有上界 = 下界，停止计算，找到最优解，否则转第三步。

为了更好地说明用分枝定界法求整数规划最优解的过程，我们选择只有两个变量的引例进行求解。

性质 1：任何求最大目标函数值的纯整数规划或混合整数规划的最大目标函数值小于或等于相应的线性规划的最大目标函数值；任何求最小目标函数值的纯整数规划或混合整数规划的最小目标函数值大于或等于相应的线性规划的最小目标函数值。

例 5.9　用分枝定界法求解整数规划

$$\text{Max}Z = 6x_1+5x_2,$$

$$\begin{cases} 2x_1 + x_2 \leqslant 9, \\ 5x_1 + 7x_2 \leqslant 35, \\ x_1, x_2 \geqslant 0\text{且为整数}. \end{cases} \tag{5-5}$$

解：1. 先不考虑整数约束条件，求解模型（5-4）的线性规划问题的解，标为线性规划问题（LP1），其线性规划的目标函数值是模型（5-5）整数规划的上界。

线性规划（LP1）：

$$\text{Max}Z = 6x_1+5x_2,$$

$$\begin{cases} 2x_1 + x_2 \leqslant 9, \\ 5x_1 + 7x_2 \leqslant 35, \\ x_1, x_2 \geqslant 0. \end{cases}$$

求解线性规划（LP1），得其最优解为 $x_1=3\frac{1}{9}$，$x_2=2\frac{7}{9}$，最优目标函数值 $Z_1 = 32\frac{5}{9}$。显然这不是整数规划（5-5）的解。

2. 确定整数规划的最优目标函数值 Z^* 初始上界 $\overline{Z}$ 和下界 $\underline{Z}$。

任何求最大目标函数值的纯整数规划或混合整数规划的最大目标函数值小于或等于相应的线性规划的最大目标函数值，因此，可设整数规划（5-5）的最优函数值 Z^* 的上界 $\overline{Z} = 32\frac{5}{9}$。

再用观察法求出整数规划的一个可行解，并求得其目标函数值作为下界 $\underline{Z}$。显然 $x_1 = 0$，$x_2 = 0$ 是该整数规划的可行解，则得到其目标函数值 $6\times0+5\times0 = 0$ 为最优目标函数值的下界，即 $\underline{Z}=0$。

3. 将一个线性规划问题分为两枝，并求解。

在线性规划（LP1）的最优解的两个非整数变量 $x_1=3\frac{1}{9}$，$x_2=2\frac{7}{9}$ 中任选一个变量 $x_2=2\frac{7}{9}$，如果 x_2 取整数值，那么 x_2 的取值范围为 $x_2\leqslant 2$ 或 $x_2\geqslant 3$。这样在线性规划（1）中分别增加上面的两个约束，可以将线性规划（LP1）分解为两枝：线性规划（LP2）或线性规划（LP3）。

线性规划（LP2）：

$$\text{Max}Z=6x_1+5x_2,$$

$$\begin{cases}2x_1+x_2\leqslant 9,\\5x_1+7x_2\leqslant 35,\\x_2\leqslant 2,\\x_1,x_2\geqslant 0.\end{cases}$$

解（LP2），得最优解为 $x_1=3\frac{1}{2}$，$x_2=2$，最优目标函数值 $Z_2=31$。

线性规划（LP3）：

$$\text{Max}Z=6x_1+5x_2,$$

$$\begin{cases}2x_1+x_2\leqslant 9,\\5x_1+7x_2\leqslant 35,\\x_2\geqslant 3,\\x_1,x_2\geqslant 0.\end{cases}$$

解（LP3），得最优解为 $x_1=2\frac{2}{5}$，$x_2=3$，最优目标函数值 $Z_3=31\frac{4}{5}$。

线性规划（LP2）与（LP3）都是非整数解，且两个线性规划的目标函数值都比当前上界小，所以修改上界，取大的，此时上界为 $\overline{Z}=31\frac{4}{5}$。没有出现整数解，下界值不改变。

4. 将线性规划（LP2）分枝，线性规划（LP2）的最优解为 $x_1=3\frac{1}{2}$，$x_2=2$，将 x_1 分成 $x_1\leqslant 3$ 和 $x_1\geqslant 2$ 两种情况，则线性规划（LP2）分解成线性规划（LP4）、（LP5）。

线性规划（LP4）：

$$\text{Max}Z=6x_1+5x_2,$$

$$\begin{cases}2x_1+x_2\leqslant 9,\\5x_1+7x_2\leqslant 35,\\x_2\leqslant 2,\\x_1\leqslant 3,\\x_1,x_2\geqslant 0.\end{cases}$$

求解线性规划（LP4），得最优解 $x_1=3$，$x_2=2$，最优目标函数值 $Z_4=28$。出现整数解，此时修改下界 $\underline{Z}=28$。线性规划（LP4）已得整数解，不再分枝。

线性规划（LP5）：

$$\text{Max}Z=6x_1+5x_2,$$

$$\begin{cases}2x_1+x_2\leqslant 9,\\5x_1+7x_2\leqslant 35,\\x_2\leqslant 2,\\x_1\geqslant 2,\\x_1,x_2\geqslant 0.\end{cases}$$

求解线性规划（LP5），得最优解 $x_1=4$，$x_2=1$，最优目标函数值 $Z_4=29$。出现整数解，且 29>28，此时修改下界 $\underline{Z}=29$。线性规划（LP5）已得整数解，不再分枝。

将线性规划（LP3）分枝，线性规划（LP3）的最优解为 $x_1=2\frac{4}{5}$，$x_2=3$，将 x_1 分成 $x_1\leqslant 2$ 和 $x_1\geqslant 3$ 两种情况，则线性规划（LP3）分解成线性规划（LP6）、（LP7）。

线性规划（LP6）：

$$\text{Max}Z=6x_1+5x_2,$$

$$\begin{cases}2x_1+x_2\leqslant 9,\\5x_1+7x_2\leqslant 35,\\x_2\geqslant 3,\\x_1\leqslant 2,\\x_1,x_2\geqslant 0.\end{cases}$$

求解线性规划（LP6），得最优解 $x_1=2$，$x_2=3\frac{4}{7}$，最优目标函数值 $Z_6=29\frac{6}{7}$。线性规划（LP6）的 $Z_6=29\frac{6}{7}$ 大于 $\underline{Z}=29$，修改上界，$\overline{Z}=29\frac{6}{7}$，且其解不为整数，故将进一步对线性规划（LP6）分枝。

线性规划（LP7）：

$$\text{Max}Z=6x_1+5x_2,$$

$$\begin{cases}2x_1+x_2\leqslant 9,\\5x_1+7x_2\leqslant 35,\\x_2\geqslant 3,\\x_1\geqslant 3,\\x_1,x_2\geqslant 0.\end{cases}$$

经求解（LP7），线性规划（LP7）无可行解，不需要再分枝。

5. 将线性规划（LP6）分枝，线性规划（LP6）的最优解为 $x_2=3\frac{4}{7}$，将 x_2 分成 $x_2\leqslant 3$ 和 $x_2\geqslant 4$ 两种情况，则线性规划（LP6）分解成线性规划（LP8）、（LP9）。

线性规划（LP8）：

$$\text{Max}Z=6x_1+5x_2,$$

$$\begin{cases}2x_1+x_2\leqslant 9,\\5x_1+7x_2\leqslant 35,\\x_2\geqslant 3,\\x_1\leqslant 2,\\x_2\leqslant 3,\\x_1,x_2\geqslant 0.\end{cases}$$

求得（LP8），得其最优解 $x_1=2, x_2=3$，最优目标函数 $Z_8=27$。出现整数解，修改下界，但因 27 小于当前下界值 29，所以不修改下界。

线性规划（LP9）：

$$\text{Max}Z=6x_1+5x_2,$$

$$\begin{cases}2x_1+x_2\leqslant 9,\\5x_1+7x_2\leqslant 35,\\x_2\geqslant 3,\\x_1\leqslant 2,\\x_2\geqslant 4,\\x_1,x_2\geqslant 0.\end{cases}$$

求得（LP9），得其最优解 $x_1=1\frac{2}{5}$，$x_2=4$，最优目标函数值 $Z_9=28\frac{2}{5}$，小于 $\underline{Z}=29$，不再分枝。

6. 进一步修改整数规划最优目标函数值 Z^* 的上、下界。

取线性规划（LP5）、（LP8）、（LP9）的最优目标函数的最大值（$Z_5=29$）为整数规划最优目标函数值的上界 $\overline{Z}=29$。

线性规划（LP5）有整数可行解 $x_1=4, x_2=1$，其目标函数值为 29，线性规划（LP8）

有整数可行解 $x_1 = 2, x_2 = 3$，其目标函数值为 27，线性规划（LP9）有整数可行解 $x_1 = 1, x_2 = 4$，其目标函数值为 21。用线性规划（LP5）、（LP8）、（LP9）中的整数可行解的目标函数的最大值修改下界 $\underline{Z} = 29$。

7. 由于 $\overline{Z} = \underline{Z} = 29$，故求出整数规划的最优解，最优解为 $x_1 = 4, x_2 = 1$。

上述解题过程，用树状图可以清楚地表示出来，如图 5-2 所示。

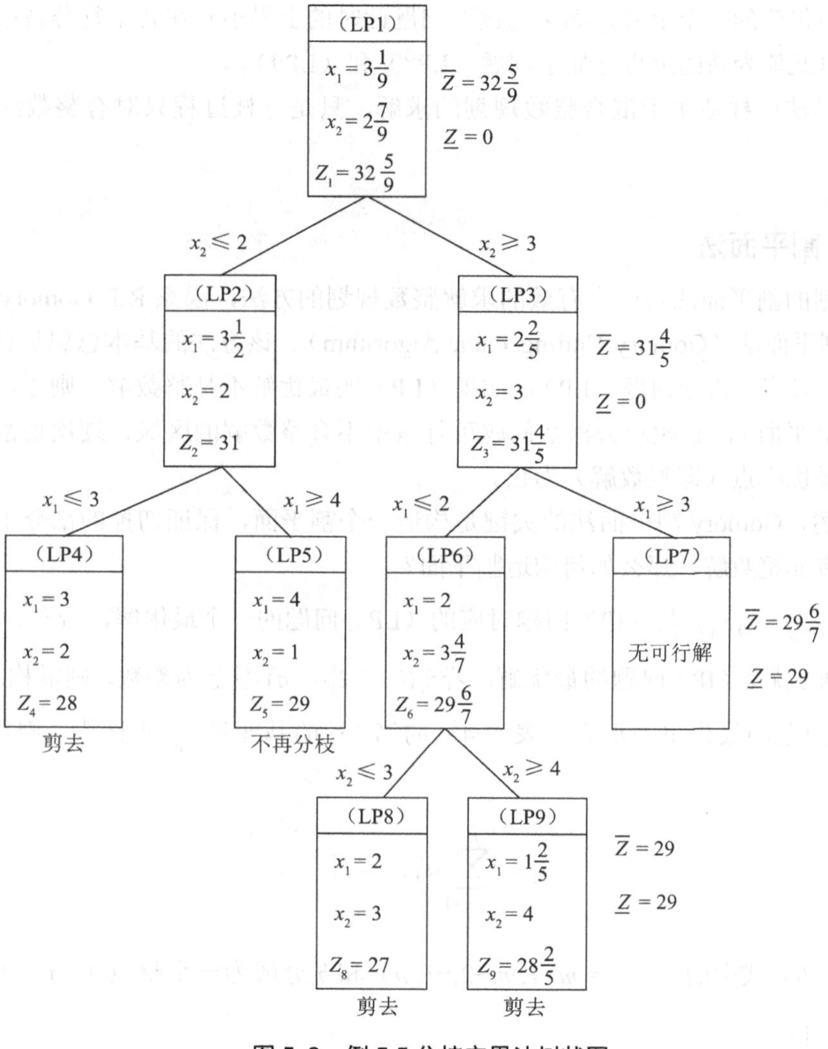

图 5-2　例 5.5 分枝定界法树状图

根据以上的解题过程，可得分枝定界法求解目标函数值最大的整数规划的步骤。在求解子问题相应的线性规划问题时，可能会出现以下几种情况：

1. 若相应的线性规划问题的解，不满足整数约束，但其对应的目标函数值不大于目前的下界值，则不再分枝［如子问题（LP9）］；

2. 若相应的线性规划问题的解，满足整数约束，则此解为该子问题的最优解，此时不再分枝。如果目标函数值大于目前的下界值，则修改下界值［如子问题（LP4）和（LP5）］；

3. 若相应的线性规划问题无可行解，则该子问题也无可行解，此时不分枝［如子问题（LP7）］；

4. 若相应的线性规划问题的解，不满足整数约束，但其对应的目标函数值大于目前的下界值，则进一步分枝，修改此时的上界［如子问题（LP6）］；

5. 若相应的线性规划问题的解，满足整数约束，这个解对应的目标函数值，一方面此值是原问题的一个下界，如此值比原来的下界大，则修改下界，另一方面，此值又是此分枝目标函数最优值的一个上界，如果它比原问题此时的上界小且在各平行分枝中提供的上界最大，则以此值为新的上界［如子问题（LP8）和（LP9）］。

分枝定界法同样适用于混合整数规划的求解，只是分枝过程只对有整数约束的变量进行。

5.3.2 割平面法

整数规划的割平面法是一个有效的求解整数规划的方法，因系 R.E Gomory 提出，故称 Gomory 割平面法（Gomory Cutting Plane Algorithm）。该方法的基本思想是首先求解整数规划（IP）对应的松弛问题（LP），如果（LP）的最优解不是整数解，则逐次增加一个新约束（即割平面），它能割去松弛问题可行域中不含整数解的区域，逐次切割，直到得到一个整数最优极点（即整数解）为止。

依上所述，Gomory 割平面法的关键是构造一个割平面，保证切掉的部分不能含有整数解，只含有非整数解。那么如何构造割平面？

设 $\hat{x}=(\hat{x}_1,\hat{x}_2,\cdots,\hat{x}_n)^T$ 是（IP）问题对应的（LP）问题的一个最优解，若 $\hat{x}_i(i=1,2,\cdots,n)$ 全为整数，则 $\hat{x}$ 就是（IP）问题的最优解；若 $\hat{x}_i(i=1,2,\cdots,n)$ 不全为整数，则需构造割平面，假设（LP）问题的最优单纯形表（表 5-4）的第 i 行的基变量 x_{Bi} 非整数，则第 i 行的方程为

$$x_i+\sum_{j=m+1}^{n}a'_{ij}\,x_j=b'_i. \tag{5-6}$$

我们将（6）式中的 a'_{ij}（$j=m+1,\ m+2,\cdots,\ n$）和 b'_i 分解为一个整数 N 与一个正的真分数 f 的两数之和

$$\begin{aligned}a'_{ij}&=N_{ij}+f_{ij} && (0\leqslant f_{ij}<1),\\ b'_i&=N_i+f_i && (0\leqslant f_i<1).\end{aligned}$$

则式（5-6）可写成

$$x_i+\sum_{j=m+1}^{n}N_{ij}x_j+\sum_{j=m+1}^{n}f_{ij}x_j=N_i+f_i.$$

经整理得

$$x_i + \sum_{j=m+1}^{n} N_{ij}x_j - N_i = f_i - \sum_{j=m+1}^{n} f_{ij}x_j .$$

由于 x_{Bi}、x_j ($j = m+1, \cdots, n$)、N_{ij} ($j = m+1,\cdots, n$) 及 N_i 都为整数，故上式左端必为整数，则右端也须为整数。

观察右端，因为 $(0 \leqslant f_{ij} < 1)$，$(0 < f_i < 1)$，

又因为 $x_j > 0$，则有 $\sum_{j=m+1}^{n} f_{ij}x_j \geqslant 0$，

于是得到 $f_i - \sum_{j=m+1}^{n} f_{ij}x_j \leqslant f_i < 1$，

又要满足右端为整数，则必定有

$$f_i - \sum_{j=m+1}^{n} f_{ij}x_j \leqslant 0. \tag{5-7}$$

这就是一个割平面，可以证明，将式（5-7）加入原（IP）问题所对应的（LP）问题的约束中，可以割去非整数最优解 X，却不会切割掉任一整数可行解。

证明 1：割平面割去了对应（LP）问题的非整数最优解。

假设 X 未被（5-7）式切割掉，则它应满足式（5-7），即将 X 代入（5-7）式，则有

$$f_i - \sum_{j=m+1}^{n} f_{ij}\hat{x}_j \leqslant 0.$$

因为 $\hat{x}_j = 0$ ($j = m+1, \cdots, n$)，则上式为

$$f_i \leqslant 0 .$$

这一结果与 $f_i > 0$ 相矛盾，故 $\hat{X}$ 不可能满足式（5-7），即它被割平面切割掉了。

证明 2：割平面未割去（IP）问题的任一整数可行解。

设 $\tilde{X} = (\tilde{x}_1, \tilde{x}_2, \cdots, \tilde{x}_n)^T$ 为原问题的任一整数可行解，则它必满足方程：

$$\tilde{x}_i + \sum_{j=m+1}^{n} a'_{ij}\,\tilde{x}_j = b'_i \qquad (i = 1, 2, \cdots, m).$$

设 $a'_{ij} = N_{ij} + f_{ij} \qquad (N_{ij}\text{为整数}, 0 \leqslant f_{ij} < 1)$，

$b'_i = N_i + f_j \qquad (N_i\text{为整数}, 0 \leqslant f_i < 1)$，

则 $\tilde{x}_i = N_i - \sum\limits_{j=m+1}^{n} N_{ij}\tilde{x}_j + (f_i - \sum\limits_{j=m+1}^{n} f_{ij}\tilde{x}_j).$

整理后，得 $\tilde{x}_i + \sum\limits_{j=m+1}^{n} N_{ij}\tilde{x}_j - N_i = f_i - \sum\limits_{j=m+1}^{n} f_{ij}\tilde{x}_j.$

可见，上式左端为整数，因而，也要求右端为整数。

又因为 $0 \leqslant f_{ij} < 1$， $0 < f_i < 1$，且 $x_j > 0$，

则有 $\sum\limits_{j=m+1}^{n} f_{ij}\tilde{x}_j \geqslant 0$，

于是得到 $f_i - \sum\limits_{j=m+1}^{n} f_{ij}\tilde{x}_j \leqslant f_i < 1$，

进一步则有 $f_i - \sum\limits_{j=m+1}^{n} f_{ij}\tilde{x}_j \leqslant 0$.

可见，$\tilde{x}$ 满足割平面约束条件（5-7），表明（IP）问题的任一整数可行解未被割去。

例 5.10　用割平面法求解下面的整数规划问题。

$$\mathrm{Max}Z = x_1 + x_2,$$

$$\begin{cases} 2x_1 + x_2 \leqslant 5, \\ 4x_1 - x_2 \geqslant 2, \\ x_1, x_2 \geqslant 0 \text{且全为整数}. \end{cases}$$

解：先不考虑整数约束条件，将其对应的线性规划问题化为标准形，用单纯形法求解如表 5-9 所示。

表 5-9　单纯形法求解结果

序号	$c_i \to$		1	1	0	0	b
	c_B	x_B	x_1	x_2	x_3	x_4	
（a）	0	x_3	2	1	1	0	5
	0	x_4	-4^*	1	0	1	−2
	检验数		1	1	0	0	0
（b）	0	x_3	0	$3/2^*$	1	1/2	4
	1	x_1	1	−1/4	0	−1/4	1/2
	检验数		0	5/4	0	1/4	−1/2

续表

序号	$c_i \to$		1	1	0	0	b
	c_B	x_B	x_1	x_2	x_3	x_4	
（c）	1	x_2	0	1	2/3	1/3	8/3
	1	x_1	1	0	1/6	−1/6	7/6
	检验数		0	0	−5/6	−1/6	−23/6

从表 5-9 知，其线性规划的最优单纯形表 5-9（c），最优解为 $X_0 =$（7/6, 8/3）^{T}。由于 X_0 是非整数最优解，则构造割平面。据表 5-5（c）构造 x_2 为原行的割平面。

$$\frac{2}{3}x_3+\frac{1}{3}x_4=\frac{8}{3} \quad \Rightarrow \frac{2}{3}x_3+\frac{1}{3}x_4=2+\frac{2}{3}$$

$$\Rightarrow \frac{2}{3}-(\frac{2}{3}x_3+\frac{1}{3}x_4)\leqslant 0,$$

引入一个松弛变量 x_5，得

$$-\frac{2}{3}x_3-\frac{1}{3}x_4+x_5=-\frac{2}{3},$$

把上式加入表 5-9（c）的倒数第二行，用对偶单纯形法迭代过程如表 5-10（a）所示。

表 5-10　加入割平后的迭代过程

序号	$c_i \to$		1	1	0	0	0	b
	c_B	x_B	x_1	x_2	x_3	x_4	x_5	
（a）	1	x_2	0	1	2/3	1/3	0	8/3
	1	x_1	1	0	1/6	−1/6	0	7/6
	0	x_5	0	0	−2/3	−1/3*	1	−2/3
	检验数		0	0	−5/6	−1/6	0	−23/6
（b）	1	x_2	0	1	0	0	1	2
	1	x_1	1	0	1/2	0	−1/2	3/2
	0	x_4	0	0	2	1	−3	2
	检验数		0	0	−1/2	0	−1/2	−7/2

通过表 5-10（a）可知，用对偶单纯形法求得一个新解，如表 5-10（b）所示。

$$X_1=（3/2,2）^T,$$

X_1 中的 x_1=3/2 仍为非整数，故构造源于 x_1 所在行的割平面：

$$x_1+\frac{1}{2}x_3-\frac{1}{2}x_5=\frac{3}{2} \quad \Rightarrow x_1+\frac{1}{2}x_3+[-1+\frac{1}{2}]x_5=1+\frac{1}{2}$$

$$\Rightarrow \frac{1}{2}-(\frac{1}{2}x_3+\frac{1}{2}x_5)\leqslant 0.$$

同样，引入一个松弛变量 x_6，得

$$-\frac{1}{2}x_3-\frac{1}{2}x_5+x_6=-\frac{1}{2}.$$

将该约束添加到表 5-10（b）的倒数第二条中，如表 5-11（a）所示，用对偶单纯形法继续求解，如表 5-11（b）所示。求得原整数规划问题的一个最优解。

表 5-11　加入割平面，用对偶单纯形法迭代

序号	$c_i \rightarrow$		1	1	0	0	0	0	b
	c_B	x_B	x_1	x_2	x_3	x_4	x_5	x_6	
（a）	1	x_2	0	1	0	0	1	0	2
	1	x_1	1	0	1/2	0	−1/2	0	3/2
	0	x_4	0	0	2	1	−3	0	2
	0	x_6	0	0	$-1/2^*$	0	−1/2	1	−1/2
	检验数		0	0	−1/2	0	−1/2	0	−7/2
（b）	1	x_2	0	1	0	0	1	0	2
	1	x_1	1	0	0	0	−1	1	1
	0	x_4	0	0	0	1	−5	4	0
	0	x_3	0	0	1	0	1^*	−2	1
	检验数		0	0	0	0	0	−1	−3

由表 5-11（b），求出该整数规划的最优解为 $X_3^*=(1,2)^T, Z^*=3$ 。

由于表 5-11（b）中一非基变量 x_5 的检验数为 0，则该整数规划具有多解。故让 x_5 变量，用单纯形法迭代一次，得另一最优解，如表 5-12 所示。

表 5-12　另一最优解

$c_i \rightarrow$		1	1	0	0	0	0	b
c_B	x_B	x_1	x_2	x_3	x_4	x_5	x_6	
1	x_2	0	1	−1	0	0	2	1
1	x_1	1	0	1	0	0	−1	2

续表

$c_i \to$		1	1	0	0	0	0	b
c_B	x_B	x_1	x_2	x_3	x_4	x_5	x_6	
0	x_4	0	0	5	1	0	−6	5
0	x_5	0	0	1	0	1	−2	1
检验数		0	0	0	0	0	−1	−3

由表5-12，求出该整数规划的另一个最优解为$X_4^* = (2,1)^T, Z^* = 3$。

综上所述，我们可将求解整数规划的割平面法的步骤归纳如下。

步骤1：用单纯形法求解整数规划问题对应的松弛问题（LP），令$k=0$。

步骤2：

若（LP）问题无可行解，则（IP）问题也无可行解，停止计算。

若（LP）问题有最优解x_k，且符合整数要求，则（LP）问题的最优解就是（IP）问题的最优解，停止计算。

若（LP）问题有最优解x_k，但不符合整数再求，转下一步。

步骤3：根据x_k的任一非整分量所在单纯形表的那一行，如第i行，构造源于第i行的割平面式（7），并给它引一个松弛变量x_{n+k+1}，得

$$-\sum_{j=m+1}^{n} f_{ij}x_j + x_{n+k+1} = -f_i .$$

步骤4：将该约束添加到最优单纯形表的倒数第二行中，并增加一列（松弛变量x_{n+k+1}列），用对偶单纯形法继续迭代，求得一个新的最优基本解x_{k+1}。令$k=k+1$，返回步骤2。

练习题

1. 用图解法求解下列整数规划。

$$\text{Max}Z = 6x_1 + 5x_2,$$

$$\begin{cases} 2x_1 + x_2 \leqslant 9, \\ 5x_1 + 7x_2 \leqslant 35, \\ x_1, x_2 \geqslant 0\text{且为整数}. \end{cases}$$

2. 在企业篮球联赛中，某企业男子篮球队要从8名队员中选择平均身高最高的出场阵容，队员的号码、身高及擅长的位置如表5-13所示。

表 5-13 队员号码、身高及擅长的位置

队员号码	1	2	3	4	5	6	7	8
身高 /cm	1.92	1.90	1.88	1.86	1.85	1.83	1.80	1.78
位置	中锋	中锋	前锋	前锋	前锋	后卫	后卫	后卫

同时要求出场阵容满足以下条件：

（1）中锋只能有一个上场；

（2）至少有一名后卫；

（3）如果 1 号队员和 4 号队员都上场，则 6 号队员不能上场；

（4）2 号队员和 6 号队员必须保留一个不出场。

写出该问题的数学模型。

3. 某印刷工厂有 4 个工人 A_1、A_2、A_3、A_4，分别均能操作 B_1、B_2、B_3、B_4 四台印刷机中的一台，每小时的产值如表 5-14 所示，求产值最大的分配方案。

表 5-14 四名工人操作四台印刷机的单位产值 单位：元 / 台

4 名工人	四台印刷机			
	B_1	B_2	B_3	B_4
A_1	1000	900	800	700
A_2	300	400	500	600
A_3	200	100	100	200
A_4	400	300	500	600

4. 某包装印刷厂为红星日用化工厂印刷加工包装箱，红星日用化工厂下一年需 6 种不同容积的包装箱，该包装印刷厂印刷加工每种包装箱的需求量及生产一个包装箱的可变费用如表 5-15 所示。

表 5-15 包装箱的需求量及加工可变费用

包装箱代号	1	2	3	4	5	6
容积 / m^3	0.08	0.1	0.12	0.15	0.20	0.25
需求量 / 个	500	550	700	900	450	400
可变费用 /（元 / 个）	5.0	8.0	10.0	12.1	16.3	18.2

由于生产不同规格的包装箱需要专门设备、材料等，生产每一种容积的包装箱的固定费用为 1200 元，又若某一种容积的包装箱数量不够时可用比它容积大的代替。试问该包装印刷厂为红星日用化工厂应定做哪几种代号的包装箱各多少个，使总印刷加工费用最节省？

5. 永昌印刷厂某个订单需印刷加工 4500 件的某种印品，这种印品可利用甲、乙、丙

这三种设备的任意一种加工，已知每种设备的生产准备结束费用，生产该产品时的单件成本，以及每种设备的最大加工量如表 5-16 所示，试对此问题建立整数规划模型并求解。

表 5-16　生产准备结束费、成本及最大加工量

设备	准备结束费 / 元	生产成本 /（元 / 件）	最大加工数 / 件
甲	150	10	1600
乙	360	3	1900
丙	320	5	2000

6. 某印刷集团考虑在四个城市：北京、上海、广州和武汉设立库房。这些库房负责向三个地区，即华北、华中和华南地区发运货物，每个库房每月可处理货物 1000 件，在北京设库房每月的成本为 4.5 万元，上海为 5 万元，广州为 7 万元，武汉为 4 万元。每个地区的月平均需求量华北为每月 600 件，华中每月 700 件，华南每月 800 件。发运货物的费用（元 / 件）如表 5-17 所示。

表 5-17　四个库房负责向三个地区发货的单位费用　　单位：元 / 件

建库房的四个城市	货物发向的地区		
	华北	华中	华南
北京	200	400	500
上海	300	250	450
广州	600	400	250
武汉	300	150	350

该印刷集团希望在满足地区需求的前提下使平均月成本最小，且还要满足以下条件：

（1）如果在上海设库房，则必须也在武汉设库房；

（2）最多设立两个库房；

（3）武汉和广州不能同时设立库房。

请写一个满足上述要求的整数规划数学模型。

7. 用割平面法求解下列整数规划。

（1）$\text{Max}Z = 7x_1 + 9x_2$，

$$\begin{cases} -x_1 + 3x_2 \leqslant 6, \\ 7x_1 + x_2 \leqslant 35, \\ x_1, x_2 \geqslant 0\text{且为整数}. \end{cases}$$

（2）$\text{Max}Z = 4x_1 + 6x_2 + 2x_3$，

$$\begin{cases} 4x_1 - 4x_2 \leqslant 5, \\ -x_1 + 6x_2 \leqslant 5, \\ -x_1 + x_2 + x_3 \leqslant 5, \\ x_1, x_2, x_3 \geqslant 0\text{且为整数}. \end{cases}$$

8. 使用分枝定界法求解下列整数规划。

（1） $\text{Max}Z = 5x_1 + 2x_2$，

$$\begin{cases} 3x_1 + x_2 \leqslant 12, \\ x_1 + x_2 \leqslant 5, \\ x_1, x_2 \geqslant 0 \text{且为整数}. \end{cases}$$

（2） $\text{Min}Z = 4x_1 + 5x_2$，

$$\begin{cases} x_1 + 4x_2 \leqslant 12, \\ 3x_1 + 2x_2 \leqslant 7, \\ x_1, x_2 \geqslant 0 \text{且为整数}. \end{cases}$$

9. 某印刷集团有一笔资金需要运作，决定投资兴办产业，以增强集团发展后劲，投资总额为 700 万元，其中第一年 250 万元，第二年 200 万元，第三年 250 万元。投资方案如下。

A. 建立绿色印刷厂，第一年投资 90 万元，第二年起每年获利 25 万元。

B. 投资某物流基地，第一、二年年初分别投入 210 万元和 230 万元，第二年年底可获利 70 万元，第三年起每年获利 140 万元。

C. 投资参股某印刷机制造企业，第二年投入 190 万元设备，第三年起每年可获利 55 万元。

D. 投资华信公司，每年年底可获投资额的 30%利润，但第一年最高投资额为 80 万元，以后每年投资不超过 75 万元。

E. 投资所属信息技术有限公司，年底回收本利 130%，但每年投资额不低于 65 万元。

投资期 5 年，需从上述五个方案中选择最优投资组合，使得 5 年末时资金总额为最大。

请建立其数学模型。

第6章 网络计划技术

计划是管理的核心，而进度计划又是计划的核心。网络图由甘特图演绎而成，甘特图虽然具有直观、简单、易懂、易绘制等特点，但不能反映工序之间的逻辑关系。网络图却可将各工序内在的时、序约束，通过结构化的图表技术逻辑地、完善地表达出来，为工程项目计划的进一步优化提供依据。

网络计划是以网络图为基础的计划模型。网络计划技术除表现了工程和工作的各种时间而外，还能反映各工作间的种种联系，反映某一部门或某一工作在全局中的地位和作用，便于发现薄弱环节以加强管理和控制；同时，可利用计算机进行推理计算，便于各种方案的分析比较。特别是对于生产技术复杂，各项工作联系紧密和一些跨部门、跨行业的大型工程，网络方法的优点更为突出。目前，这类方法已被广泛应用于建筑施工、新产品研制、大型研究开发工程、计算机系统的安装调试、国防工程及各种复杂工程的计划和控制管理。

编制网络计划包括绘制网络图、计算时间参数、确定关键线路及网络优化等环节。

6.1 概述

6.1.1 历史的启示

网络计划技术发端于美国，1956年，一位美国数学家首先开始研究这一技术。1957年，关键路径法（Critical Path Method）在美国的杜邦化学公司得以应用，第一年就节约100万美元，相当于采用这项技术所花研究费用5倍以上。1958年，美国海军武器局特别规划室独立研究计划评审技术（Program Evaluation and Review Technique，PERT），运用在北极星导弹的发射工程上，这一工程主要承包商200多家，转包商近万家。基于PERT，工期压缩了 2 年。这次成功，功不可没，使人们对 PERT 的价值取得了共识。1961 年，美国国防部和国家航空太空总署规定：凡承制军品，必须采用网络计划技术进行计划与控制。从此，网络计划的运用在美国军界及其各个国家普及开来，成为有效控制资源消耗的工具，为项目管理人员提供了正确决策的依据。

由于 PERT 与 CPM 既有着相同的目标应用，又有很多相同的术语，这两种方法已合并为一种方法，在国外称为 PERT/CPM，在国内称为统筹方法（scheduling method）。1963 年华罗庚教授写出《统筹方法平话及补充》在中国普及统筹法，使工程技术人员和管理人员在工作中驾轻就熟地运用网络计划解决问题。

6.1.2 基本概念

网络计划技术是指以网络图为基础的计划模型，其最基本的优点就是能直观地反映工作项目之间的相互关系，使一项计划构成一个系统的整体，为实现计划的定量分析奠定了基础。同时，它运用数学最优化原理，揭示整个计划的关键工作以及巧妙地安排计划中的各项工作，从而使计划管理人员依照执行的情况信息，有科学根据地对未来做出预测，使得计划自始至终在人们的监督和控制之中，使用尽可能短的工期、尽可能少的资源、尽可能好的流程、尽可能低的成本来完成所控制的项目。

6.1.3 网络计划的基本原理

网络计划是用“图的语言”阐释一项工程各作业之间的逻辑关系。网络图是一种写意图像，是一种运营管理的数学方法，从系统的角度通过数与形的结合运算，反映工程全貌，并指出对全局有影响的关键路线之所在，对工程项目的进度作出科学的统筹安排。

利用网络图的形式表达一项工程中各项工作的先后顺序及逻辑关系，经过计算分析，找出关键工作和关键线路，并按照一定目标使网络计划不断完善，以选择最优方案；在计划执行过程中进行有效的控制和调整，力求以较小的消耗取得最佳的经济效益和社会效益。

6.1.4 网络计划方法的特点

（1）网络计划优点是把施工过程中的各有关工作组成了一个有机的整体，能全面而明确地反映出各项工作之间的相互制约和相互依赖的关系。

（2）可以进行各种时间参数的计算，能在工作繁多、错综复杂的计划中找出影响工程进度的关键工作和关键线路，便于管理人员抓住主要矛盾，集中精力确保工期，避免盲目抢工。

（3）通过对各项工作机动时间（时差）的计算，可以更好地运用和调配人员与设备，节约人力、物力，达到降低成本的目的；在计划执行过程中，当某一项工作因故提前或拖后时，能从网络计划中预见到它对其后续工作及总工期的影响程度，便于采取措施；可利用计算机进行计划的编制、计算、优化和调整。

6.2 网络图的绘制

网络图是因其形状如网络而得名。它是一种表示一项工程或一个计划中各项工作或各道工序的先后、衔接关系和所需要时间的图解模型。这种图解模型是从某项计划整体的、系统的观点出发，全面地统筹安排人、机、物，并考虑各项活动之间相互依存的内在逻辑关系而绘制的。

6.2.1 网络图的基本组成

网络图是用箭线及节点连接而成的，用来表示工作流程的有序、有向的网络图形。按节点与箭线所代表的含义分为箭线式网络图与节点式网络图。

基本概念

（1）工序：工序或称为作业、活动，指任何消耗时间或资源的活动，如新产品设计中的初步设计、技术设计、工装制造等。根据需要，工序可以划分得粗一些，也可以划分得细一些。

在箭线式网络图中，一项工作（又称工序、作业或活动）用一条箭线表示，如折页、维修等，如图 6-1 所示。而工序所包括的范围可大可小，既可以是一道工序，也可以是一个分项工程或一个分部工程，甚至是一个单位工程。

图 6-1 工序的表示

（2）虚工序：虚设的工序，用来表达相邻工序之间的衔接关系，既不消耗时间，也不消耗资源。它表示一项虚拟的工作，用带箭头的虚线表示，其工作持续时间必须用“0”标出。虚箭线可起到联系、区分和断路作用，是双代号网络图中表达一些工作之间的相互联系、相互制约关系，从而保证逻辑关系正确的必要手段。

（3）事件：也称节点，标志工序的开始或结束，本身不消耗时间或资源，或相对作业讲，消耗量可以小得忽略不计，用圆圈表示，如图 6-2 所示ⓘ，ⓙ事件ⓘ，ⓙ节点。某个事件的实现，标志着在它前面各项作业（紧前工序）的结束，又标志着在它之后的各项作业（紧后工序）的开始。如机械造业中，只有完成铸锻件毛坯后才能开始机加工；各种零部件都完成后，才能进行总装等。

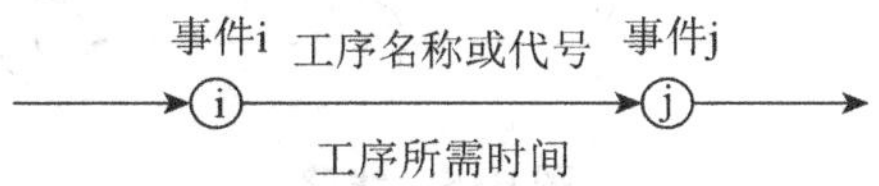

图 6-2 事件或节点的表示

节点又分为：

原始节点：表示一项计划开始；

结束节点：表示一项计划结束；

起点节点：表示一项工作开始；

终点节点：表示一项工作结束；

中间节点：表示一项计划中除原始、结束节点外都是中间节点，它既是紧前工作的终点节点，又是紧后工作的起点节点。

（4）网络图：由工序、事件及标有完成各道工序所需时间所构成的连通有向图，绘制网络图是网络计划技术的基础工作。

（5）箭线式网络图：用箭线表示工序的计划网络图，如图6-3所示。本章讲的就是箭线式网络图，即双代号网络图。

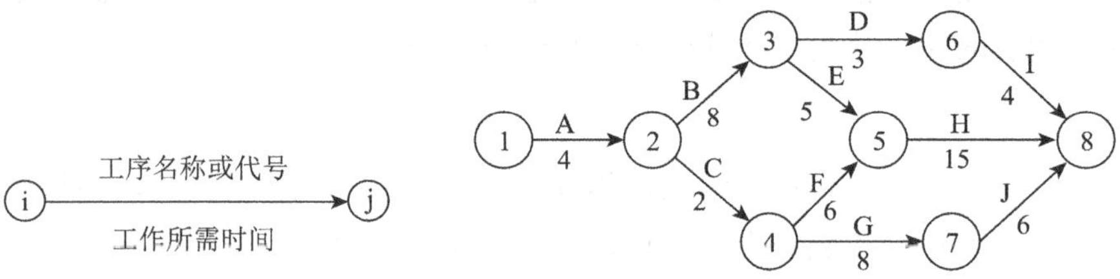

图6-3 箭线式网络图

（6）节点式网络图：也叫单代号网络图，用节点表示工序的计划网络图，如图6-4所示。

图6-4　节点式网络图

（7）关键线路：网络图上路程最长的一条线路。在关键路线上的作业称为关键作业，这些作业完成的快慢直接影响着整个计划的工期。在计划执行过程中关键作业是管理的重点，在时间和费用方面则要严格控制。

（8）线路：从原始节点至结束节点经过的通道称为线路，一个网络计划有若干条线路。如图6-5所示。

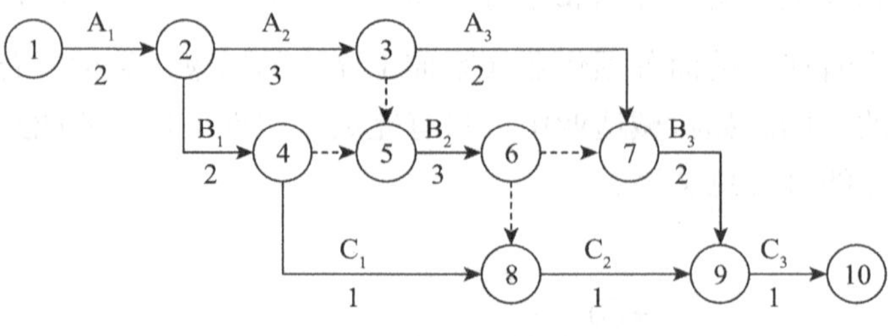

图6-5　线路

图 6-5 中有六条路线：

第一条：1—2—3—7—9—10　　持续时间为 10d；

第二条：1—2—3—5—6—7—9—10　持续时间为 11d；

第三条：1—2—3—5—6—8—9—10　持续时间为 10d；

第四条：1—2—4—5—6—7—9—10　持续时间为 10d；

第五条：1—2—4—5—6—8—9—10　持续时间为 9d；

第六条：1—2—4—8—10　　持续时间为 7d。

其中第二条的持续时间最长，为 11d，可作为该工程的计划工期，该路线上的工作拖延或提前，整个工程的完成时间将发生变化，故称为“关键线路”，其余为非关键线路。

（9）紧前工序：紧接某项工序的先行工序，如图 6-6 所示 。

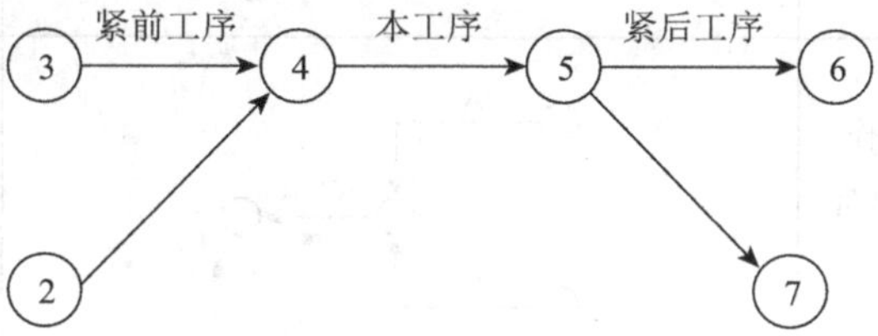

图 6-6　紧前工序与紧后工序

（10）紧后工序：紧接某项工序的后续工序，如图 6-6 所示。

6.2.2　双代号网络图的绘制

1. 各种逻辑关系的正确表示方法

双代号网络图的逻辑关系如表 6-1 所示。

表 6-1　双代号网络图中各工作逻辑关系的表示方法

序号	工作之间的逻辑关系	网络图中的表示方法	说明
1	A 工作完成之后进行 B 工作	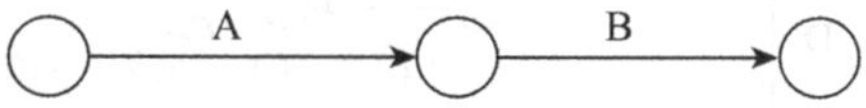	A 工作制约着 B 工作的开始，B 工作依赖着 A 工作
2	A、B、C 三项工作同时开始	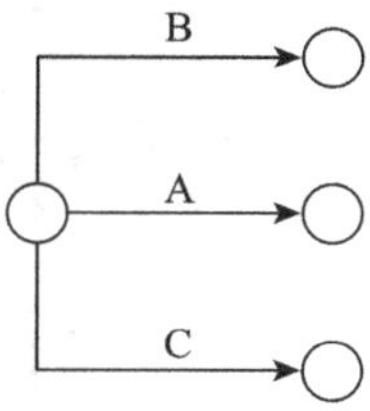	A、B、C 三项工作称为平行工作

续表

序号	工作之间的逻辑关系	网络图中的表示方法	说明
3	A、B、C三项工作同时结束	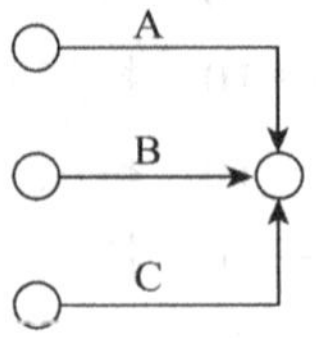	A、B、C三项工作称为平行工作
4	有A、B、C三项工作。只有A完成后B、C才能开始	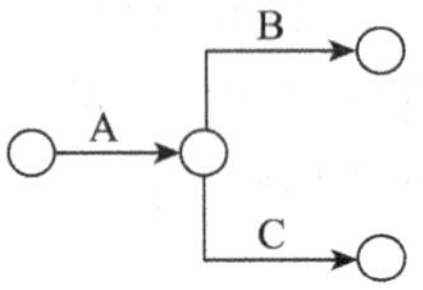	A工作制约着B、C工作的开始，B、C工作为平行工作
5	有A、B、C三项工作。C工作只有当A、B完工后才能开始	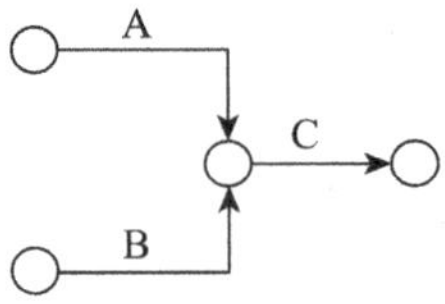	C工作依赖着A、B工作，A、B为平行工作
6	有A、B、C、D四项工作。只有A、B完成后C、D才能开始	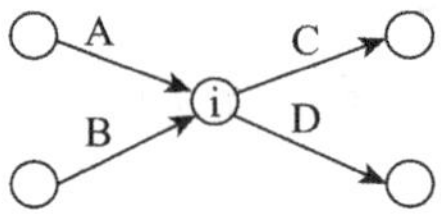	通过节点i表达A、B、C、D四项工作之间的关系
7	有A、B、C、D四项工作。只有A完成后C工作才能开始，A、B完成后D才能开始	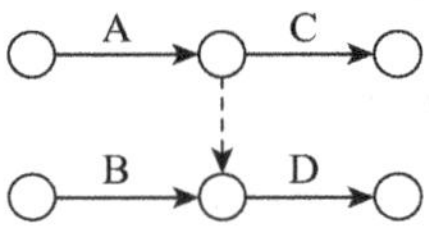	D、A之间引入了逻辑连接（虚工作），从而正确地表达了它们之间的制约关系
8	有A、B、C、D、E五项工作。A、B完成后C才能开始，B、D完成后E才能开始	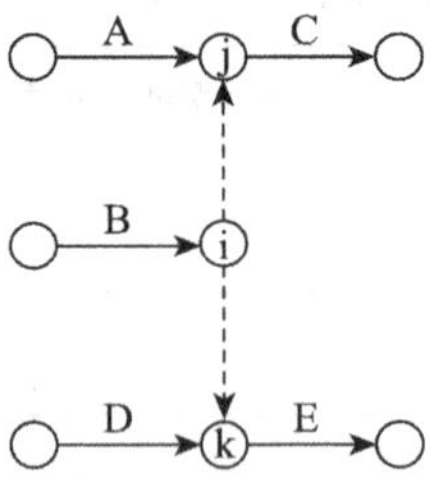	虚工作i-j反映出C工作受到B工作的制约；虚工作i-k反映出E工作受到B工作的制约
9	有A、B、C、D、E五项工作。A、B、C完成后D才能开始，B、C完成后E才能开始	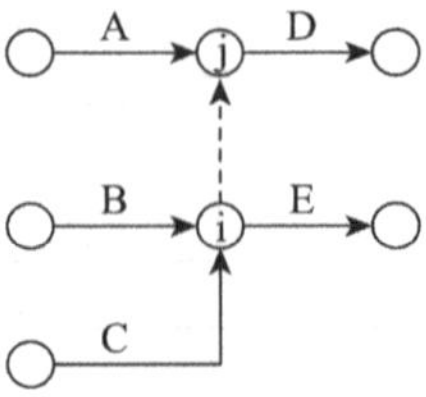	虚工作反映出D工作受到B、C工作的制约

续表

序号	工作之间的逻辑关系	网络图中的表示方法	说明
10	A、B 两项工作分三个施工段，平行施工	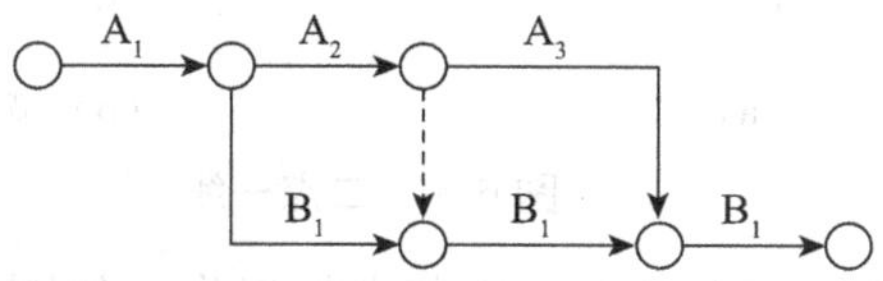	每个工种工程建立专业工作队，在每个施工段上进行流水作业，虚工作表达了工种间的工作关系

2. 双代号网络图的绘制规则

（1）网络图中，只能有 1 个起点事件；在不分期完成任务的网络计划（单目标网络计划）中，应只有 1 个终点事件；而其他事件均应是中间事件。如图 6-7 所示的图就有多个始点事件与多个终点事件。

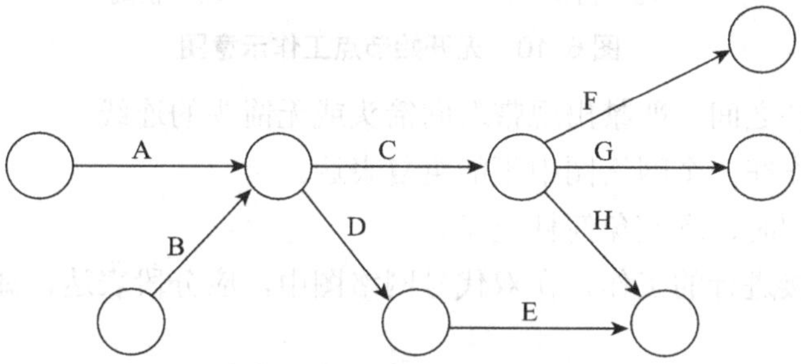

图 6-7 始终点不唯一

（2）网络图不许出现循环路。如图 6-8 所示，A、B、C 三项作业始于节点 5，终又回到节点 5，如此循环，不能达向最终的目标。

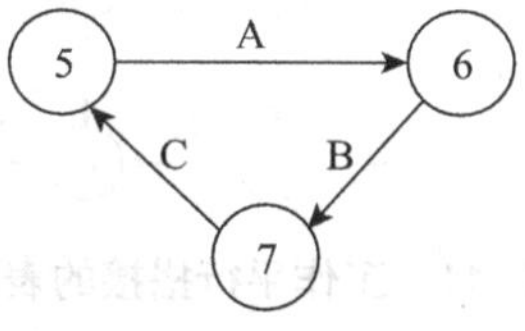

图 6-8 出现循环

（3）网络图中不允许出现相同编号的工作，即两个事件之间只能有一道工序。编号可采用水平编号法，每行自左向右，然后自上而下逐行进行编号；也可采用垂直编号法，由上而下然后自左而右编号。如图 6-9 所示，若确定相邻二节点 1 和 2 之间的作业为 A，这二节点之间就只能有一道作业，然而又有一作业为 B，也始于节点 1，结束于节点 2，纵使 A、B 作业时间相同，只能运用虚工序解决这一矛盾，如图 6-9（a）正确，图 6-9（b）错误。可见 A 与 B 两项作业在节点 1 和 2 之间只能“二者必居其一”。

（4）事件编号均用数码编号，表示一项工作开始事件的编号应小于结束事件的编号，即始终要保证箭尾号小于箭头号。在一个网络图中不允许出现重复的事件编号。起点节点编号可从“1”开始，亦可从“0”开始，一般从“1”开始。

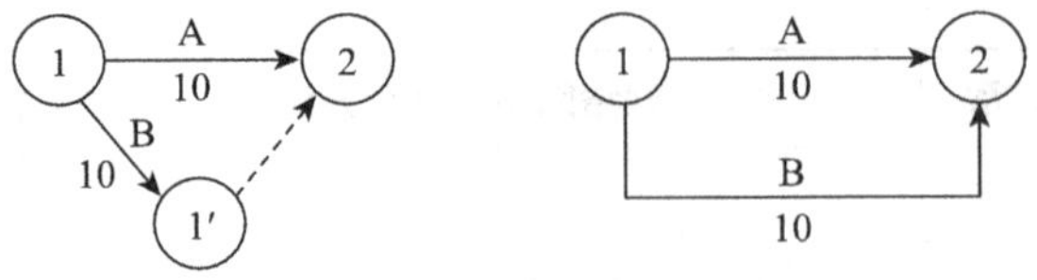

（a）对　　（b）错

图 6-9　二点一线

（5）不允许出现无开始节点或无完成节点的工作，如图 6-10 所示。

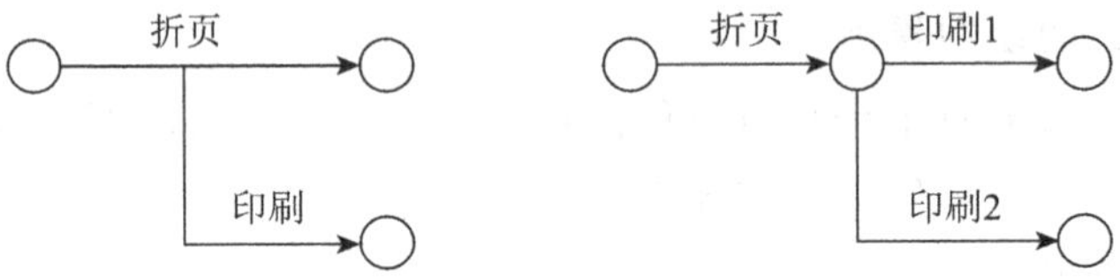

（a）错误　　（b）正确

图 6-10　无开始节点工作示意图

（6）在两个事件之间，严禁出现带双向箭头或无箭头的连线。

（7）同一项工作在一个网络图中不能重复表达。

（8）绘制网络图时，宜避免箭杆交叉。

（9）对平行搭接进行的工作，在双代号网络图中，应分段表达，如图 6-11 所示。

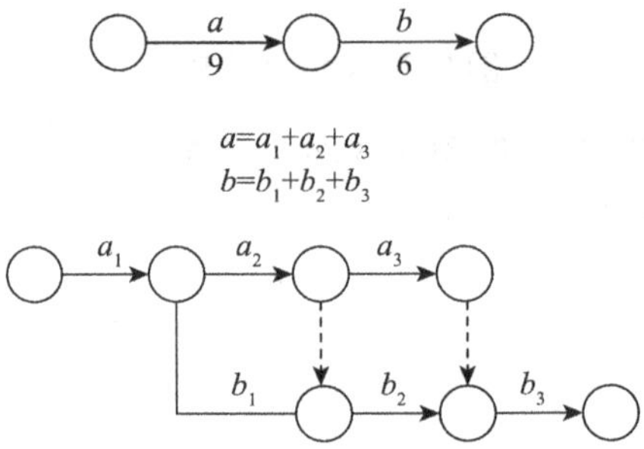

图 6-11　工作平行搭接的表达

（10）对于一些大的建设项目，网络图可能很大，为使绘图方便，可将网络图划分成几个部分分别绘制。

3. 双代号网络计划编制

（1）确定目标。计划之初必须明确这一问题。目标是计划所要达到的预期结果，譬如安装一台印刷机器，预期结果就是要在一个可行的时限内将印刷机器按要求组装起来。

（2）分解任务。在确定目标之下，把一项工程或一个计划分解成若干个可以独立完成的工序（工作、作业），即为分工序。如设备检修可分成加工准备、设备解体、零部件清洗、焊接修理用支架、零部件组装、支架拆除、总装配、加工机械拆离、调整试车等工序。

（3）确定作业时间。作业时间是完成一项作业或工序所需要的时间，也是一项作业或工序的延续时间。根据所具备的条件划分为单点时间估计法和三点时间估计法。单点时间估计法运用的条件是不确定因素甚少，又有先例可依，如化工厂里的连续作业，电子工厂的组件作业、营销工程、土木工程等大型项目的施工管理，可按此办法，由专家对各项活动的作业时间仅估测一个完成可能性最大的时间为准。三点时间估计法运用的条件是不确定因素甚多，又无先例可依，常常是在全新的条件下进行，如前所未有的大型建设项目、神舟 6 号飞天之旅等航空航天技术的管理设计，要预估三个时间值，然后求出可能完成的平均值。中国数学家华罗庚教授在他的《统筹方法平话及补充》中，用数学表达式表述为

$$T=\frac{a+4m+b}{6}$$

式中 a——完成某道工序所需最短工作时间，又称最乐观时间；

b——完成某道工序所需最长工作时间，又称最悲观时间；

m——完成某道工序所需最可能工作时间。

在这里，三种时间的比较中，赋予可能时间以较大的权重，6 是权重之和。

（4）确定各项作业的逻辑关系。逻辑关系是各工序或作业先后顺序的交错关系。这是空间概念“序”的约束。通常用“紧前工序”或“紧后工序”表达这种关系。

如图 6-12 所示，C 作业的紧前作业是 A，C 作业的紧后作业是 E；E 的紧前作业是 C 和 D，不包括 A 和 B，A 和 B 分别是 C 和 D 的紧前作业，充其量只是 E 的前行作业。“前行”与“紧前”不同，没有直接联系。在此，强调指出：网络图的绘制只要完全符合紧前和紧后的逻辑关系，就可以正确地描绘出来。

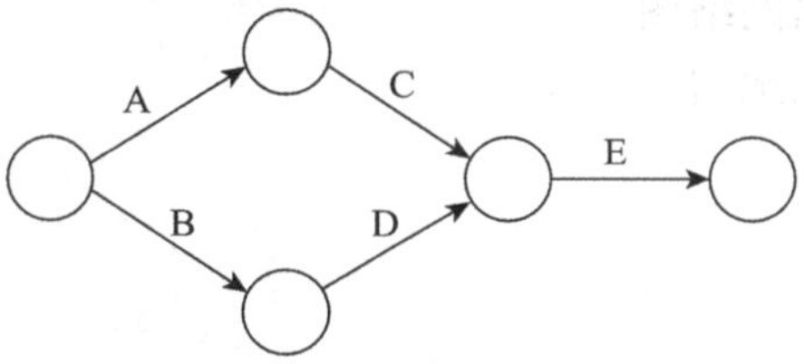

图 6-12 作业之间关系

5. 绘制网络图。这是网络计划技术中十分关键的一步，“得意不忘形”，在前 4 个步骤的意义明确之后，只有绘图正确，才可借以图形分析，寻找关键路线，规范工程的秩序，求得资源优化配置方案。通常，网络图的绘制不可能一蹴而就，应先画草图，再绘规范图。如图 6-13 所示。

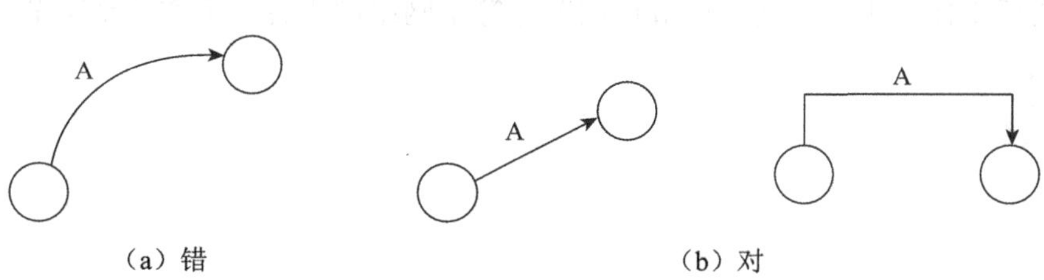

图 6-13 正确画法

在画草图时可以有曲线或弧线如图 6-13（a）所示，而在正规图中应以斜线或折线如图 6-13（b）所示的画法，使得图形整齐、规范。对草图规范化时，可以先从草图中寻找“主链”。值得注意的是：主链未必是关键路线，只是为了构图的对称，规整所选择的一条作业数目最多的通路。于是，先构画“主链”，再补绘其他作业，就可以将网络图规范得错落有致。

（6）计算网络时间值。这是一个专业术语，旨在分析和找出各作业在时间的衔接上是否合理，是否可以挖掘影响时间节约的潜在因素。一项工程，有些作业环环相扣，一环脱节，影响全局；也有些作业，在一定条件下，开始（结束）或早或晚对后续作业没有影响，也无关全局。前者，时间毫无机动余地的作业称为关键作业；后者，时间有一定的机动性，称为非关键作业。

（7）分析、寻找关键路线。网络时间值的计算是总时差计算的依据，计算总时差旨在确定关键路线，关键路线又决定了工程周期。

（8）优化。这是网络计划技术运用的主要目的：规范时空秩序，优化各种资源的配置。

4. 双代号网络图的绘制方法

网络图要布局规整、条理清晰、重点突出。绘制网络图时，首先应尽量采用水平箭线和垂直箭线而形成网格结构，尽量减少斜箭线，使网络图规整、清晰。其次，应尽量把关键工作和关键线路布置在中心位置，尽可能把密切相连的工作安排在一起，以突出重点，便于使用。

（1）画图基本步骤。

①任务分解，工序明细表（逻辑关系复杂的采用矩阵图）。

②根据节点位置号画出网络图。

③节点编号，工序名称填写。

（2）节点编号规则。

①箭头 > 箭尾。

②不能有重号。

（3）节点位置号确定规则。

①无紧前工作的工作，其开始节点位置号为 0。

②有紧前工作的工作，其开始节点位置号等于其紧前工作的开始节点位置号的最大值加 1。

③有紧后工作的工作，其结束节点位置号等于其紧后工作的开始节点位置号的最小值。

④无紧后工作的工作，其结束节点位置号等于网络图中各个工作的结束节点位置号的最大值加 1。

（4）尽量减少不必要的箭线和节点，如图 6-14 所示。

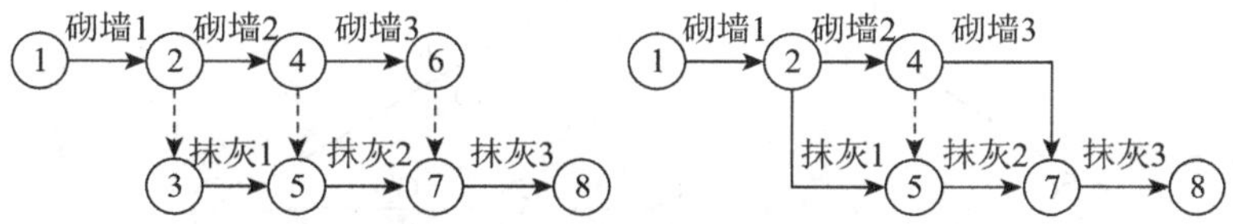

图 6-14　网络图的简化示意

例 6.1　某工程有八道工序，各工序之间的逻辑关系如表 6-2 所示。

表 6-2　各工序之间的逻辑关系

工序名称	A	B	C	D	E	F	G	H
紧前工序	—	A	B	B	B	D,E	C,E	F,G

第 1 步：绘制网络图，如图 6-15 所示。

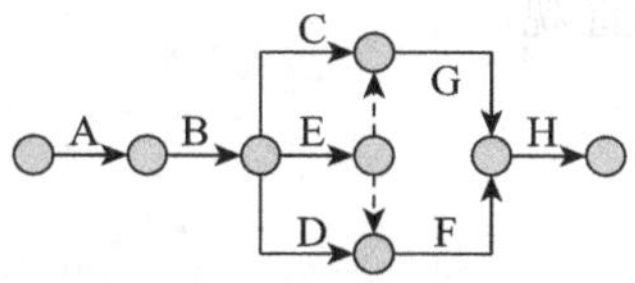

图 6-15　网络图初图

第 2 步：从左往右标上节点编号，如图 6-16 所示。

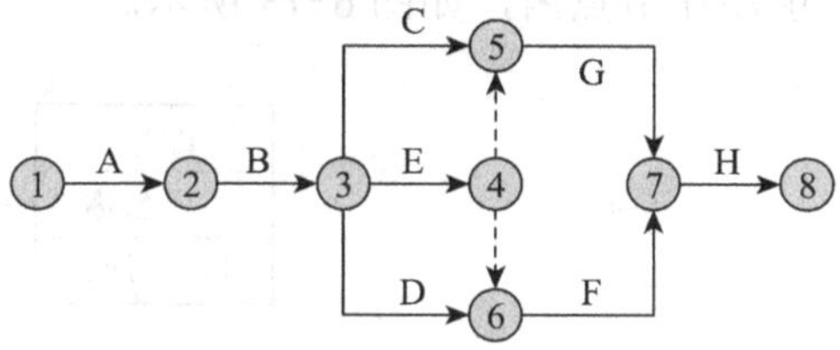

图 6-16　最终绘制的网络图

例 6.2　某工程有七道工序，工序之间的逻辑关系如表 6-3 所示。

表 6-3　七道工序之间的逻辑关系

工序	A	B	C	D	E	F	G
紧前工序	—	—	—	A	A,C	B	B,D,E
工序时间	6	3	4	4	5	10	8

解：其箭线式网络图如图 6-17 所示。

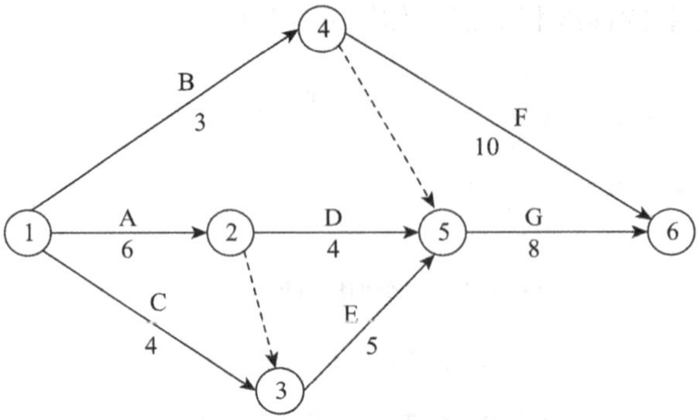

图 6-17　箭线式网络图

5. 单代号网络图

由一个节点表示一项工作，以箭线表示工作顺序的网络图称为单代号网络图，也叫节点式网络图。单代号网络图的逻辑关系容易表达，且不用虚箭线，便于检查和修改。但不易绘制成时标网络计划，使用不直观。

（1）单代号网络图的绘制

①构成与基本符号

a. 节点

节点是单代号网络图的主要符号，用圆圈或方框表示。一个节点代表一项工作或工序，因而它消耗时间和资源。节点所表示工作的名称、持续时间和编号一般都标注在圆圈或方框内，有时甚至将时间参数也注在节点内，如图 6-18 所示。

图 6-18　单代号网络图

b. 箭线

箭线在单代号网络图中，仅表示工作之间的逻辑关系。它既不占用时间，也不消耗资源。单代号网络图中不用虚箭线。箭线的箭头表示工作的前进方向，箭尾节点表示的工作是箭头节点的紧前工作。

c. 编号

每个节点都必须编号，作为该节点工作的代号。一项工作只能有唯一的一个节点和唯一的一个代号，严禁出现重号。编号要由小到大，即箭头节点的号码要大于箭尾节点的号码。

②单代号网络图绘制规则

a. 因为每个节点只能表示一项工作，所以各节点的代号不能重复；

b. 用数字代表工作地名称时，宜由小到大按活动先后顺序编号；

c. 不允许出现双向箭杆；

d. 只能有一个起点节点和一个终点节点。当开始的工作或结束的工作不止一项时，应虚拟开始节点（St）或结束节点（Fin），以避免出现多个起点节点或多个终点节点。如图 6-19 所示。

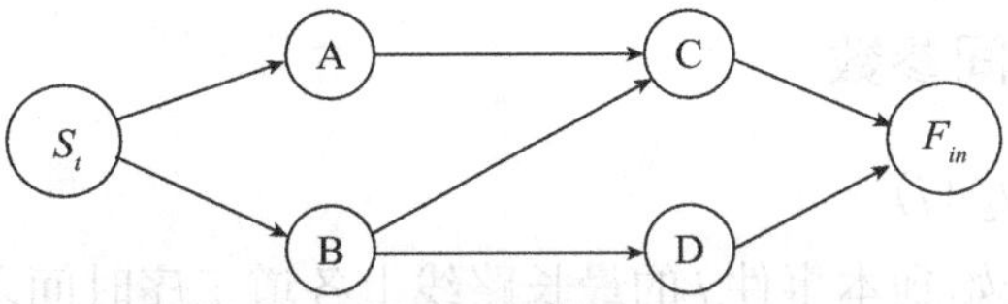

图 6-19　带虚拟节点的单代号网络图

e. 严禁出现循环回路；

f. 严禁出现无箭尾节点或无箭头节点的箭线；

g. 在一幅网络图中，单代号和双代号的画法不能混用；

（2）单代号网络图的正确表达逻辑关系

单代号网络图之间的逻辑关系如表 6-4 所示。

表 6-4　单代号网络图的逻辑关系

序号	工作之间的逻辑关系	网络图中的表示方法
1	A 工作完成后进行 B 工作	
2	B、C 工作完成后进行 D 工作	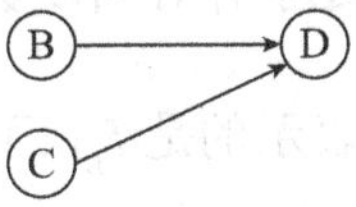
3	B 工作完成后，C、D 工作可以同时开始	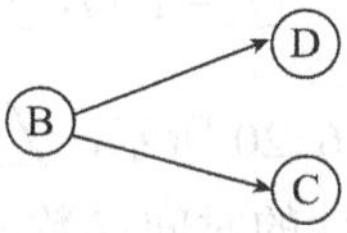
4	A 工作完成后进行 C 工作，B 工作完成后可同时进行 C、D 工作	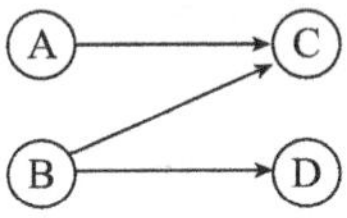
5	A、B 工作均完成后进行 C、D 工作	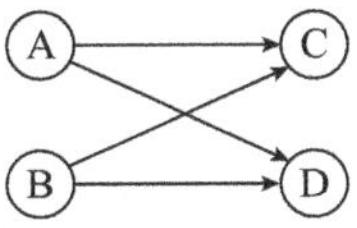

6.3 时间参数与关键路线的确定

6.3.1 事件的时间参数

1. 事件的最早时间 t_E (j)

$t_E(j)$ 等于从始点开始到本事件 j 的最长路线上各道工序时间之和。从始点事项开始，自左向右，顺着箭线方向逐个计算。

$$\begin{cases} t_E(1)=0, \\ t_E(j)=\underset{i}{\mathrm{Max}}\{t_E(i)+t(i,j)\}. \end{cases}$$

2. 事件的最迟时间 t_L (j)

指以该事件为结束的各道工序最迟必须完工的时刻，否则将会影响后续工序按时开工，以至推迟整个工程的完工时间。从终点开始，从右向左，逆箭线方向逐个计算。

$$\begin{cases} t_L(n)=t_E(n), \\ t_L(i)=\underset{j}{\mathrm{Min}}\{t_L(j)-t(i,j)\}. \end{cases}$$

3. 通过事件时间参数确定关键线路

△中表示的是 T_L，□中表示的是 T_E。当$\boxed{i}$=$\triangle i$，$\boxed{j}$=$\triangle j$组成的路线中，有$\boxed{j}$-$\boxed{i}$=t（i，j）或$\triangle j$-$\boxed{i}$=t（i，j）成立，则这条线路为关键路线。

如图 6-20 所示，$\triangle i$内数字是事件的最早时间参数，$\boxed{j}$内的数字是事件的最迟时间参数。事件的时间参数值标示在事件的上下或左右。

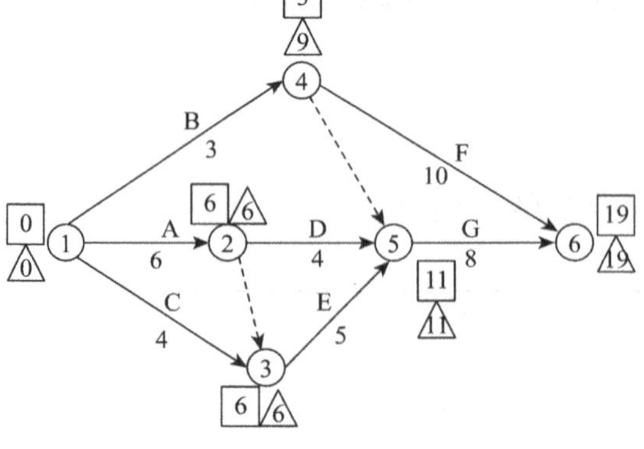

图 6-20 节点的时间参数

由图 6-20 可知事件 1、2、3、5、6 的 $t_E=t_L$，且有 $jj - ii = t(i, j)$ 或 $jj - ii = t(i, j)$ 成立，则此工程的关键线路为①→②→③→⑤→⑥或表示为 A-E-G。

例 6.3　已知下列的资料如 6-5 所示。

表 6-5　工序资料　　单位：d

工序	紧前工序	工时	工序	紧前工序	工时
A	—	4	D	A	3
B	—	8	E	A	5
H	E，F，G	3	C	B	6
F	A	7	G	B，D	4

要求：（1）绘制箭线式网络图；

（2）求各事项的时间参数；

（3）求关键线路及工程完工期。

解：（1）其箭线式网络图如表 6-21 所示。

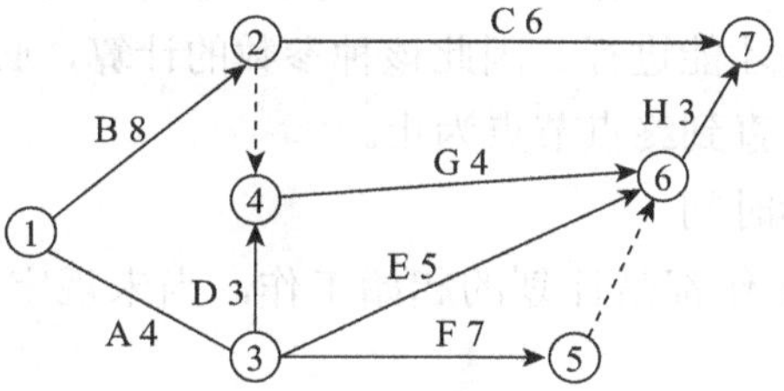

图 6-21　网络图

（2）事项时间参数如图 6-22 所示。□内表示 T_E，△内数字表示 T_L。

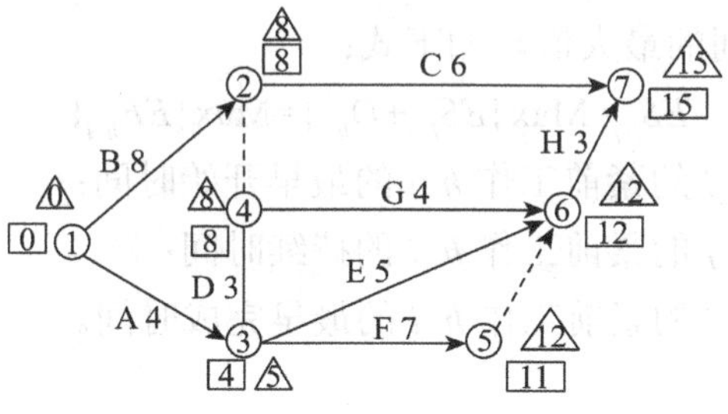

图 6-22　事项时间参数

（3）由图 6-22 可知事件 1、2、4、6、7 的 $t_E=t_L$，且有 $jj - ii = t(i, j)$ 或 $jj - ii = t(i, j)$ 成立，则此工程的关键线路为①→②→④→⑥→⑦或表示为 B-G-H。工程完工期为 15 天。

6.3.2 工序的时间参数

工序时间参数的计算方法主要有图上作业时差法、表上计算法等几种表达方式。

1. 图上作业时差法

双代号网络计划时间参数的图上标注形式有三种，如图 6-23 所示。

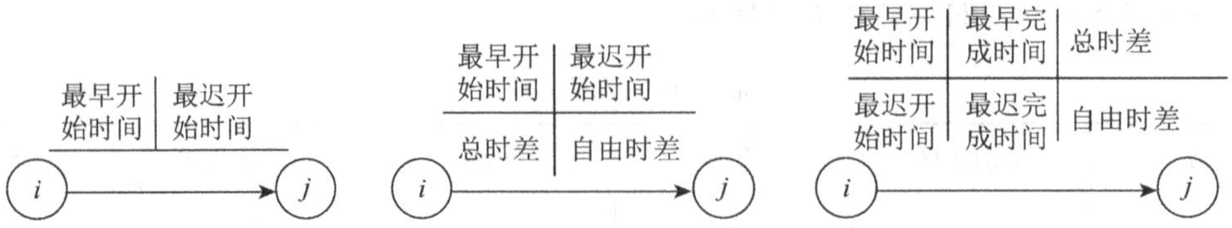

（a）二时标注法　（b）四时标注法　（c）六时标注法

图 6-23　时间参数标注形式

（1）最早时间的计算

最早时间包括工作最早开始时间[ES_{i-j} 或 $T_{ES}(i,j)$]和工作最早完成时间[或 $T_{EF}(i,j)$]。

①工作最早开始时间

工作最早开始时间亦称工作最早可能开始时间。它是指紧前工作全都完成，具备了本工作开始的必要条件的最早时刻。工作 $i-j$ 的最早开始时间用 ES_{i-j} 或 T_{ES}（i,j）表示。

a. 计算顺序

由于最早开始时间是以紧前工作的最早开始或最早完成时间为依据，所以，它的计算必须在各紧前工作都计算后才能进行。因此该种参数的计算，必须从网络图的起点节点开始，顺箭线方向逐项进行，直到终点节点为止。

b. 始点事件的最早开始时间

凡与起点事件相连的工作都是计划的起始工作，当未规定其最早开始时间 ES_{i-j} 时，其值都定为零。

即　　$ES_{i-j}=0$　（$i=1$）

所有其他工作的最早开始时间的计算方法是：将其所有紧前工作 $h-i$ 的最早开始时间 ES_{h-i} 分别与各工作的持续时间 D_{h-i} 相加，取和数中的最大值；当采用六参数法计算时，可取各紧前工作最早完成时间的最大值。如下式：

$$ES_{i-j}=\mathrm{Max}\{ES_{h-i}+D_{h-i}\}=\mathrm{Max}\{EF_{h-i}\}$$

式中　ES_{h-i}——工作 $i-j$ 的紧前工作 $h-i$ 的最早开始时间；

D_{h-i}——工作 $i-j$ 的紧前工作 $h-i$ 的持续时间；

EF_{h-i}——工作 $i-j$ 的紧前工作 $h-i$ 的最早完成时间。

②工作最早完成时间

工作最早完成时间亦称工作最早可能完成时间。指一项工作如果按最早开始时间开始的情况下，该工作可能完成的最早时刻。工作 $i-j$ 的最早完成时间用 EF_{i-j} 或 T_{EF}（i,j）表示，其值等于该工作最早开始时间与其持续时间之和。计算公式如下：

$$EF_{i-j}=ES_{i-j}+D_{i-j}.$$

在采用六参数计算法时，某项工作的最早开始时间计算后，应立即将其最早完成时间计算出来，以便于其紧后工作的计算，计算如图 6-24 所示。

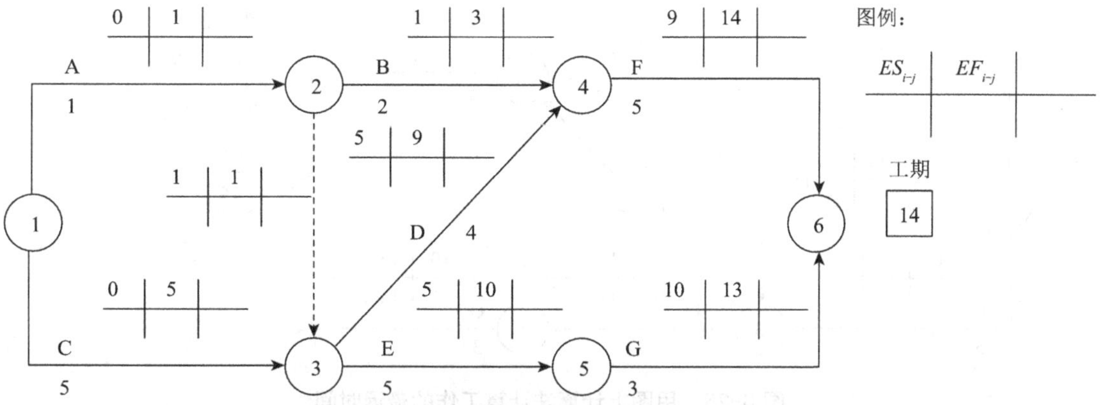

图 6-24　用图上计算法计算工作的最早时间

（2）最迟时间的计算

最迟时间包括工作最迟完成时间（T_{LF}）和工作最迟开始时间（T_{LS}）。

①工作最迟完成时间

工作最迟完成时间亦称工作最迟必须完成时间。它是指在不影响整个工程任务按期完成的条件下，一项工作必须完成的最迟时刻，工作 i-j 的最迟完成时间用 LF_{i-j} 或 T_{LF}（i,j）表示。

a. 计算顺序

该计算需依据计划工期或紧后工作的要求进行。因此，应从网络图的终点节点开始，逆着箭线方向朝起点节点依次逐项计算，从而使整个计算工作形成一个逆箭线方向的减法过程。

b. 计算方法

网络计划中最后（结束）工作 i-n 的最迟完成时间 LF_{i-n} 应按计划工期 TP 确定，即

$$LF_{i-n}=TP.$$

其他工作 i-j 的最迟完成时间的计算方法是：从其所有紧后工作 j-k 的最迟完成时间 LF_{j-k} 分别减去各自的持续时间 D_{j-k}，取差值中的最小值；当采用六参数计算法时，本工作的最迟结束时间等于各紧后工作最迟开始时间的最小值。就是说，本工作的最迟结束时间不得影响任何紧后工作，进而不影响工期。计算公式如下：

$$LF_{i-j}=\mathrm{Min}\{LF_{j-k}-D_{j-k}\}=\mathrm{Min}\{LS_{j-k}\}.$$

②工作最迟开始时间

工作最迟开始时间亦称工作最迟必须开始时间。它是在保证工作按最迟完成时间完成的条件下，该工作必须开始的最迟时刻，如图 6-25 所示。本工作的最迟开始时间用 LS_{i-j} 或 T_{LS}（i,j）表示，计算方法如下：

$$LS_{i-j}=LF_{i-j}-D_{i-j}=\mathrm{Min}\{LS_{j-k}\}-D_{i-j}.$$

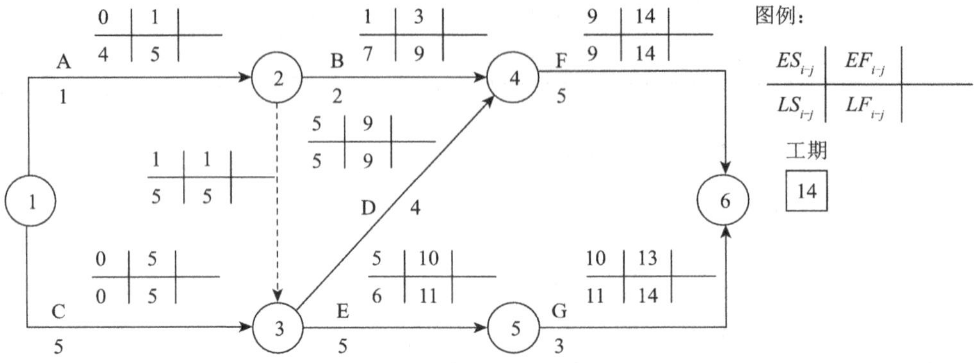

图 6-25　用图上计算法计算工作的最迟时间

（3）工作时差的计算

工作时差是指在网络图的非关键工作中存在的机动时间，或者说是在不致影响工期或下一项工作开始的情况下，一项工作最多允许推迟的时间。它表明工作有多大的机动时间可以利用，时差越大，工作的时间潜力也越大。常用的时差有工作总时差（*TF*）和工作的自由时差（*FF*）。

①总时差

工作总时差是指在不影响工期的前提下，一项工作所拥有机动时间的最大值，也就是在不影响其所有后续工作最迟必须开始时间的前提下所具有的机动时间。工作 i-j 的总时差用 TF_{i-j} 表示。双代号网络图中总时差为零的工作是关键工作。

a. 计算方法

工作总时差等于工作最早开始时间到最迟完成时间这段极限活动范围，再扣除工作本身必需的持续时间所剩余的差值，如图 6-26 所示。用公式表达如下：

$$TF_{i-j}=LF_{i-j}-ES_{i-j}-D_{i-j}. \quad (6-1)$$

经稍加变换可得

$$TF_{i-j}=LF_{i-j}-(ES_{i-j}+D_{i-j})=LF_{i-j}-EF_{i-j} \quad (6-2)$$

或

$$TF_{i-j}=(LF_{i-j}-D_{i-j})-ES_{i-j}=LS_{i-j}-ES_{i-j}. \quad (6-3)$$

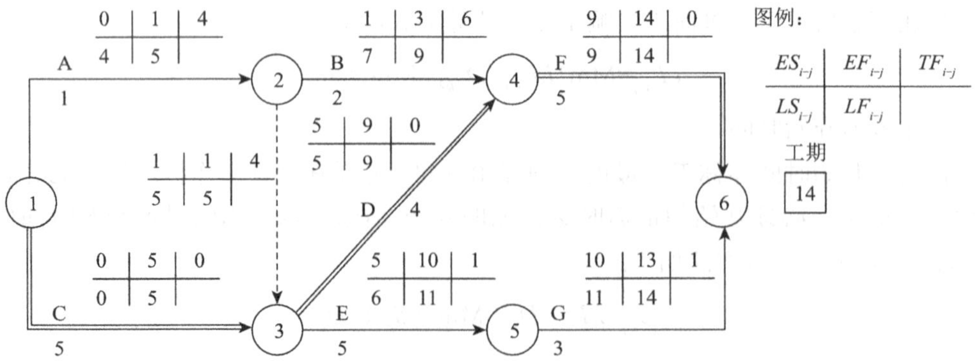

图 6-26　用图上计算法计算工作的总时差

b. 计算目的

通过工作总时差的计算，可以方便地找出网络图中的关键工作和关键线路。总时差为“0”者，意味着该工作没有机动时间，即为关键工作，由关键工作所构成的线路，就是关键线路。

关键线路至少有一条，但不见得只有一条。工作总时差是网络计划调整与优化的基础，是控制施工进度、确保工期的重要依据。

②自由时差

自由时差是总时差的一部分，是指一项工作在不影响其紧后工作最早开始的前提下，可以灵活使用的机动时间。用符号 FF_{i-j} 表示。

a. 计算方法

自由时差等于本工作最早开始时间到紧后工作最早开始时间这段极限活动范围，再扣除工作本身必需的持续时间所剩余的差值。用公式表达如下。

$$FF_{i-j}=ES_{j-k}-ES_{i-j}-D_{i-j}.$$

经稍加变换可得

$$FF_{i-j}=ES_{j-k}-（ES_{i-j}+D_{i-j}）=ES_{j-k}-EF_{i-j}.$$

采用六参数法计算时，用紧后工作的最早开始时间减本工作的最早完成时间即可。对于网络计划的结束工作，应将计划工期看作紧后工作的最早开始时间进行计算，如图 6-27 所示。

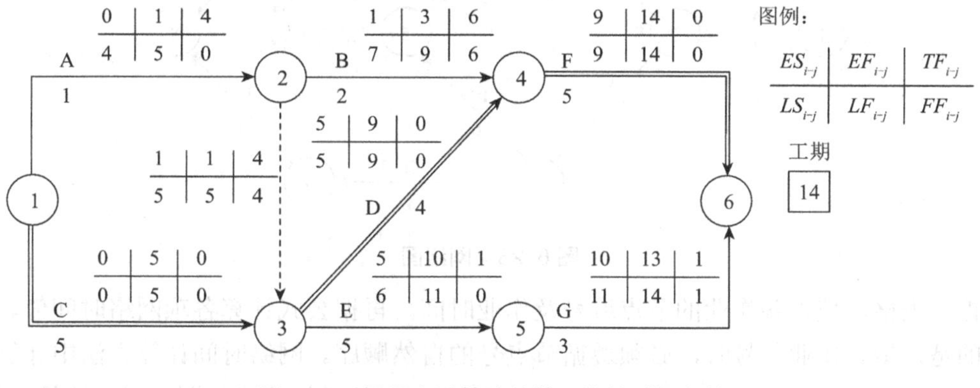

图 6-27　用图上计算法计算工作的时间参数

b. 计算目的

自由时差的利用不会对其他工作产生影响，因此常利用它来变动工作的开始时间或增加持续时间，以达到工期调整和资源优化的目的。

③相干时差

相干时差 IF_{i-j}，也称干扰时差，是某项工作与其紧后工作共同占有的那段机动时间。

用公式表达如下：

$$IF_{i-j}=TF_{i-j}-FF_{i-j}=LF_{i-j}-ES_{j-k}.$$

最后工作的自由时差均等于总时差。当计划工期等于计算工期时，总时差为零者，自由时差亦为零。当计划工期不等于计算工期时，最后关键工作的自由时差与其总时差相等，其他关键工作的自由时差均为零。

综上所述，总时差以不影响总工期为限度，这是一种线路时差，它为该线路上的各工作所共同占有；而自由时差以不影响后续工作最早开始为限度，是总时差的一部分，带有局部性；相干时差也是总时差的组成部分，为节点前后工作所共同占有。

2. 表上计算法

例 6.4　某精装类图书的各项工序逻辑关系如表 6-6 所示，试用表上计算法计算网络时间，求出整批图书的生产工期及关键路线。

表 6-6　各工序的逻辑关系

工序	A	B	C	D	E	F	G	H	I	J
作业时间 / d	4	8	2	3	5	6	8	15	4	6
紧前作业	—	A	A	B	B	C	C	E、F	D	G

解：根据表 6-6 各工序之间的逻辑关系，画出其网络图，如图 6-28 所示。

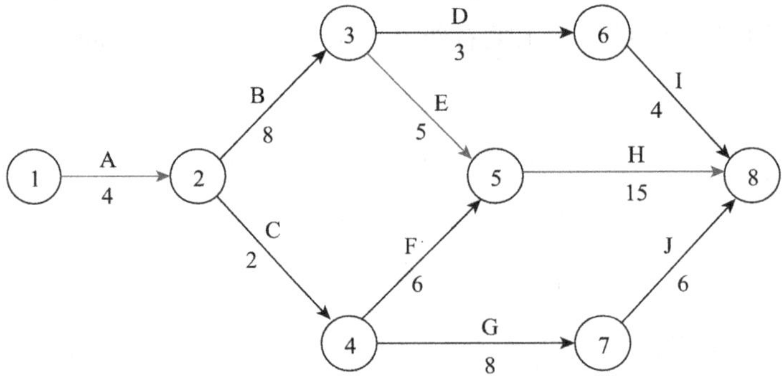

图 6-28　网络图

拟一表格，填入各作业的节点编号及作业时间，再据公式计算各项网络时间值。值得注意的是，填入作业代号时，必须遵循节点号的自然顺序。网络时间计算表法中计算时间参数 $T_{ES}(i,j)$、$T_{EF}(i,j)$、$T_{LS}(i,j)$、$T_{LF}(i,j)$、TF_{i-j} 的递推公式与图上表示法是一样的。表 6-6 的网络图的表上计算过程如表 6-7 所示。

表 6-7　网络时间计算表

作业	节点编号		作业时间	最早开始时间与结束时间 / d		最迟开始时间与结束时间 / d		总时差	关键线路
	i	j	T / d	T_{ES}	T_{EF}	T_{LS}	T_{LF}	TF_{i-j} / d	
A	1	2	4	0	4	0	4	0	是
B	2	3	8	4	12	4	12	0	是

续表

作业	节点编号		作业时间	最早开始时间与结束时间 / d		最迟开始时间与结束时间 / d		总时差	关键线路
	i	j	T / d	T_{ES}	T_{EF}	T_{LS}	T_{LF}	TF_{ij} / d	
C	2	4	2	4	6	9	11	5	
E	3	5	5	12	17	12	17	0	是
D	3	6	3	12	15	25	28	13	
F	4	5	6	6	12	11	17	5	
G	4	7	8	6	14	18	26	12	
H	5	8	15	17	32	17	32	0	是
I	6	8	4	15	19	28	32	13	
J	7	8	6	14	20	26	32	12	

表上计算法的关键是先计算出 T_{ES}（i,j）和 T_{LF}（i,j）的值。总时差为 0 的各项工序连线为 A-B-E-H，或写为 1-2-3-5，即为关键线路。总工期为 32 天。

6.4 计划评审技术

上一节分析的都是假定每项工序都有一个确定的完成时间。实际上，由于一些不可预见因素的影响，对将来工作的预计时间的估计都含有内在的不确定性，总工期也是不固定的。特别是对于新的研究开发项目和过去未做过的工程项目，由于缺乏有关规定和经验，各项工作的工期往往只能凭借以往类似情况估计。对于这类不确定性问题，可用计划评审技术来处理。

PERT 首先是建立在网络计划基础之上的，其次是工程项目中各个工序的工作时间不肯定，过去通常对这种计划只是估计一个时间，到底完成任务的把握有多大，决策者心中无数，工作处于一种被动状态。在工程实践中，由于人们对事物的认识受到客观条件的制约，通常在 PERT 中引入概率计算方法，由于组成网络计划的各项工作可变因素多，不具备一定的时间消耗统计资料，因而不能确定出一个肯定的单一的时间值。

6.4.1 作业时间的估算

计划评审技术对于计划网络的每一项作业的时间，作出三个时间估计值：乐观时间，最可能时间，悲观时间；之后计算它们的平均时间作为该工序的作业时间。

乐观时间 a：在顺利情况下，完成工序所需要的最少时间；

最可能时间 m：在正常情况下，完成工序所需要的时间；

悲观时间 b：在不顺利情况下，完成工序所需要的最长时间。

显然，出现 m 的概率较大，出现 a 和 b 的概率较小。为了计算概率分布的均值和方差，还假设这种概率分布形式为 β 分布。

其工序时间平均值 T 的计算公式为

$$T=\frac{a+4m+b}{6}.$$

方差平方为

$$\sigma^2=\left(\frac{b-a}{6}\right)^2.$$

如表 6-8 所示，由三点时间估计法得出工序的时间均值及方差。

表 6-8　由三点时间估计法求出工序时间均值及方差

工序	乐观时间 a	最可能时间 m	悲观时间 b	均值 $T=\frac{a+4m+b}{6}$	方差 $\sigma^2=\left(\frac{b-a}{6}\right)^2$
A	6	8.5	14	9	16/9
B	7	10	19	11	4
C	1	4.5	5	4	4/9
D	3	4	5	4	1/9
E	4	4	10	5	1
F	4	6	8	6	4/9
G	3	6	9	6	1
H	1	5	9	5	16/9
I	3	9	9	8	1
J	3	3	3	3	0
K	6	7	8	7	1/9
L	7	7	13	8	1

6.4.2　项目完工的概率

工序时间是随机变量时，项目的完工期也是随机变量。设 X_k 为关键工序 k 所需时间的随机变量，则 X_k 相互独立，工序的期望时间及方差为

$$\mu_k = E(X_k) = t(k) = \frac{a_k + 4m_k + b_k}{6},$$

$$\sigma_k^2 = D(X_k) = \left(\frac{b_k - a_k}{6}\right)^2.$$

设关键工序数为 n，工程的完工期是一随机变量 $X = \sum_{k=1}^{n} X_k$。

工程完工期的期望值及方差为

$$\mu_n = \sum_{k=1}^{n} E(X_k),$$

$$\sigma_n^2 = \sum_{k=1}^{n} \sigma_k^2.$$

令 $Z_n = \dfrac{X - \mu_n}{\sigma_n}$,

则由李雅普诺夫中心极限定理知（式中 n 为关键工序数）

$$\lim_{n\to\infty} F_n(X) = \mathrm{Lim} P\{Z_n \leqslant X\} = \int_{-\infty}^{X} \frac{1}{\sqrt{2\pi}} e^{-\frac{t^2}{2}} \mathrm{d}t.$$

即当 n 很大时 Z_n 近似服从 N（0，1）分布，则有

$$X = \sum X_K = \sigma_n Z_n + \mu_n,$$

近似服从 $N\left(\mu_n,\ \sigma_n^2\right)$,

即：$X \sim N\left(\mu_n,\ \sigma_n^2\right)$.

设定一个时间 X_0，则工程完工时间不超过 X_0 的概率为

$$P\{X \leqslant X_0\} = \int_{-\infty}^{X_0} N(\mu_n, \sigma_n^2)\mathrm{d}t$$

$$= \int_{-\infty}^{\frac{X_0 - \mu_n}{\sigma_n}} N(0,1)\mathrm{d}t.$$

要使工程完工的概率为 P_0，至少需要多少时间 X_0（X_0 是给定的值）。

$$P\{X \leqslant X_0\} = \int_{-\infty}^{X} N(0,1)\mathrm{d}t = P_0,$$

查正态分布表求出 X，由 $X = \dfrac{X_0 - \mu_n}{\sigma_n}$

得 $X_0 = X\sigma_n + \mu_n$。

例 6.5　已知某项工程，各关键工序的三点时间估计如表 6-9 所示，试求工程完工期

的均值和方差，以及该项目在 16 天内完工的概率。如果要求完工概率达到 97.2%，则工期应定为多少天？

表 6-9　三点时间估计

工序	三点时间估计 / d			平均时间 t_{ij}/ d	方差 σ_{ij}^2
	a	m	b		
B	5	7	10		
E	1	2	3		
F	2	4	6		
I	2	4.5	6		

附录：正态分布表，如表 6-10（以 % 给出概率值）所示。

表 6-10　正态分布表

λ	P	λ	P
−1.2	11.5	1.9	97.1
−1.1	13.5	2.0	97.7
−1.15	12.5	2.1	97.2
−1.0	15.9	2.2	97.6

计算出关键工序时间的估计值及方差，如表 6-11 所示。

表 6-11　关键工序时间的估计值及方差

工序	三点时间估计 / d			平均时间 t_{ij}/ d	方差 σ_{ij}^2
	a	m	b		
B	5	7	10	7.2	0.69
E	1	2	3	2	0.11
F	2	4	6	4	0.44
I	2	4.5	6	4.3	0.44

解：根据关键工作的平均时间，可算出

$$T = 7.2+2+4+4.3=17.5\text{d},$$

$$\sigma^2 = 0.69+0.11+0.44+0.44=1.68.$$

有 $\sigma=\sqrt{1.68}=1.3.$

如果预定工期为 16 天，即 T_k=16，则有

$$\lambda = \frac{T_k - T}{\sigma} = \frac{16 - 17.5}{1.3} = -1.15$$

根据正态分布表，可知该项目在 16 天完成的可能性为 12.5%。

如果要求 P=97.2%, 根据正态分布表可知 $\lambda = 2.1$ ，所以

$$T_k = T + \lambda\sigma = 17.5 + 2.1 \times 1.3 = 20.33\text{d}.$$

即工期应定为 21d 才能保证完成可能性达到 97.2%。

6.5　网络计划的时间优化

绘制网络图，计算网络时间和确定关键路线，得到一个初始的计划方案。但通常还要对初始计划方案进行调整和完善。比如，当需要加快工程进度时，这往往会带来资源和费用的增加。因此，需要根据计划的要求，综合考虑进度、资源利用和降低费用等目标，进行网络优化，确定最优的计划方案。

网络计划的优化目标应按计划任务的需要和条件选定，不同的优化目标有不同的优化方法，下面我们举几个例子来说明优化的几种方法。

1. 把串联工作改为平行工作或交叉工作

为了缩短整个任务的完工期，达到时间优化的目标，可以研究关键路线上串联的每一个工作，有无可能改为平行工作或交叉进行的工作，以缩短工期。

2. 利用时差

由于网络图中的非关键工作都有时差，所以这些工作在开工时间上，具体工时上都具有一定的弹性。为了缩短任务的总工期，可以考虑放慢非关键工作的进度，减少这些工作的人力、资源，转去支援关键工作，以使关键工作的工时缩短来达到目的。

“向关键工作要时间，向非关键工作要资源。”如果能够缩短关键工序所需的时间，就可以缩短工程的完工时间，而缩短非关键路线上的各个工序所需要的时间却不能使工程的完工时间提前。既使在一定范围内适当地拖长非关键路线上各个工序所需时间，也不至于影响工程的完工时间。对各关键工序，优先安排资源，挖掘潜力，采取相应措施，尽量压缩需要的时间，而对非关键路线上的各个工序，只要在不影响工程完工时间的条件下，抽出适当的人力、财力、物力等资源，用在关键工序上，以达到缩短工程工期，合理利用资源等目的。在执行计划过程中，可以明确工作重点，对各个关键工序加以有效控制和调度。

3. 资源优化

资源是指为完成一项计划任务所需投入的人力、材料、机械设备和资金等。完成一项工程任务所需要的资源量基本上是不变的，不可能通过资源优化将其减少。资源优化的目的是通过改变工作的开始时间和完成时间，使资源按照时间的分布符合优化目标。

在通常情况下，网络计划的资源优化分为两种，即“资源有限，工期最短”的优化和“工期固定，资源均衡”的优化。前者是通过调整计划安排，在满足资源限制条件下，使工期延长最少的过程；而后者是通过调整计划安排，在工期保持不变的条件下，使资源需用量尽可能均衡的过程。这里所讲的资源优化，其前提条件是：

（1）在优化过程中，不改变网络计划中各项工作之间的逻辑关系；

（2）在优化过程中，不改变网络计划中各项工作的持续时间；

（3）网络计划中各项工作的资源强度（单位时间所需资源数量）为常数，而且是合理的；

（4）除规定可中断的工作外，一般不允许中断工作，应保持其连续性。

4. 工期优化

当网络计划的计算工期大于要求工期时，就需要通过压缩关键工作的持续时间来满足工期的要求。

工期优化是指压缩计算工期，以达到计划工期的目标，或在一定约束条件下使工期最短的过程。

在工期优化过程中要注意以下两点。

（1）不能将关键工作压缩成非关键工作；在压缩过程中，会出现关键线路的变化（转移或增加条数），必须保证每一步的压缩都是有效的压缩。

（2）在优化过程中如果出现多条关键路线时，必须考虑压缩公用的关键工作，或将各条关键线路上的关键工作都压缩同样的数值，否则，不能有效地将工期压缩。

工期优化的步骤：

（1）找出网络计划中的关键工作和关键线路，并计算出计算工期。

（2）按计划工期计算 $\Delta T = T_c - T_p$；

$$\Delta T = T_c - T_p$$

式中　T_c——为网络计划的计算工期；

　　T_p——网络计划的计划工期。

（3）选择被压缩的关键工作，在确定优先压缩的关键工作时，应考虑以下因素：

①缩短工作持续时间后，对质量和安全影响不大的关键工作；

②有充足的资源的关键工作；

③缩短工作的持续时间所需增加的费用最少。

（4）将优先压缩的关键工作压缩到最短的工作持续时间，并找出关键线路和计算出网络计划的工期；如果被压缩的工作变成了非关键工作，则应将其工作持续时间延长，使之仍然是关键工作。

（5）若已经达到工期要求，则优化完成。若计算工期仍超过计划工期，则按上述步骤依次压缩其他关键工作，直到满足工期要求或工期已不能再压缩为止。

（6）当所有关键工作的工作持续时间均已经达到最短而工期仍不能满足要求时，应对计划的技术、组织方案进行调整，或对计划工期重新审订。

5. 时间—费用优化

时间与费用优化：这是一种用最低的相关成本的增加来缩短项目工期的方法。该方法基于以下假设。

（1）每项工序有两组工期和成本估计：正常的和应急的。正常时间是指在正常条件下完成某项工序需要的估计时间。正常成本是指在正常时间内完成某项工序的预计成本。应急时间是指完成某项工序的最短估计时间。应急成本是指在应急时间内完成某项工序的预计成本。

（2）一项工序的工期可以被大大地缩短，从正常时间减至应急时间，这要靠投入更多的资源来实现，指派更多的人、延长工作时间、使用更多的设备等等。

（3）无论对一项工序投入多少额外的资源，也不可能在比应急时间短的时间内完成这个工序。

（4）当需要将工序的预计工期从正常时间缩短至应急时间时，必须有足够的资源作保证。

（5）工程的成本包括工程直接费用和间接费用两部分。在一定时间范围内，工程直接费用随着工期的增加而减少，而间接费用则随着工期的增加而增大，它们与工期的关系曲线如图 6-29 所示。工程的总成本曲线是将不同工期的直接费用和间接费用叠加而成，其最低点就是费用优化所寻求的目标。该点所对应的工期，就是网络计划成本最低时的最优工期。

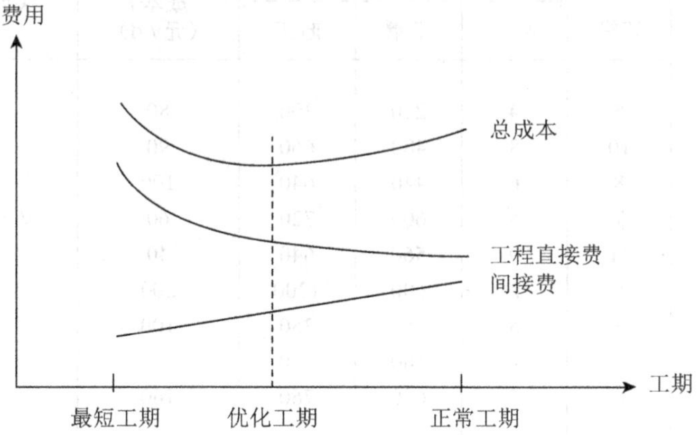

图 6-29 工期 - 费用关系曲线

（6）为了将工序的工期从正常时间缩短至应急时间，每个工序都有自己的单位时间成本。缩短工期的单位时间成本也称直接费用变动率，可用如下公式计算。

$$直接费用变动率=\frac{应急成本-正常成本}{正常时间-应急时间}.$$

工期 - 直接成本关系曲线呈现出“二律背反”的规律性，成本变化曲线的斜率是单位时间减少的成本增加率，即单位时间变化所带来的成本变化，如图 6-30 所示。

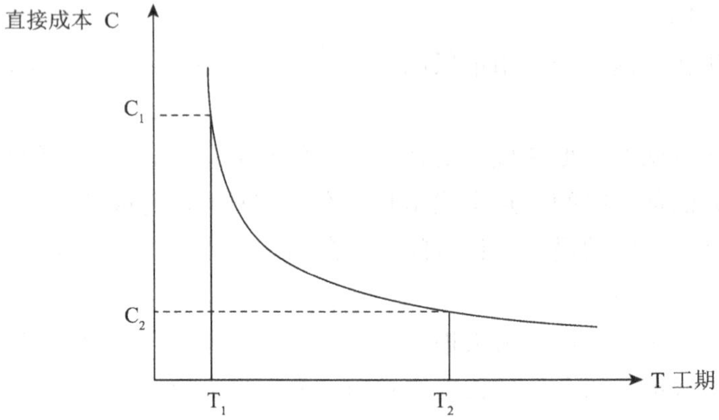

图 6-30　工期 - 直接成本关系曲线

时间 - 费用优化的基本原理是：首先找出网络计划中决定工期的关键路线，在关键路线上选择直接费用变动率最小的关键工序缩短工期，然后再选择直接费用变动率次小的关键工序缩短工期，直至满足工期缩短的限定目标预期。

例 6.6　一项工程由 9 个工序构成，根据表 6-12 所示资料，怎样才能尽可能地压缩工期？

表 6-12　工程的资料

工序	紧前工序	时间 / 天		成本 / 元		单位时间成本 /（元 / d）	关键路线	可压缩最多天数 / d
		正常	赶工	正常	赶工			
A	—	5	4	220	300	80	√	1
B	—	10	8	480	660	90	*	2
C	—	8	6	440	640	100		2
D	A	7	5	600	720	60	√ ← Min	2
E	A	11	9	560	640	40	*	2
F	B、D	5	2	600	1200	200		3
G	B、D	6	5	150	250	100	√	1
H	F	4	4	180	180	—		0
I	E、G	8	7	600	760	160	√	1
		64	50	3830	5350			

解：根据上述逻辑关系，绘制网络图如图 6-31 所示，通过时间参数法求出工期 26 天，关键路线为 1-2-3-5-6 或 A-D-G-I。

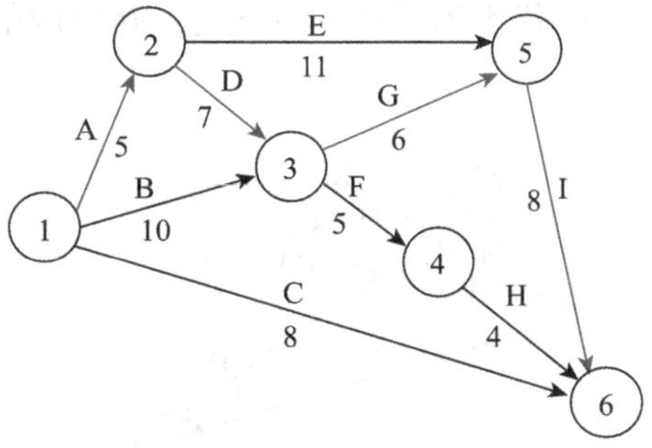

图 6-31 网络图

计算成本斜率于表 6-12 中。因为关键路线决定工期的长短，是各通路中所花时间最长的一条路，优化是从关键路线上索取时间。似乎只计算关键路线的成本斜率就可以进行优化了，然而不可以只计算关键路线的成本斜率。这是因为在循环渐进的优化过程中，关键路线与非关键路线往往会相互转换。

优化的思路

（1）缩短 1d，目标工期为 25d，在各关键工序上，D 工序成本斜率最小为 60，即缩短 D 工序 1d 的时间，只以花 60 元为代价。

（2）再缩短 1d，目标工期为 24d。也可以再以 60 元为代价缩短 D 工序 1d。这是因为 D 工序可缩最多天数（正常与赶工之差额时间）是 2d，还能缩 1d。计划网络变化如图 6-32 所示。

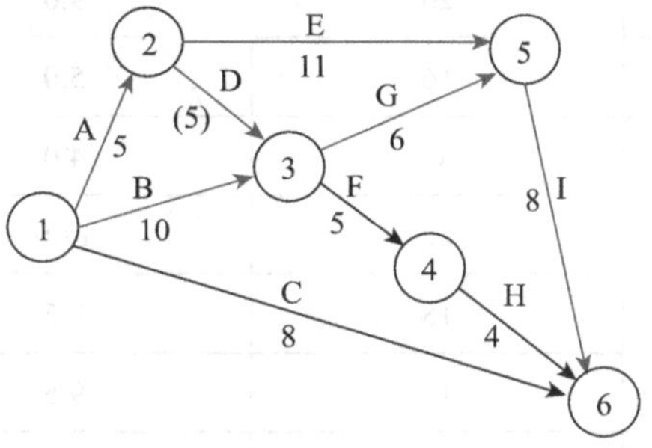

图 6-32 缩短 D 工序的时间

这时关键路线有变化：除原有 1-2-3-5-6 未变之外，又增加两条，即 1-2-5-6 和 1-3-5-6。目标工期都是 24d。

（3）假如该项任务务必在 23d 内完成，这时又该如何理性地选择需压缩路线？

重新审视关键路线，由于新增两条关键路线，产生了两个新的关键工序 B 和 E，在全部可以缩减的关键工序 A、B、E、G、I 中，工序 E 的成本斜率最小，为 40 元 /d。然而，若以 E 作业压缩 1d 的同时，务必在 G 作业上也压缩 1d，唯此才可以保证需缩时间 1 天实现，即 $C_1=C_E+C_G=40+100=140$（元 /d）；同理，产生另一个缩减构想 $C_2=C_A+C_B=80+90=170$（元 /d）；这一方案还不如只缩减 I 作业，$C_3=C_I=160$（元 /d）。

上述三个缩减方案，以 C_1 的代价为最小，故选之。新形成的计划网络如图 6-33 所示，关键路线未变，工期 23d。

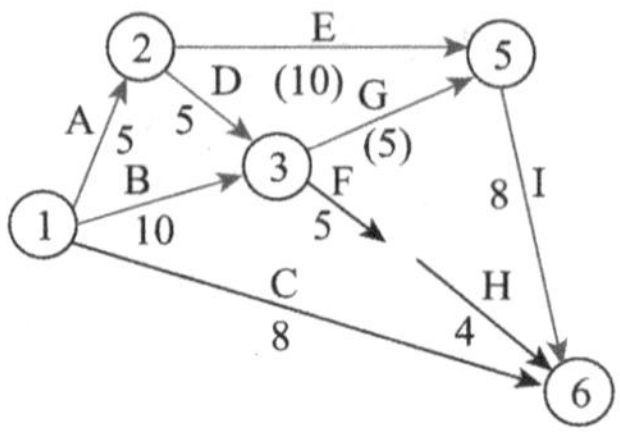

图 6-33　再缩短一天

在时间－成本优化中有两类情况：其一，工期一定，求得最低成本；其二，成本一定，求得最短工期。上述例题是前一种情况的一个具体问题分析；客观地看，网络计划的优化问题，不能只是单独考虑时间、资源、成本某一个影响因素，要讲求综合效益。

例 6.7　已知网络计划如表 6-13 与图 6-34 所示，箭线上方括号外为正常直接费用，括号内为最短时间直接费用，箭线下方括号外为正常工作时间，括号内为最短工作时间。试对其进行费用优化。间接费率为 0.120 千元 /d。

表 6-13　工序的时间与成本资料

工序	正常工作时间 / d	赶工时间 / d	正常直接费用 / 千元	赶工成本 / 千元
1-2	6	4	1.5	2.0
1-3	30	20	9.0	10.0
2-3	18	16	5.0	5.32
2-4	12	6	4.0	4.5
3-4	36	22	12.0	14.0
3-5	30	18	8.5	9.32
4-6	30	16	9.5	10.3
5-6	18	10	4.5	5.0

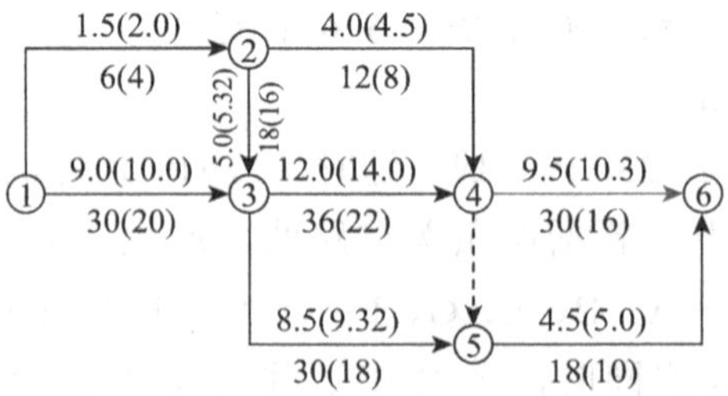

图 6-34　网络图

解：（1）计算工程总直接费用。

$$\sum C^0 = 1.5 + 9.0 + 5.0 + 4.0 + 12.0 + 8.5 + 9.5 + 4.5 = 54.0 \text{（千元）}$$

（2）计算各工作的直接费用变动率，如表 6-14 所示。

工作代号	最短时间直接费 - 正常时间直接费 $C_{ij}^c - C_{ij}^n$ / 千元	正常时间 - 最短时间 $D_{ij}^n - D_{ij}^c$ / d	直接费用变动率 ΔC_{ij}^0 /（千元 / d）
1-2	2.0-1.5	6-4	0.25
1-3	10.0-9.0	30-20	0.10
2-3	5.25-5.0	18-16	0.125
2-4	4.5-4.0	12-8	0.125
3-4	14.0-12.0	36-22	0.143
3-5	9.32-8.5	30-18	0.068
4-6	10.3-9.5	30-16	0.057
5-6	5.0-4.5	18-10	0.062

（3）找出网络计划的关键线路和计算出计算工期，如图 6-35 所示箭线上方的数字是该工作的直接费用变动率。

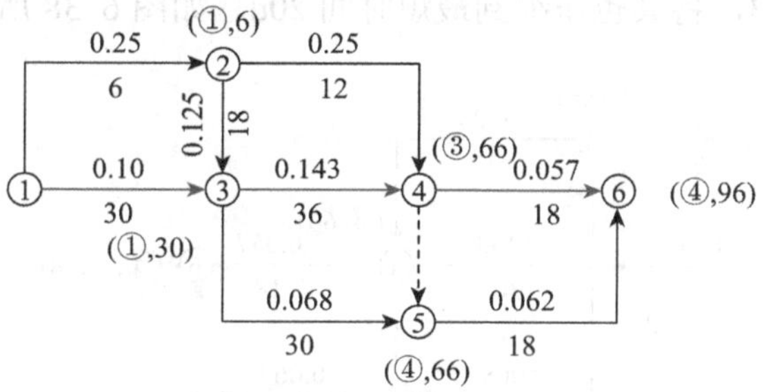

图 6-35　第一次求出关键线路

（4）第一次压缩。

在关键线路上，工作 4-6 的直接费率最小，故将其压缩到最短时间 16 天，压缩后再用标号法找出关键线路，如图 6-36 所示。

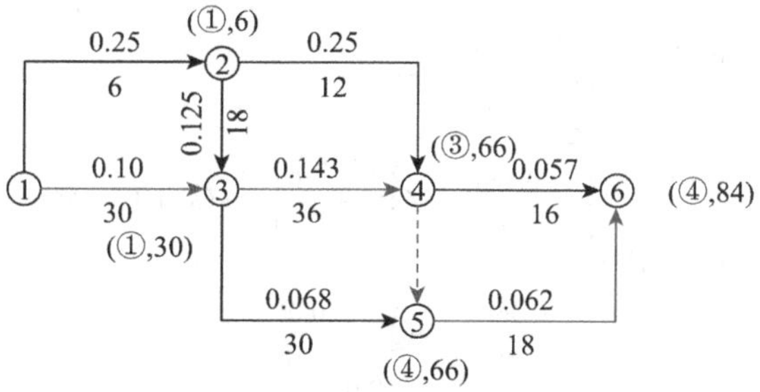

图 6-36　第一次压缩后找出关键线路

原关键工作 4-6 变为非关键工作，所以，通过试算，将工作 4-6 的工作时间延长到 18d，工作 4-6 仍为关键工作。如图 6-37 所示。

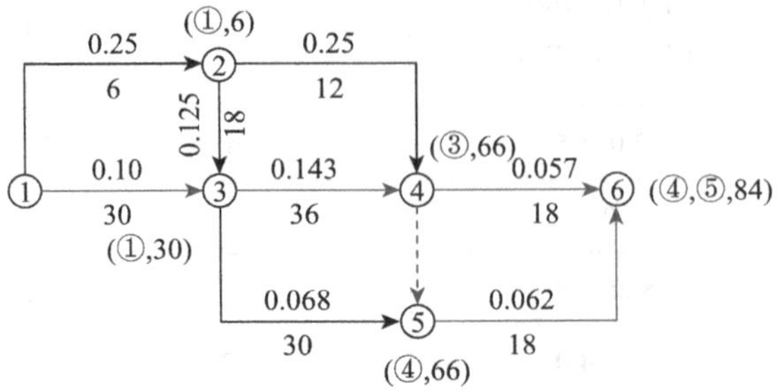

图 6-37　调整关键工作

在第一次压缩中，压缩后的工期为 84d，压缩工期 12d。直接费率为 0.057 千元 /d，费率差为 0.057-0.12=-0.063 千元 /d（负值，总费用呈下降）。

（5）第二次压缩。

方案 1：压缩工作 1-3，直接费率为 0.10 千元 /d；

方案 2：压缩工作 3-4，直接费率为 0.143 千元 /d；

方案 3：同时压缩工作 4-6 和 5-6，组合直接费率为 0.057+0.062=0.119 千元 /d。

故选择压缩工作 1-3，将其也压缩到最短时间 20d。如图 6-38 所示。

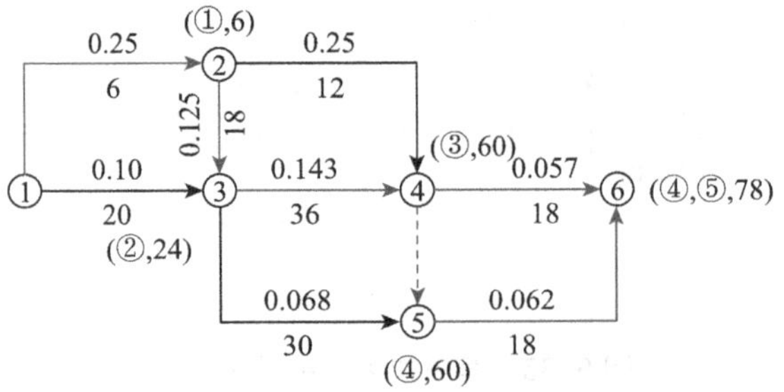

图 6-38　第二次压缩后找出关键线路

从图中可以看出，工作 1-3 变为非关键工作，通过试算，将工作 1-3 压缩 24d，可使工作 1-3 仍为关键工作。如图 6-39 所示。

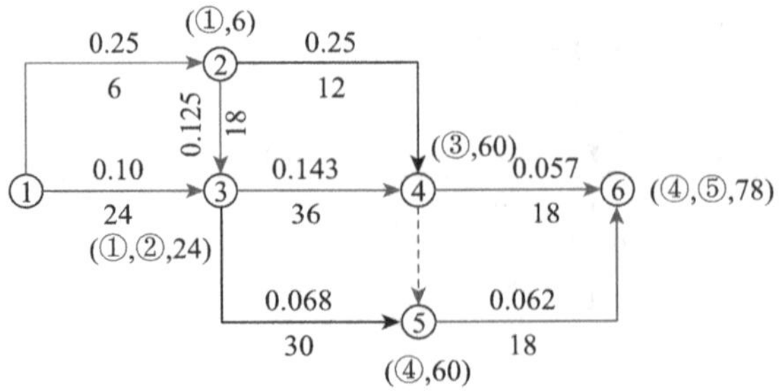

图 6-39　调整关键工作

第二次压缩后，工期为 78d，压缩了 84−78=6d，直接费率为 0.10 千元 /d，费率差为 0.10−0.12=−0.02 千元 /d（负值，总费用仍呈下降）。

（6）第三次压缩。

方案 1：同时压缩工作 1−2、1−3，组合费率为 0.10+0.25=0.35（千元 /d）；

方案 2：同时压缩工作 1−3、2−3，组合费率为 0.10+0.125=0.225（千元 /d）；

方案 3：压缩工作 3−4，直接费率为 0.143（千元 /d）；

方案 4：同时压缩工作 4−6、5−6，组合费率为 0.057+0.062=0.119（千元 /d）。

经比较，应采取方案 4，只能将它们压缩到两者最短历时的最大值，即 16d。如图 6−40 所示。

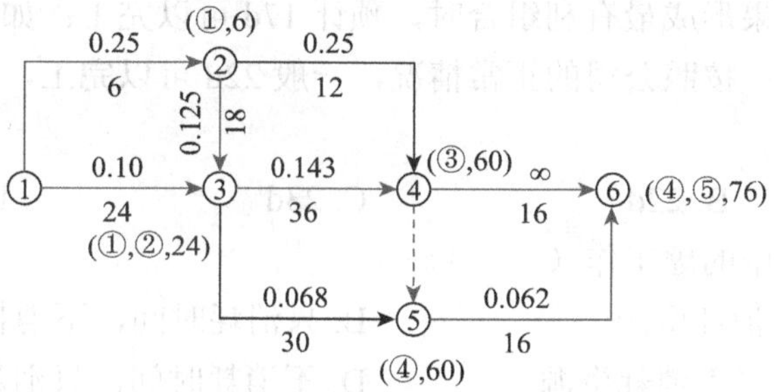

图 6−40 第三次压缩

至此，得到了费用最低的优化工期 76d。因为如果继续压缩，如表 6−15 所示只能选取方案 3，而方案 3 的直接费率为 0.143 千元 /d 大于间接费率，费用差为正值，总费用上升，如表 6-14 所示。

压缩后的总费用为

$$\sum C_t^0 = \sum \left\{ C_{t+\Delta T}^0 + \Delta T \left(\Delta C_{ij}^0 - \Delta C_{ij}^k \right) \right\}$$

=54−0.063×12−0.02×6−0.001×2=53.122（千元）.

表 6−15 缩短关键线路

缩短次数	被压缩工作	直接费率（或组合费率）/（千元 /d）	费率差 /（千元 /d）	缩短时间 /d	缩短费用 / 千元	总费用 / 千元	工期 /d
1	4−6	0.057	−0.063	12	−0.756	53.244	84
2	1−3	0.100	−0.020	6	−0.120	53.124	78
3	4−6 5−6	0.119	−0.001	2	−0.002	53.122	76

练习题

1. 单项选择题。

（1）双代号网络图的三要素是指（　　）。

A. 结点、箭杆、工作作业时间　　B. 紧前工作、紧后工作、关键线路
C. 工作、事件、线路　　D. 工期、关键线路、非关键线路

（2）（　　），会出现虚箭线。
A. 当只有相同的紧后工作时　　B. 当只有不相同的紧后工作时
C. 既有相同，又有不相同的紧后工作时　　D. 不受约束的任何情况

（3）网络计划的缺点是（　　）。
A. 不能反映工作问题的逻辑　　B. 不能反映出关键工作
C. 计算资源消耗量不便　　D. 不能实现电算化

（4）项目经理小王对某活动工期进行估算时，发现工人的熟练程度和设备供应是否及时对工期至关重要。如果形成最有利组合时，预计 17d 可以完工；如果天形成最不利组合时，预计 33d 可以完工；按照公司的正常情况，一般 22d 可以完工，该项目的工期可以估算为（　　）d。
A. 24d　　B. 22d　　C. 23d　　D.25d

（5）双代号网络图中的虚工作（　　）。
A. 既消耗时间，又消耗资源　　B. 只消耗时间，不消耗资源
C. 既不消耗时间，又不消耗资源　　D. 不消耗时间，只消耗资源

（6）下列有关虚工序的错误说法是（　　）。
A. 虚工序只表示工序之间的逻辑关系　　B. 装订工序可用虚工序表示
C. 只有双代号网络图中才有虚工序　　D. 虚工作一般用虚箭线表示

（7）网络计划中，工作最早开始时间应为（　　）。
A. 所有紧前工作最早完成时间的最大值　　B. 所有紧前工作最早完成时间的最小值
C. 所有紧前工作最迟完成时间的最大值　　D. 所有紧前工作最迟完成时间的最小值

（8）在工程网络计划中，判别关键工作的条件是该工作（　　）。
A. 自由时差最小　　B. 与其紧后工作之间的时间间隔为零
C. 持续时间最长　　D. 最早开始时间等于最迟开始时间

（9）双代号网络计划中（　　）表示前面工作的结束和后面工作的开始。
A. 起始节点　　B. 中间节点　　C. 终止节点　　D. 虚拟节点

（10）网络图中有 n 条关键线路，那么这 n 条关键线路持续时间之和（　　）。
A. 相同　　B. 不相同　　C. 有一条最长的　　D. 以上都不对

（11）（　　）为零的工作肯定在关键线路上。
A. 自由时差　　B. 总时差　　C. 持续时间　　D. 以上三者均对

（12）某网络计划中，工作 M 的最早完成时间是 8d，最迟完成时间是 13d，工作的持续时间是 4d，与所有紧后工作的间隔时间最小值是 2d，则该工作的自由时差为（　　）d。
A. 2　　B. 3　　C. 4　　D. 5

（13）某工程双代号网络计划如图 6-41 所示（时间单位：d），则该计划的关键线路是（　　）。

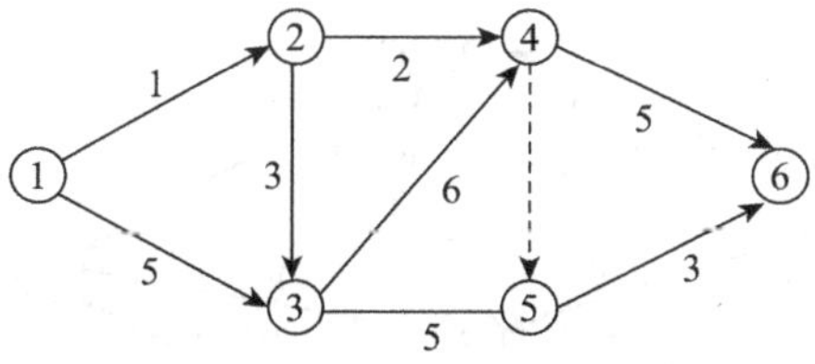

图 6-41 网络图

A. 1-2-3-4-5-6　　B. 1-2-3-4-6　　C. 1-3-4-6　　D. 1-3-5-6

（14）下列图 6-42 所示的网路计划中，工作 E 的最迟开始时间是（　　）。

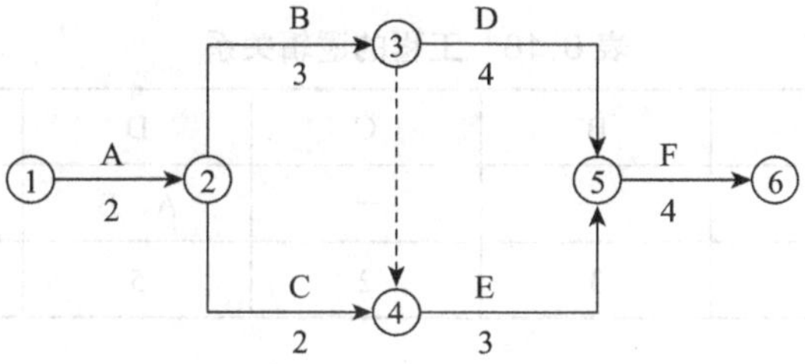

图 6-42 网络图

A. 4　　B. 5　　C. 6　　D. 7

（15）某双代号网络图有 A、B、C、D、E 五项工作，如图 6-43 所示，其中 A、B 完成后 D 开始，B、C 完成后 E 开始。能够正确表达上述逻辑关系的图形是（　　）。

A. 图（1）　　B. 图（2）　　C. 图（3）　　D. 图（4）

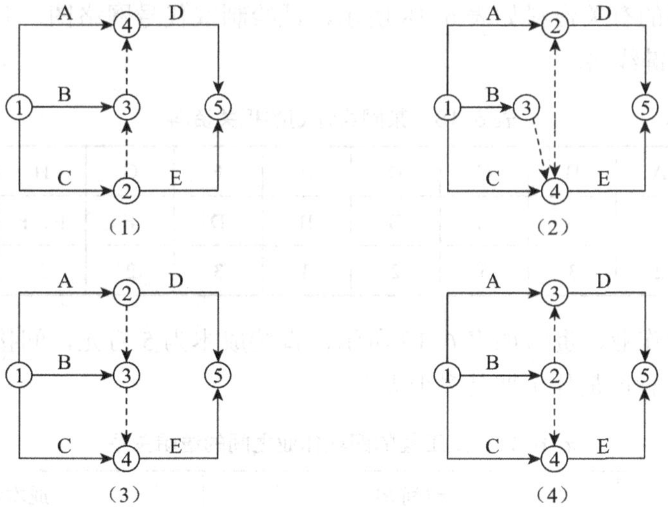

图 6-43 网络图

2. 某项工程的具体作业内容及逻辑关系如图 6-44 所示，请找出关键路线并计算完工工期。

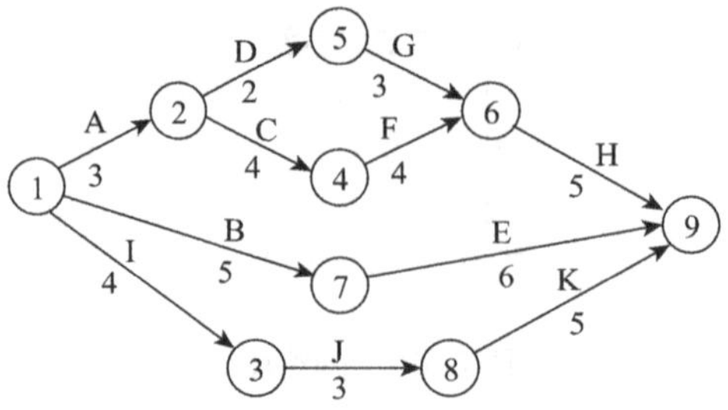

图 6-44 网络图

3. 根据表 6-16 所示的逻辑关系绘制网络图，寻找关键路线，求出其完工工期。

表 6-16 工程的逻辑关系

工序	A	B	C	D	E	F
紧前工作	—	—	—	A、B	A、C	A、B、C
工序时间 /d	1	3	2	5	4	6

4. 根据表 6-17 所示的逻辑关系绘制网络图，求关键路线及总工期。

表 6 17 工作之间的逻辑关系

工序	A	B	C	D	E	F	G	H	I
紧前工序	—	A	B	—	—	E	D、F	D、F	H
工序时间 /d	2	4	4	4.7	7.2	2	6.2	4	4.3

5. 某网络计划的有关资料如表 6-18 所示，试绘制双代号网络图，并计算各项工作的时间参数，判定关键线路。

表 6-18 某网络计划的相关资料

工序	A	B	C	D	E	F	G	H	I	J
紧前工序	—	A	A	B	B	D	F	E、F	C、E、F	G、H
工序时间 /d	2	3	5	2	3	3	2	3	6	2

6. 某工程四项作业，资料如表 6-19 所示，直接成本为 5 万元，间接成本平均每天为 2500 元，求该项工程的最佳工期是多少天？

表 6-19 某工程的四项作业之间的逻辑关系

作业	紧前作业	时间 /d			成本 / 千元		
		正常	临界	差额	正常	临界	差额
A	—	6	3	3	10	19	9
B	A	14	8	6	15	21	6
C	A	8	4	4	12	20	8
D	C	10	4	6	13	19	6

7. 一项工程有 14 道工序，其工序所需时间及工序间的关系如表 6-20 所示。

表 6-20 14 道工序的紧前工序及所需时间

工序	紧前工序	估计时间 / 周
A	—	1
B	A	2
C	B	4
D	B	3
E	B	2
F	C	3
G	D、E	5
H	F	1
I	G、H	4
J	I	2
K	I	3
L	J	3
M	K	5
N	L	4

（1）画出这个项目的箭线式网络图；
（2）找出每一个工序的最早开始时间和最早结束时间，用网络图表示出来；
（3）找出每一个工序的最晚开始时间和最晚结束时间，用网络图表示出来；
（4）找出每一个工序的时差，并确定出关键路线。

8. 某项目所包含的五道工序，工序之间的逻辑关系如表 6-21 所示。

表 6-21 工序之间的逻辑关系

工序	紧前工序	估计时间 / 周
A	—	2
B	—	3
C	A、B	2
D	A、B	2
E	D	3

（1）画出这个项目的项目网络图。

（2）找出这个网络图的所有路径以及路径长度，并指出关键路线。

（3）找出每一个工序的最早时间、最晚时间以及时差，并用这些数据确定出关键路线。

（4）如果工序 A 在 1 周之内完成，是否会缩短这个项目所用的时间？为什么？

9. 假如你是某印刷公司的总裁，正在考虑投标一个建设项目。你已经确定出了项目中需要完成的五个工序，并使用了 PRET 的三种估计得到每一个工序的三种估计值。这些工序以及它们的紧前关系如表 6–22 所示。

表 6–22　工序的三点估计时间

工序	所需要的时间 / 周			紧前工序
	乐观估计	最大可能估计	悲观估计	
A	3	4	5	—
B	2	2	2	A
C	3	5	6	B
D	1	3	5	A
E	2	3	5	B、D

要求项目在 11 周之内完成。

（1）建立这个项目的网络图。

（2）找出每一个工序工期的均值和方差的估计值。

（3）找出均值关键路径。

（4）求出项目在规定时间内完成的近似概率。

10. 某公司为了确保项目在最后期限内完成，决定对项目进行应急处理，所需要的数据如表 6–23 所示。

表 6–23　工序的加工时间及成本

工序	正常时间 /d	应急时间 /d	正常成本 /d	应急成本 /d
A	12	9	210000	270000
B	23	18	410000	460000
C	15	12	290000	320000
D	27	21	440000	500000
E	18	14	350000	410000
F	6	4	160000	210000

公司要求项目完成时间必须控制在 47d 之内。使用边际成本分析方法确定一种最经济的方法，并求出由此增加的成本。

11. 某印刷企业装配一条新的生产线，具体过程如表 6-24 所示，求：完成此工程的最少时间，关键路线及相应的关键工序，各工序的最早开始时间和非关键工序在不影响工程完成时间的前提下，其开始时间与结束时间可以推迟多久。

表 6-24 装配生产线的资料

工序代号	工序内容	所需时间 /d	紧前工序
A	生产线设计	60	—
B	外购零配件	45	A
C	下料、锻件	10	A
D	工装制造 1	20	A
E	木模、铸件	40	A
F	机械加工 1	18	C
G	工装制造 2	30	D
H	机械加工 2	15	D、E
I	机械加工 3	25	G
J	装配调试	35	B、I、F、H

12. 某工程共有 12 道工序，工序之间的相互关系及工序所需时间如表 6-25 所示。

表 6-25 工序之间的相互关系及所需时间

工序	紧前工序	工序所需时间 /d
A	—	12
B	—	8
D	A、B	7
C	A	16
E	C	24
I	F	4
G	C	4
H	F	10
F	D、E	5
K	H、I、J	16
J	F	12
L	G、K	23

工序的四个时间参数值如表 6-26 所示。

表 6-26　工序的时间参数

工序	最早开始时间 /d	最迟开始时间 /d	最早完成时间 /d	最迟完成时间 /d
A	0	0	12	12
B	0	37	8	45
C	12	12	28	28
D	12	45	19	52
E	28	28	52	52
F	52	52	57	57
G	28	81	32	85
H	57	59	67	69
I	57	65	61	69
J	57	57	69	69
K	69	69	85	85
L	85	85	108	108

根据表 6-25 资料，回答以下问题：

（1）求其关键线路、总工期及各工序的总时差。

（2）分析工序 E 拖延 3d 对整个工程有什么影响？为什么？

（3）分析工序 D 拖延 35d 对整个工程有什么影响？为什么？

（4）分析该工程的工期有哪些优化措施？请给出一些优化建议。

（5）用箭线法绘制其网络图。

13. 已知某施工单位的资料如表 6-27 所示，网络进度计划原始方案各工作的持续时间和估计费用如表 6-28 所示。

表 6-27　各工作之间的关系及所需时间

工作	紧前工作	工作所需时间 /d	工作	紧前工作	工作所需时间 /d
A	—	12	H	C、D	28
B	—	26	G	C、D	8
C	A	24	I	G、E	4
D	A、B	6	J	H、I	32
E	A、B	12	K	E、F、G	16
F	A、B	40			

表 6-28　各工作持续时间和估计费用

工作	持续时间 /d	费用 / 万元
A	12	19
B	26	39
C	24	25
D	6	15
E	12	40
F	40	118
G	8	16
H	28	36
I	4	10
J	32	63
K	16	16

（1）要求绘制箭线式网络图，并求出各工序的时间参数，确定网络进度计划原始方案的关键路线和完工工期。

（2）若施工合同规定：工程工期 92d，工期每提前一天奖励施工单位 3 万元，每延期一天对施工单位罚款 5 万元。计算按网络进度计划原始方案实施时的综合费用。

（3）若该网络进度计划各工作的可压缩时间及压缩单位时间增加的费用，如表 6-29 所示。确定该网络进度计划的最低综合费用和相应的关键路线，并计算调整优化后的总工期，要求写出调整优化过程。

表 6-29　各工作可压缩数据

工作	可压缩时间 /d	压缩单位时间增加的费用 /（万元 /d）
A	2	2
B	2	4
C	2	3.5
D	0	—
E	1	2
F	5	2
G	1	2
H	2	1.5
I	0	—
J	2	6
K	2	2

第7章　存储论

存储论也称库存论（Inventory Theory），是研究存储系统的性质、运行规律及最优运营的一门理论，它是运筹学的一个分支。

在工业部门、商业部门、军事部门及各行各业的大大小小的系统的运行过程中，存储都是一个不可或缺的重要环节。工厂若无原材料储备则会造成停产损失；商店若无商品储备则会脱销，这不仅仅影响商店的经济效益，还会直接影响居民的正常生活；军队若无军备，则不仅影响平时军训，而且战时将蒙受重大的损失。但储备物品过多，不仅会影响资金周转率，从而降低经济效益，而且存储活动本身也需要消耗人力、财力、物力，因而会提高存储费用。因此，如何保持合理的存储水平，使总的损失费用达到最小，便是存储论需要解决的主要问题。

为了使经营活动的经济损失达到最小或者收益实现最大，人们在供应和需求之间对于存储这个环节，开始研究如何寻求原料、产品或者商品合理的存储量以及它们合适的存储时间，来协调供应和需求的关系。印刷企业油墨、纸张、金属、玻璃、服饰、胶片、软版、感光胶等印刷材料都涉及存储问题。

存储论研究的基本问题是，对于特定的需求类型，讨论用怎样的方式进行原料的供应、商品的订货或者产品的生产，以求更好地实现存储的经济管理目标。因此，存储论是研究如何根据生产或者销售活动的实际存储问题建立起数学模型，然后通过费用分析求出产品、商品的最佳供应量和供应周期这些数量指标。

存储模型分为确定性和随机性两大类，供需完全可以预测的模型称为确定性模型，否则就是随机性模型。

7.1 存储论概述

现实生活中到处都可以碰到存储问题。如某商场购进某种批发商品，买的数量越多，价格越便宜，获利越大，但买得越多，占用资金越多，占用库存越大，且如果太多还会造成积压，又要削价处理，人力物力都受损，如果一次进货太少，价格高，订货费增加，又易发生缺货现象，失去销售机会而减少利润，这就产生了进多少商品使商场获利最大的问题，也就是一个存储问题。又如某工厂按现有人员编制每年可生产一定数量的某种产品，而生产这种产品需用一定数量的某种原材料，这种原材料不需每日供应，但不得缺货，缺货将导致停工待料，影响生产计划，每次订购原材料需要费用，订购次数越多，费用越大，但为节约订购费用又不能订购次数太少，订购次数少，势必每次订购原材料多，每月的原材料保管费就增大，那么最佳的订购量和订货次数又是多少呢？这仍是存储问题。像商品进货这类问题，由于需求具有随机性，称这类存储问题为随机存储问题；像工厂进原材料这类问题，需求是确定的，这类问题称为确定性存储问题。

一个企业究竟应存放多少物资为最适宜呢？对于这个问题，很难笼统地给出准确的回答，必须根据企业自身的实际情况和外部的经营环境来决定。能通过科学的存储管理，建立一套控制库存的有效方法，使物资存储量减少到一个很小的百分比，从而降低物资的库存水平，减少资金的占用量，提高资源的利用率，这对一个企业乃至一个国家来讲，所带来的经济效益无疑是十分可观的。这正是现代存储论所要研究的问题。

7.1.1 存储论研究的对象

存储论主要研究存储问题中以下两方面的问题，即何时订货（补充库存），以及每次订多少货（补充多少库存）。这两个问题概括了存储活动中“期”与“量”两个关键点。实践中针对不同的存储问题，虽然有不同的要求，但都是在经济合理或某些特定的前提下，依据大量统计资料，将具体的存储问题加以概括和抽象，建立相应的存储数学模型并对模型进行优化，以得到这两个问题的解答，做出正确的存储决策。

考虑以上两个问题时，实际的出发点有两类：一类是从经济性出发，研究分析存储费用中的存储费，订货费和缺货费之间的相互关系，在存储总费用最小的前提下确定最佳的订货量；另一类是从安全性出发，研究在生产连续性均衡进行的前提下合理的物资存储量，以防止库存出现缺货现象和超储积压现象。

7.1.2 存储论的基本概念

为了对存储论有一个概括性的了解，下面说明存储论中最基本的概念。

1. 需求

为了满足生产的需要，需不断地将库存输出给需要单位，需求就是库存的输出。单位时间的需求量或需求率，一般以 d 表示。一般存储系统的结构模式可以表示为如图 7-1所示。由于生产或销售的需求，从存储点取出一定数量的库存货物，这就是存储系统的输出。由于存储货物的不断输出而减少，则必须及时作必要的补充，这就是存储系统的输入。

需求的方式可以是均匀连续的或间断批量的，需求的数量可以是确定性的或是随机性的，这两种不同输出方式的示意图如图 7-2 所示。补充的形式可以由经营单位向外订货或者自身安排生产活动。研究补充的主要数量指标为：确定订货周期或生产周期（补充间隔期）和确定订购批量或生产批量。

图 7-1　存储系统的一般结构

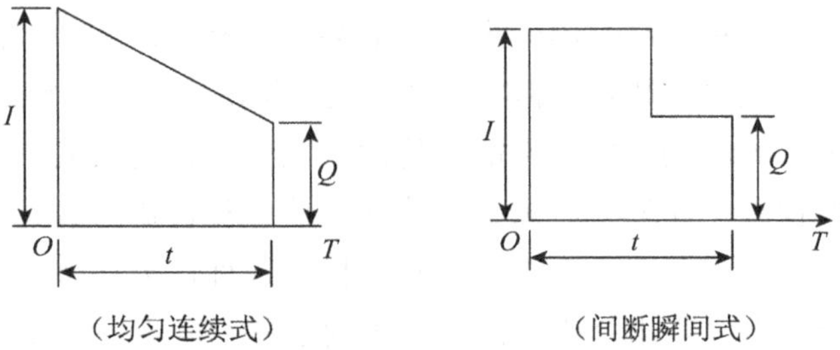

图 7-2　两种不同的输出方式

2. 补充供应

存储由于需求而不断减少，必须加以补充，否则最终将无法满足需求。补充就是存储系统的输入，如图 7-1 所示。补充可以通过向供货厂商订购或者自己组织生产来实现，存储系统对于补充订货的订货时间及每次订货的数量是可以控制的。从订货到货物入库往往需要一段时间，这段时间称为拖后时间。从另一个角度看，为了在某一时刻能补充存储，必须提前订货，那么这段时间也可称之为提前时间（或称备货时间）。提前时间可以是确定性的，也可以是随机性的。

3. 费用

存储论所要解决的问题是：多少时间补充一次，每次补充的数量应该是多少？决定多少时间补充一次以及每次补充数量的策略称为存储策略。存储策略的优劣如何衡量呢？最直接的衡量标准是，计算该策略所耗用的平均费用多少。为此有必要对存储系统的费用进行详细的分析。

存储系统涉及的费用主要有存储费、订货费、缺货损失费。

订货费：对供销企业来说，订货费是指为补充库存，办理一次订货所发生的有关费用，包括：订货过程中发生的订购手续费、联络通信费、人工核对费、差旅费、货物检查费、入库验收费等。对于生产企业，订货费相当于组织一次生产所必须的工具安装、设备调试、材料安排等费用。订货费只与订货次数有关，而与订购或生产的数量无关，记每次的订货费为 c_3 元。

缺货损失费：缺货损失费一般是指由于存储供不应求时所引起的损失。如失去销售机会的损失、停工待料的损失、不能履行合同而缴纳的罚款等。

衡量缺货损失费有两种方式：一是当缺货费与缺货数量的多少和缺货时间的长短成正比时，一般以缺货一件为期一年（付货时间延期一年）造成的损失赔偿费来表示；二是当缺货费仅与缺货数量有关而与缺货时间长短无关，这时以缺货一件造成的损失赔偿费来表示。记单位物资缺货单位时间的损失费为 c_2（元）。

由于缺货损失费涉及丧失信誉带来的损失，所以它比存储费、订货费更难于准确确定。对不同的部门、不同的物资，缺货损失费的确定有不同的标准，要根据具体要求分析计算，将缺货造成的损失数量化。在不允许缺货的情况下，在费用上处理的方式是将缺货损失费视为无穷大。

以上由存储费、订货费和缺货损失费的意义可知：为了保持一定的库存，要付出存储费；为了补充库存，要付出订货费；当存储不足发生缺货时，要付出缺货损失费。这三项费用之间是相互矛盾、相互制约的。

存储费与所存储物资的数量和时间成正比，如降低存储量，缩短存储周期，自然会降低存储费；但缩短存储周期，就要增加订货次数，势必增大订货费支出；为了防止缺货现象发生，就要增加安全库存量，这样在减少缺货损失费的同时，增大存储费的开支。因此，要从存储系统总费用为最小的前提出发，进行综合分析，以寻求一个最佳的订货批量和订货间隔时间。

一般来说，在进行存储系统的费用分析时，是不必考虑所存储物资的价格的。但有时由于订购批量大，物资的价格有一定的优惠折扣在生产企业中，如果生产批量达到一定的数量，产品的单位成本也往往会降低，这时进行费用分析时，就需要考虑物资的价格因素。

4. 存储控制策略

在存储控制中，需求是服务的对象，补充是控制的对象。因此，控制并确定输入过程中订货周期和订购批量的不同方法，则形成存储模型不同的控制策略。最常见的存储策略有以下三种。

（1）t 循环策略：每经过一个循环时间 t 就补充存储量 Q。这一方法也称为经济批量法。

（2）（s，S）策略：每隔一定的时间检查库存量 Y，当库存量 Y 低于某一规定的最低库存量 s 时就补充库存量 $S-Y$，从而把库存量提高到 S，反之，就不作补充。

（3）（q，Q）策略：对库存进行连续性检查，当库存量减少到订购点水平 q 以下，就即刻订货，且每次的订货批量都为 Q。

5. 目标函数

要在一类策略中选择一个最优策略，就需要有一个衡量优劣的标准，这就是目标函数。在存储问题中，通常把目标函数取为平均费用函数或平均利润函数。选择的策略应使平均费用达到最小，或使平均利润达到最大。

6. 存储模型分类

存储模型分为确定性和随机性两大类，供需完全可以预测的模型称为确定性模型，否则就是随机性模型，如图 7-3 所示。

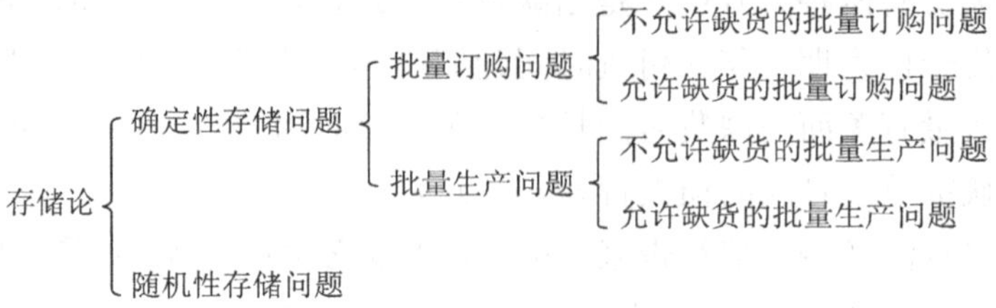

图 7-3　存储模型分类

在建立存储模型的过程中，根据不同存储问题的实际背景，首先应该弄清楚哪些费用必须纳入模型，然后选择确定运用哪种存储控制方法，使建立的模型中各项费用之和达到最小。

由于研究的存储系统的实际背景存在许多差异，所以给研究者建立数学模型留下许多创造空间，许多研究者建立了不同的数学模型和存储策略，本书只介绍了有限的方法让读者对于存储论的知识有一个初步了解，感兴趣的读者可以参阅相关的存储论专著。

7.1.3　存储控制的数量指标和参数符号

在介绍存储模型以及选择控制方法前，我们先给出几个数量指标。

1. 订购点 q

订购点是指当库存量减少至某一数量指标时，应立即补充购货的系统最低存储量。订购点选择过大，将会使库存货物增加，相应地增加货物的存储成本；订购点选择过小，将会使货物短缺，而造成利润损失。所以，订购点的确定的实质是如何选择补充购货的最佳时机。

2. 订购批量 Q

订购批量是指库存量达到订购点时，决定一次补充购货的数量。若订购批量过多，则可能增加货物的存储成本；若订购批量过少，则可能造成缺货，会导致订购次数增多而增加订货成本。所以，订购批量是存储模型中最为关心的一个数量指标。

3. 拖后时间 L

从开始订货到存储的实现（入库）需要经历一段时间。这段时间我们既可以称它为拖后时间，也可以称它为提前时间。

如果这段时间是从开始订货后何时能够实现补充的角度出发，这段时间就可称为拖后时间；如果从为了按时实现补充需要应该提前多少时间去订货的角度看，就可以称它为提前时间。事实上，在同一个存储问题中，拖后时间和提前时间是一致的，只是观察的角度不同而已。

在实际存储问题中，如果拖后时间很短，即瞬时到达，以至可以忽略，我们就说拖后时间为零。如拖后时间较长，则它可以是确定性的，也可以是随机性的。

为建立模型方便，在讨论具体的存储模型前，我们首先给出各类存储模型有关参数符号如下。

c_3：每批货物的订购费。

c：单位货物成本费。

c_1：单位时间内单位货物的存储费。

c_2：单位时间内单位货物的缺货费。

P：单位时间内货物的补充量。

D：单位时间内货物的需求量。

t：订货周期或者生产周期（也可称为补充时间间隔）。

Q：每批货物的订购批量。

q：存储系统必须立即进货的最低存储量。

L：拖后时间。从开始订货到存储实现（入库）的间隔时间。

S：最大缺货量。

V：最大库存量。

7.2 确定型存储模型

凡需求量 D、提前订货时间 L 为确定已知的存储问题所构成的存储模型为确定型。凡上述二者之一或全部为随机变量的存储问题构成的存储模型为随机型。如某印刷企业需某种型号的油墨，其每日需求量基本上是固定的，供货油墨厂货源充足，用料印刷企业组织进料运输，因此可以认为需求量、提前订货时间均为确定已知的，该种油墨的存储模型就是确定型。

7.2.1 不许缺货的经济订货批量模型

确定型存储模型分为不允许缺货瞬时到货与不允许缺货持续到货两种模型。

1. 不允许缺货瞬时到货模型

不允许缺货瞬时到货存储模型的基本假设前提是：

（1）用户的需求是连续的、均匀的，需求率 D 为常数；

（2）当存储降至零时，可以立即得到补充，即一订货就交货；

（3）缺货损失费为无穷大，即不允许缺货；

（4）每次订货量不变，记为 Q，订货费不变，即 c_3 为常数；

（5）单位存储费不变，即 c_1 为常数。

该模型的存储状态变化如图 7-4 所示，存储费用曲线图如图 7-5 所示。

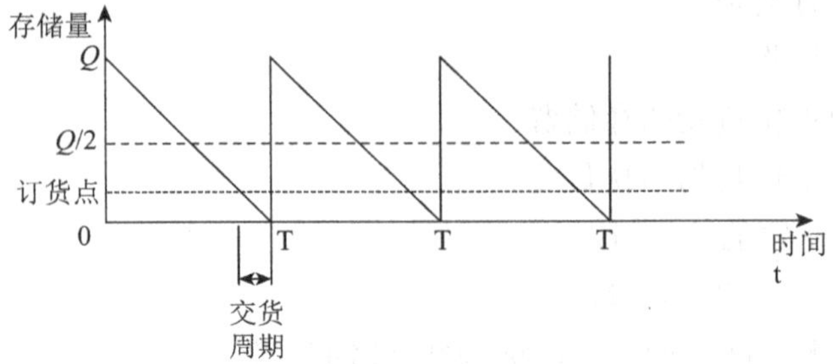

图 7-4　库存量变化状态图

由于可以立即得到补充，所以不会出现缺货，所以在研究这种模型时，不再考虑缺货损失费。因此，在时间间隔 t 内平均总费用包括存储费和订货费。因为每隔 t 时间补充一次存储，那么订货量必须满足 t 时间的需求 Dt，记订货量为 Q，则 $Q=Dt$，平均储量 = 0.5Q。

t 时间内的平均存储量和平均存储费（c_1 为单位存储费）= $c_1\cdot\frac{1}{2}Q\cdot t=\frac{1}{2}Qc_1t.$

t 时间内的平均订货费为 $\frac{c_3}{t}$，

$$C(t)=\frac{1}{2}c_1Dt+\frac{c_3}{t},$$

$\frac{dC(t)}{dt}=\frac{1}{2}c_1D-\frac{c_3}{t^2}=0\Rightarrow t^*=\sqrt{\frac{2c_3}{c_1D}}$，最佳订货周期。

$\Rightarrow Q^*=Dt^*=\sqrt{\frac{2c_3D}{c_1}}$，最佳订货批量。

这就是经济批量公式 EOQ（Economic Ordering Quantity）。

总费用：$C^*=C(t^*)=\sqrt{2c_1c_3D}.$

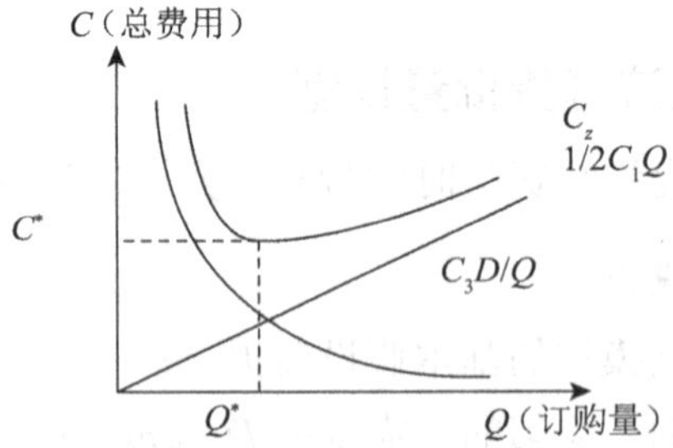

图 7-5　存储费用曲线图

这是存储论中著名的经济订购批量公式，也称哈里斯 - 威尔逊公式。

单位时间内的存储费用 $=\sqrt{\frac{Dc_3c_1}{2}}.$

单位时间内的订货费用 $=\sqrt{\dfrac{Dc_3c_1}{2}}$.

单位时间内的总费用 $=\sqrt{2Dc_3c_1}$.

两次订货间隔时间 $T_0=\dfrac{365}{D/Q^*}$.

例 7.1 印刷厂每周需要用纸 32 卷，每次订货费（包括运费等）为 250 元；存储费为每周每卷 10 元。问每次订货多少卷可使总费用为最小？

解：由题设知，D=32 卷 / 周，C_3=250 元，C_1=10 元 / 卷 • 周。

由 EOQ 公式，最佳批量为

$$Q^*=\sqrt{\frac{2C_3D}{C_1}}=\sqrt{\frac{2\times250\times32}{10}}=40\text{（卷）},$$

$$\text{最佳周期}t^*=\frac{Q^*}{D}=\frac{40}{32}=1.25\text{（周）}.$$

可知，该印刷厂每隔 1.25 周订货，每次订货 40 卷可使总费用最小。

例 7.2 某印刷企业每天需要某种类型纸张 100t，设该印刷公司每次向造纸厂订购，需支付订购费 10000 元，每吨此类型纸张在该公司仓库内每存放一天需付 8 元的存储保管费。若不允许缺货，且一订货就可提货，试问：

1. 每批订购时间多长，每次订购多少吨纸，费用最省，其最小费用是多少？
2. 从订购之日到纸入库需 7d 时间，试问当库存为多少时应发出订货？

解：由题意知，D=100t，c_1=8 元 /d，c_3=10000 元。

（1）根据公式得

$$t^*=\sqrt{\frac{2c_3}{c_1D}}=\sqrt{\frac{2\times10000}{8\times100}}=5\text{（d）}$$

$$Q^*=\sqrt{\frac{2c_3D}{c_1}}=\sqrt{\frac{2\times10000\times100}{8}}=500\text{（t）}$$

$$C^*=\sqrt{2c_1c_3D}=\sqrt{2\times8\times10000\times100}=4000\text{（元）}$$

每隔 5d，每次订货 500t，费用最省。最小费用为 4000 元。

（2）拖后时间为 7d，所以提前时间也为 7d，

$$l=7,$$
$$s^*=Dl=100\times7=700\text{（t）}.$$

s^* 为这 7d 的需求量，又称再订购点。

故当库存量为 700t 时应开始订货，发出订货通知。

2. 不允许缺货持续到货模型

如果补充的存储货物是企业内部生产的产品，那么由于生产过程是连续性的，因此补充过程是均匀连续的，我们把这种模型称为生产批量模型。比如，某印刷厂订了一批纸张，由于运输等方面的原因，纸张分多次陆续送到。该印刷厂一边收货一边生产，纸张的库存也是边消耗边补充。设 P 代表单位时间内生产的数量，在本模型中它也就是单位时间内入库的数量。

该存储模型的基本假设前提是：

（1）生产和需求都是均匀连续的，且生产速率 P 大于需求速率 D；

（2）订购点为零，即库存量减少到零时就开工生产进行产品补充，边补充边输出，库存量以 $P-D$ 的速率增长。当生产批量 Q 完成以后，就停止生产，然后库存量按照需求速率 D 减少，到时刻 t 时库存量为 0。

（3）生产时间为 t_1，生产批量为 Q，$Q = Pt_1$。

该模型的存储状态变化如图 7-6 所示。

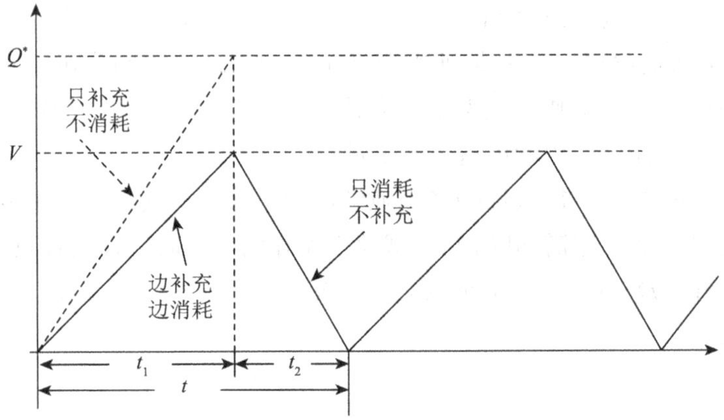

图 7-6　库存量变化状态图

由图 7-6 可见，生产周期 t 分为两个时期，在 t_1 时期是边生产边输出，生产结束时存储量达到最大量 $(P-D)t_1$，并有 $Q = Dt$。显然，$t_1 = Dt/P$。

在生产周期 t 内的存储量为一个三角形的面积：$(P-D)t_1t/2$，因此，单位时间内的平均存储量为 $(P-D)t_1/2$，单位时间内的存储费为 $c_1(P-D)Dt/2P$。

而 t 时间内的生产费用为 $c_3 + c_1Dt$（在企业自己安排生产来补充库存，订购费 c_3 可理解为生产准备费，单位货物成本费 c_1 可理解为生产成本）。由此，可知单位时间内存储产品所需费用的平均值

$$C = \frac{c_3}{t} + c_1D + \frac{c_1(P-D)D}{2P}t.$$

与前面方法类似，令 $\frac{dC}{dt}=0$，解得

最佳循环周期 $t^*=\sqrt{\frac{2c_3}{c_1D}\cdot\frac{P}{P-D}}$，

最佳生产时间 $t_1^*=\sqrt{\frac{2c_3D}{c_1}\cdot\frac{1}{P(P-D)}}$，

最佳生产批量 $Q^*=\sqrt{\frac{2c_3D}{c_1}\cdot\frac{P}{P-D}}$，

最小平均费用 $C^*=\frac{1}{2}\left(1-\frac{D}{P}\right)Q^*c_1+\frac{D}{Q^*}c_3$，

进货持续时间 $T^*=\frac{D}{P}t^*=\sqrt{\frac{2c_3D}{c_1P(P-D)}}$，

每个周期所需时间 $=\frac{250}{D/Q^*}$（d），如果每年工作日为 250d。

当进货是均匀连续的时候，该模型同样适用于订货批量模型。

例 7.3　某印刷厂平均每个月需要购入某种印刷机的电子配件 100 件，每件电子配件的价格为 4 元，每批货物的订购费为 5 元。每次货物到达后先存入仓库，则平均每月每件电子配件的存储费用为 0.4 元。印刷厂对该电子配件的需求不变，但购货方式由批量改为均匀连续进货，进货的速率 P 为每月 500 件。在其他条件不变的情况下，试求印刷厂对该电子配件的最佳订货周期、每周期内的最佳订购量、每月的最小费用。

解：由题意知，P=500 件，D=100 件 / 月，c_3=5 元，c_1=0.4 元 /（月 • 件），c=4 元 / 件。由有关公式，可知

最佳循环周期 $t^*=\sqrt{\frac{2c_3}{c_1D}\cdot\frac{P}{P-D}}=\sqrt{\frac{2\times5}{0.4\times100}\cdot\frac{500}{500-100}}$=0.56（月），

最佳订购量 $Q^*=\sqrt{\frac{2c_3D}{c_1}\cdot\frac{P}{P-D}}=\sqrt{\frac{2\times5\times100}{0.4}\cdot\frac{500}{500-100}}$=56（件），

最小平均费用 $C^*=\sqrt{2c_3c_1D\cdot\frac{P-D}{P}}+c\cdot D=\sqrt{2\times5\times0.4\times100\cdot\frac{500-100}{500}}+4\times100$

=417.89（元 / 月）.

例 7.4　某电视机厂自行生产扬声器用以装配本厂生产的电视机。该厂每天生产 100 部电视机，而扬声器生产车间每天可以生产 5000 个。已知该厂每批电视机装备的生产准备费为 5000 元，而每个扬声器在一天内的存储保管费为 0.02 元。试确定该厂扬声器的最佳生产批量、生产时间和电视机的安装周期。

解：由题意知，P=5000 个，D=100 件 / 月，c_3=5000 元，c_1=0.02 元 /（d • 个）。由有

关公式，可知：

此存储模型显然是一个不允许缺货、边生产边装配的模型。

$$Q^*=\sqrt{\frac{2c_3D}{c_1}\cdot\frac{P}{P-D}}=\sqrt{\frac{2\times5000\times100}{0.02}\cdot\frac{5000}{5000\text{-}1000}}\approx7140（个），$$

$$t^*=\frac{Q^*}{D}=\frac{7100}{100}\approx71（d），$$

即该厂每批扬声器的生产量为 7140 个，电视机的装配周期为 71d。

$$T^*=\frac{Dt^*}{P}=\frac{Q^*}{P}=\frac{7140}{5000}\approx1.5（d）.$$

即扬声器的生产时间约为一天半。

例 7.5　有一个生产和销售图书馆设备的公司，经营一种图书馆专用书架，基于以往的销售记录和今后市场的预测，估计该书架今年一年的需求量为 4900 个。存储一个书架一年的费用为 1000 元。这种书架的生产能力为每年 9800 个，组织一次生产的费用为 500 元。为了降低成本，该公司如何组织生产？要求求出最优的生产量，相应的周期，最少的年度费用，每年的生产次数。

解：从题可知，年需求率 D=4900 个，年生产率 P=9800 个，c_1=1000 元，c_3=500 元，代入公式可得

$$Q^*=\sqrt{\frac{2c_3D}{c_1}\cdot\frac{P}{P-D}}=\sqrt{\frac{2\times500\times4900}{1000}\cdot\frac{9800}{9800-4900}}\approx99（个）.$$

每年的生产次数为 $\frac{D}{Q^*}=\frac{4900}{99}=49.5\approx50.$

假设每年的工作日为 250 天，则相应周期为 $\frac{250}{50}=5(\text{d}).$

一年最小的总费用为

$$C^*=\frac{1}{2}\left(1-\frac{D}{P}\right)Q^*c_1+\frac{D}{Q^*}c_3=\frac{1}{2}\left(1-\frac{4900}{9800}\right)\times99\times1000+50\times500=49750（元）.$$

7.2.2　允许缺货模型

允许缺货模型分为允许缺货瞬时到货与允许缺货持续到货两种模型。

1. 允许缺货、瞬时到货、缺货要补模型

允许缺货、瞬时到货、缺货要补模型也叫允许缺货的 EOQ 库存模型。在有些情况下，存储系统允许缺货现象存在。在存储水平变为零以后，还要等一段时间后再去订货，此时，由于缺货就要带来一定的缺货损失费。但是，该存储系统库存量比不允许缺货时要少，从

而存储费相对就可节省，同时，不必经常地去订货，也会使订购费用减少。当降低的成本大于造成的缺货损失时，存储系统自然就采取缺货的策略了。

这个存储模型的基本假设前提是：

（1）当库存量减少到零时，延迟一段时间再进行补充。但一旦进行补充，瞬时就能到货，补充一次性完成。

（2）需求均匀连续，需求速率 D 为常数，在订货周期 t 内的需求量为 Dt，每次订购批量 Q，$Q=Dt$。

（3）每次订购费 c_3 相同，单位时间内单位货物的存储费 c_1 不变，单位货物的缺货费 c_2 不变。

这种存储模型的特点：

（1）需求率（单位时间的需求量）为 D；

（2）无限供货率；

（3）允许缺货，且最大缺货量为 S；

（4）单位货物单位时间的存储费 c_1；

（5）每次的订货费 c_3；

（6）单位时间缺少一个单位货物所支付的单位缺货费 c_2；

（7）当缺货量达到 S 时进行补充，且很快补充到最大存储量。

该模型的存储状态变化如图 7-7 所示：

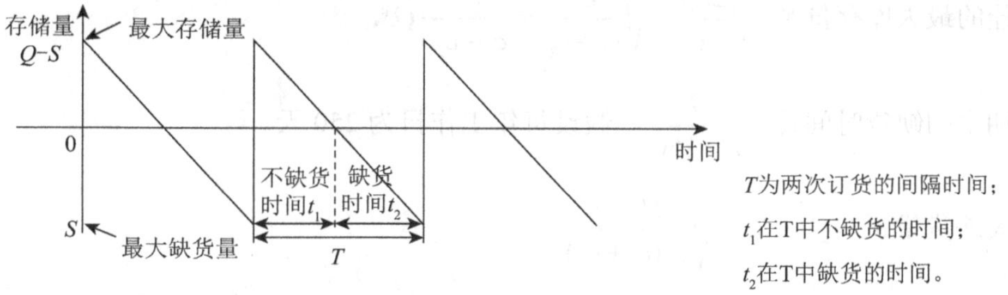

图 7-7 允许缺货、瞬时到货、缺货要补模型

平均存储量 = 周期总存储量 / 周期时间

=（周期内不缺货时总的存储量 + 同期内缺货时的存储量）/ 周期时间

$$=\frac{\frac{1}{2}(Q-S)t_1+0\cdot t_2}{t_1+t_2}=\frac{\frac{1}{2}(Q-S)t_1}{T}=\frac{(Q-S)^2}{2Q}.$$

不缺货时间 $t_1=\dfrac{(Q-S)}{d}$.

总周期时间 $T=\dfrac{Q}{d}$.

平均缺货量$=\dfrac{0\cdot t_1+\dfrac{1}{2}S\cdot t_2}{t_1+t_2}=\dfrac{S\cdot t_2}{2T}=\dfrac{S^2}{2Q}$.

周期中的缺货时间 $t_2=\dfrac{S}{d}$.

一年总费用 C= 一年的存储费 + 一年订货费 + 缺货费 $=\dfrac{(Q-S)^2}{2Q}c_1+\dfrac{D}{Q}c_3+\dfrac{S^2}{2Q}c_2$.

式中有两个变量 t 和 S，利用多元函数求极值的方法求 C（t,S）的最小值。

$$\begin{cases}\dfrac{\partial C}{\partial s}=0,\\ \dfrac{\partial C}{\partial t}=0.\end{cases}$$

解此方程，得到一系列公式

最佳订货周期 $t^*=\sqrt{\dfrac{2c_3(c_1+c_2)}{c_1c_2D}}=\sqrt{\dfrac{2c_3}{c_1D}}\cdot\sqrt{\dfrac{c_1+c_2}{c_2}}$,

最佳订购批量 $Q^*=D\cdot t^*=\sqrt{\dfrac{2c_3D(c_1+c_2)}{c_1c_2}}=\sqrt{\dfrac{2c_3D}{c_1}}\cdot\sqrt{\dfrac{c_1+c_2}{c_2}}$,

最佳的最大库存量 $S^*=\sqrt{\dfrac{2c_3D}{c_1}}\cdot\sqrt{\dfrac{c_2}{c_1+c_2}}=\dfrac{c_1}{c_1+c_2}\cdot Q^*$,

同期中的缺货时间 $t_2^*=\dfrac{S}{D/250}$，假设每年工作日为 250 天。

最大缺货量 $q^*=Q^*-S^*=\sqrt{\dfrac{2Dc_1c_3}{c_2(c_1+c_2)}}$,

最少总费用 = 一年的存储费 + 一年订货费 + 缺货费 .

$$C^*=\frac{(Q-S)^2}{2Q}c_1+\frac{D}{Q}c_3+\frac{S^2}{2Q}c_2.$$

例 7.6　某印刷厂平均每个月需要购入某种印刷机电子配件 100 件，每件电子配件的价格为 4 元，每批货物的订购费为 5 元。每次货物到达后先存入仓库，则平均每月每件电子配件的存储费用为 0.4 元。其他条件不变，现可以考虑允许缺货，每月的缺货损失费 c_2 为 1.6 元 / 件。试计算这时的最佳订购批量、最佳订货周期、最小平均费用。

解：由题意知，P=500 件，D=100 件 / 月，c_3=5 元，c_1=0.4 元 /（月 • 件），c=4 元 / 件，c_2=1.6 元 / 件。由有关公式，可知：

最佳订购批量 $Q^*=\sqrt{\dfrac{2c_3D(c_1+c_2)}{c_1c_2}}=\sqrt{\dfrac{2\times5\times100\times(0.4+1.6)}{0.4\times1.6}}$=56（件），

最佳订货周期 $t^*=\sqrt{\dfrac{2c_3(c_1+c_2)}{c_1c_2D}}=\sqrt{\dfrac{2\times5\times(0.4+1.6)}{0.4\times1.6\times100}}$=0.56（月），

最小平均费用：

$$C^*=\sqrt{\frac{2c_3c_1c_2D}{c_1+c_2}}+c\cdot D=\sqrt{\frac{2\times5\times0.4\times1.6\times100}{0.4+1.6}}+4\times100=417.89（元）.$$

例 7.7　假设例 7.5 中图书馆设备公司不生产书架，只销售书架。其销售的书架靠订货提供而且都能及时供货。该公司一年的需求量为 4900 个，一个书架一年的存储费用为 1000 元，每次订货费为 500 元，每年的工作日为 250 天。问：

（1）不允许缺货。求一年总费用最低的最优每次订货量及相应的周期，每年的订购次数，一年的总费用。

（2）允许缺货。设一个书架缺货一年的缺货费为 2000 元。求一年总费用最低的最优每次订货量及相应的周期，相应的最大缺货量，同期中缺货的时间，不缺货的时间，每年的订购次数，一年的总费用。

解：从题可知，年需求率 D=4900 个，年生产率 P=9800 个，c_1=1000 元，c_3=500 元，c_2=2000 元，代入公式可得

（1）不允许缺货，将有关参数代入公式可得

最优订货量 $Q^*=\sqrt{\dfrac{2c_3D}{c_1}}=\sqrt{\dfrac{2\times500\times4900}{1000}}$=70（个），

每个周期所需时间 $T=\dfrac{250}{D/Q^*}=\dfrac{250}{4900/70}=3.57(\text{d})$，

每年的订货次数为 $\dfrac{D}{Q^*}=\dfrac{4900}{70}$=70（次），

一年最小的总费用为 $C^*=\dfrac{1}{2}Q^*c_1+\dfrac{D}{Q^*}c_3=\dfrac{1}{2}\times70\times1000+\dfrac{4900}{70}\times500=70000$（元）.

（2）允许缺货时

$$Q^*=\sqrt{\frac{2c_3D(c_1+c_2)}{c_1c_2}}=\sqrt{\frac{2\times500\times4900\times(1000+2000)}{1000\times2000}}=85（个），$$

最大缺货量为 $S^*=\dfrac{c_1}{c_1+c_2}\cdot Q^*=\dfrac{1000}{1000+2000}\times85\approx28$（个），

每个周期所需时间为 $T=\dfrac{250}{D/Q^*}=\dfrac{250}{4900/85}\approx4.34$（d），

同期缺货时间 $t_2^* = \dfrac{250}{D/S^*} = \dfrac{250}{4900/28} = 1.43$（d），

同期不缺货时间 $t_1^* = T - t_2^* = 4.34 - 1.43 = 2.91$（d），

每年订购的次数为 $\dfrac{D}{Q^*} = \dfrac{4900}{85} \approx 57.6$（次），

一年最小的总费用为

$$C^* = \frac{(Q-S)^2}{2Q}c_1 + \frac{D}{Q}c_3 + \frac{S^2}{2Q}c_2$$
$$= \frac{(85\text{-}28)^2}{2\times 85}\times 1000 + \frac{4900}{85}\times 500 + \frac{28^2}{2\times 85}\times 2000 = 57158.82\text{（元）}.$$

2. 允许缺货、逐步均匀到货、缺货要补模型

这种存储模型的特点：

（1）需求率（单位时间的需求量）为 D；

（2）无限供货率；

（3）允许缺货，且最大缺货量为 S；

（4）单位货物单位时间的存储费 c_1；

（5）每次的订货费 c_3；

（6）单位时间缺少一个单位货物所支付的单位缺货费 c_2；

（7）当缺货量达到 S 时进行补充，且很快补充到最大存储量。

该模型的存储状态变化如图 7-8 所示。

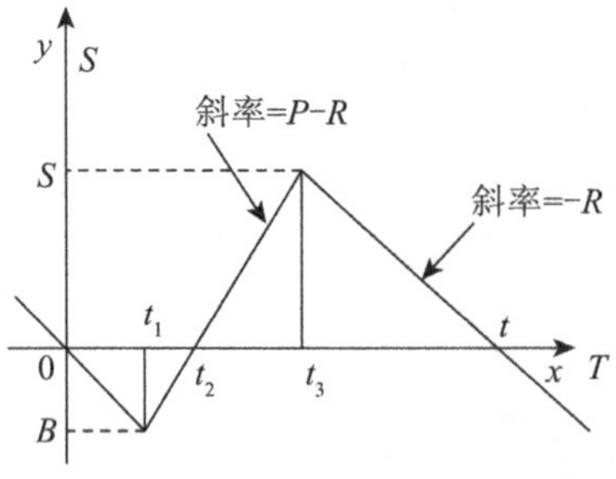

图 7-8 允许缺货、逐步均匀到货、缺货要补模型

取 $[0,t]$ 为一个订货周期。$[0,t_2]$ 时间内存储量为零，B 为最大缺货量。$[t_1,t_3]$ 时间为进货时间，其中 $[t_1,t_2]$ 时间内除满足需求外，还须补足 $[0,t_1]$ 时间内的缺货，$[t_2,t_3]$ 时间内满足需求后的货物进入存储，存储量以（$P-D$）的速度增加，S 表示存储量，t_3 时刻存储量达到最大，这时停止进货。$[t_3,t]$ 时间存储量以需求速度 D 减少。

最大缺货量 $B=Dt_1 = (P-D)(t_2 - t_1)$，

$$t_1 = \frac{P-D}{P}t_2.$$

最大存储量 $S=(P-D)(t_3-t_2)=D(t-t_3)$,

$$t_3-t_2=\frac{D}{P}(t-t_2).$$

在 [0,t] 时间内所需的费用有

存储费：$\frac{1}{2}c_1(P-D)(t_3-t_2)(t-t_2)$,

$$t_3-t_2=\frac{D}{P}(t-t_2)$$
$$\frac{1}{2}c_1(P-D)\frac{D}{P}(t-t_2)^2.$$

缺货损失费：$\frac{1}{2}c_2Dt_1t_2$,

$$t_1=\frac{P-D}{P}t_2$$
$$\frac{1}{2}c_2D\frac{P-D}{P}t_2^2.$$

订货费：c_3

在 [0,t] 时间内的平均总费用为

$$C(t,t_2)=\frac{1}{t}\left[\frac{1}{2}c_1\frac{(P-D)D}{P}(t-t_2)^2+\frac{1}{2}c_2\frac{(P-D)D}{P}t_2^2+c_3\right]$$
$$=\frac{(P-D)D}{2P}\left[c_1t-2c_1t_2+(c_1+c_2)\frac{t_2^2}{t}\right]+\frac{c_3}{t}.$$

式中有两个变量 t 和 t_2，利用多元函数求极值的方法求 $C(t,t_2)$ 的最小值。

$$\frac{\partial C(t,t_2)}{\partial t}=0,$$
$$\frac{\partial C(t,t_2)}{\partial t_2}=0.$$

解此方程组，得出一系列公式如下。

最佳订货周期 $t^*=\sqrt{\frac{2c_3}{c_1D}}\cdot\sqrt{\frac{c_1+c_2}{c_2}}\cdot\sqrt{\frac{P}{P-D}}$,

最佳订购批量 $Q^*=D\cdot t^*=\sqrt{\frac{2c_3D}{c_1}}\cdot\sqrt{\frac{c_1+c_2}{c_2}}\cdot\sqrt{\frac{P}{P-D}}$,

最佳缺货时间 $t_2^*=\frac{c_1}{c_1+c_2}\cdot\sqrt{\frac{2c_3}{c_1D}}\cdot\sqrt{\frac{c_1+c_2}{c_2}}\cdot\sqrt{\frac{P}{P-D}}$.

最大存储量

$$S^* = D(t^* - t_3) = D(t^* - \frac{D}{P}t^* - \frac{P-D}{P}t_2)$$
$$= \sqrt{\frac{2c_3D}{c_1}} \cdot \sqrt{\frac{c_2}{c_1+c_2}} \cdot \sqrt{\frac{P-D}{P}}.$$

最大缺货量

$$B^* = D^* t_1 = \frac{D(P-D)}{P}t_2 = \sqrt{\frac{2c_1c_3D}{c_2(c_1+c_2)}} \cdot \sqrt{\frac{P-D}{P}}.$$

最少平均费用 $C^* = \sqrt{2c_1c_3D} \cdot \sqrt{\frac{c_2}{c_1+c_2}} \cdot \sqrt{\frac{P-D}{P}}$.

例 7.8　假设例 7.5 中图书馆设备公司在允许缺货的情况下，其总费用最少的最优经济生产批量和最优缺货量为何值？此外，一年的最少费用应该是多少？假定每年的书架需求量为 4900 个，每年的生产能力为 9800 个，每次的生产准备费用为 500 元，每个书架一年存储费用为 1000 元，一个书架缺货一年的缺货费用为 2000 元。

解：从题可知，年需求率 D=4900 个，年生产率 P=9800 个，c_1=1000 元，c_3=500 元，c_2=2000 元，代入公式可得

最佳订购量：

$$Q^* = D \cdot t^* = \sqrt{\frac{2c_3D}{c_1}} \cdot \sqrt{\frac{c_1+c_2}{c_2}} \cdot \sqrt{\frac{P}{P-D}}$$
$$= \sqrt{\frac{2\times500\times4900}{1000}} \cdot \sqrt{\frac{1000+2000}{2000}} \cdot \sqrt{\frac{9800}{9800-4900}} = 121.24 \approx 121(个).$$

最佳缺货量：

$$B^* = D^* t_1 = \frac{D(P-D)}{P}t_2 = \sqrt{\frac{2c_1c_3D}{c_2(c_1+c_2)}} \cdot \sqrt{\frac{P-D}{P}}$$
$$= \sqrt{\frac{2\times1000\times500\times4900}{2000(1000+2000)}} \sqrt{\frac{9800-4900}{9800}} = 20.2 \approx 20(个).$$

最少平均费用：

$$C^* = \sqrt{2c_1c_3D} \cdot \sqrt{\frac{c_2}{c_1+c_2}} \cdot \sqrt{\frac{P-D}{P}}$$
$$= \sqrt{2\times1000\times500\times4900} \cdot \sqrt{\frac{2000}{1000+2000}} \cdot \sqrt{\frac{9800-4900}{9800}} = 40414.52（元）.$$

7.2.3 经济订货批量折扣模型

以上讨论的存储模型中，均假设存储货物的单价是常量，得出的存储策略与货物单价无关，但实际中的订货问题有时与单价有关。例如商品有所谓零售价、批发价和出厂价之分，购买同一种商品的数量不同，商品的单价也不同。一般情况下购买的数量越多，商品的单价越低。由于有价格优惠，订货时就希望多订一些货物，但订货多了，存储费必然增加，造成资金的积压。如何在这两者之间权衡，使得既充分利用价格优惠，又使总费用最小，这就是讨论价格有折扣的存储问题所必须解决的问题。下面我们仅就模型一来考虑价格有折扣的存储问题。

我们仅对不许缺货的经济订货批量模型，来讨论有数量折扣情况存在时的订货批量问题。所谓数量折扣，就是提供存储货物的企业为鼓励用户多购货物，对于一次购买较多数量的用户在价格上给予一定的优惠。这样一来，单位货物购置费 c 应看作订购量 Q 的函数 $e(Q)$。通常，$e(Q)$ 是阶梯函数，如图 7-9 所示。

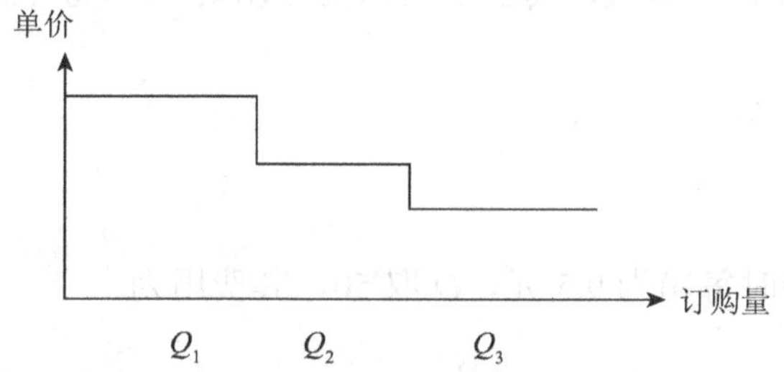

图 7-9 阶递函数

由于订货量不同，商品的单价不同，所以我们在决定最优订货量时，不仅要考虑到一年的存储费和一年的订货费，还要考虑一年订购商品的货款。这里 c 为当订货量为 Q 时商品单价，则

$$C=\frac{1}{2}Qc_1+\frac{D}{Q}c_3+D\cdot c.$$

最小费用 C^* 对应的订购周期 $T^*=\frac{Q^*}{d}$，如图 7-10 所示。

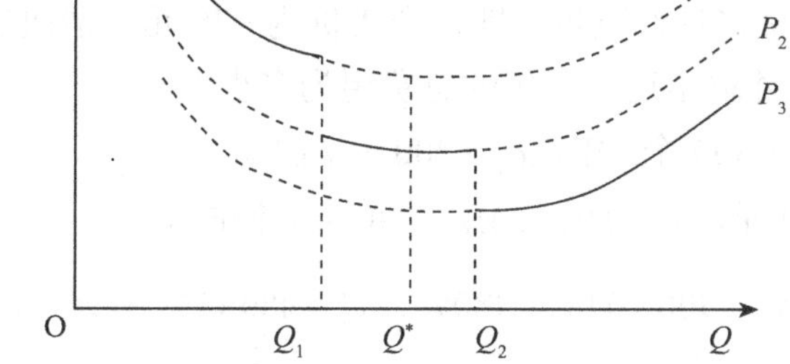

图 7-10 经济订货批量折扣模型 TC 图形

例 7.9　某印刷工厂每周需要零配件 32 箱，存储费每箱每周 1 元，每次订购费 25 元，不允许缺货。

（1）订货量 1 ～ 9 箱时，每箱 12 元；

（2）订货量 10 ～ 49 箱时，每箱 10 元；

（3）订货量 50 ～ 99 箱时，每箱 9.5 元；

（4）订货量 100 箱及以上时，每箱 9 元。

求最优存储策略。

解：根据题意知，D=32 箱，c_3=25 元，c_1=1 元，c 为每个折扣段对应的价格。

$$\tilde{Q}=\sqrt{\frac{2Dc_3}{c_1}}=\sqrt{\frac{2\times32\times25}{1}}=40\text{（箱）}.$$

因 $\tilde{Q}$ 在 10 ～ 49，故每箱价格为 c=10 元，平均总费用为

$$\tilde{C}=\sqrt{2c_1c_3D}+c\cdot D=\sqrt{2\times1\times25\times32}+10\times32=360\text{（元 / 周）}.$$

又因为 $C=\frac{1}{2}Qc_1+\frac{D}{Q}c_3+D\cdot c$，

所以

订货量 50 ～ 99 箱时每箱为 9.5 元，Q 取 50，其费用为

$$C(3)=\frac{1}{2}\times50\times1+\frac{32}{50}\times25+32\times9.5=345\text{（元）}$$

订货量 100 箱及以上时每箱 9 元，Q 取 100，其费用为

$$C(4)=\frac{1}{2}\times100\times1+\frac{32}{100}\times25+32\times9=346\text{（元）}.$$

比较三个折扣段的费用：$\text{Min}\{360,345,346\}=345=C(3)$.

故最优订购批量 Q^*=50 箱，最小费用 C^*=345 元 / 周，订购周期 $t^*=Q^*/R$=50/32≈11（天）。

例 7.10　图书馆设备公司准备从生产厂家购进阅览桌用于销售，每个阅览桌的价格为 500 元，每个阅览桌存储一年的费用为阅览桌价格的 20%，每次的订货费为 200 元，该公司预测这种阅览桌每年的需求为 300 个。生产厂商为了促进销售规定：如果一次订购量达到或超过 50 个，每个阅览桌将打九六折，即每个售价为 480 元；如果一次订购量达到或超过 100 个，每个阅览桌将打九五折，即每个售价为 475 元。请决定为使其一年总费用最少的最优订货批量 Q^*，并求出这时一年的总费用为多少？

解：由题意已知 $D=300$ 个 / 年，$c_3=200$ 元 / 次。

$Q<50$ 时，$k_1=500$ 元，$c_1'=500\times20\%=100$（元 / 个年），

$50\leqslant Q<100$ 时，$k_2=500\times0.96=480$元，$c_1''=480\times20\%=96$（元 / 个年），

$100 \leqslant Q$ 时，$k_2 = 500 \times 0.95 = 475$（元），$c_1''' = 475 \times 20\% = 95$（元 / 个年），

当 $Q < 50$ 时，$\bar{Q}_1 = \sqrt{\dfrac{2Dc_3}{c_1'}} = \sqrt{\dfrac{2 \times 300 \times 200}{100}} \approx 35$（个），

$50 \leqslant Q < 100$ 时，$\bar{Q}_2 = \sqrt{\dfrac{2Dc_3}{c_1''}} = \sqrt{\dfrac{2 \times 300 \times 200}{96}} \approx 35$（个），

$100 \leqslant Q$ 时，$\bar{Q}_3 = \sqrt{\dfrac{2Dc_3}{c_1'''}} = \sqrt{\dfrac{2 \times 300 \times 200}{95}} \approx 36$（个）.

其中只有 $\bar{Q}_1$ 在其范围内。

计算费用为

$C_1(\bar{Q}_1) = C_1(35) = 153464$（元），

$C_2(Q_1) = C_2(50) = 147600$（元），

$C_3(Q_2) = C_3(100) = 147860$（元）.

比较上面的三个费用数值，得一年的总费用最少为 147600 元，因此，最佳订货批量为 $Q^* = 50$。

7.3 随机存储模型

在前面讨论的模型中确定型存储问题中，货物的需求是确定的，订货费用和计划期的存储费用都是已知的，甚至缺货的成本都作为常数来考虑。但是在现实世界中，更多的情况却是需求为一个随机变量。为此，将介绍需求是随机变量（一般来说，需求是服从某种分布的，比如说均匀分布、正态分布）。随机型存储的特点是需求是连续的，其概率或分布已知。下面讨论需求为随机的单一周期存储模型，需求为随机变量的订货批量、再订货点模型，需求为随机变量的定期检查存储量模型等几种模型。

7.3.1 需求为随机的单一周期存储模型

所谓单一周期存储是指在产品订货、生产、存储、销售这一周期的最后阶段或者把产品按正常价格全部销售完毕，或者把按正常价格未能销售出去的产品削价销售出去，甚至扔掉。总之，在这一周期内把产品全部处理完毕，而不能把产品放在下一周期里存储和销售。季节性和易腐保鲜产品，例如季节性的服装、挂历、麦当劳店里的汉堡包等都是按单

一周期的方法处理的。报摊销售报纸是需要每天订货的，但今天的报纸今天必须处理完，与明天的报纸无关。因此，我们也可以把它看成一个单一周期的存储问题，只不过每天都要作出每天的存储决策。

报童问题：报童每天销售报纸的数量是一个随机变量，每日售出 d 份报纸的概率 P（d）（根据以往的经验）是已知的。报童每售出一份报纸赚 k 元，如果报纸未能售出，每份赔 h 元，问报童每日最好准备多少报纸？

这就是一个需求量为随机变量的单一周期的存储问题。在这个问题中要解决最优订货量 Q 的问题。如果订货量 Q 选得过大，那么报童就会因不能售出报纸造成损失；如果订货量 Q 选得过小，那么报童就要因缺货失去销售机会而造成机会损失。如何适当地选择订货量 Q，才能使这两种损失的期望值之和最小呢？

设售出 d 份报纸的概率为 P（d），从概率论可知 $\sum_{d=0}^{\infty} P(d)=1$ 。

已知因报纸未能售出而造成每份损失 h 元，因缺货而造成机会损失每份 k 元，则满足下面不等式的 Q^* 是这两种损失的期望值之和最小的订报量

$$\sum_{d=0}^{Q^*-1} P(d) < \frac{k}{k+h} \leqslant \sum_{d=0}^{Q^*} P(d). \tag{7-1}$$

可以把式（7-1）改写成

$$P(d<Q^*) < \frac{k}{k+h} \leqslant P(d \leqslant Q^*). \tag{7-2}$$

式（7-2）既适用于离散型随机变量也适用于连续型随机变量。如果只考虑连续型随机变量，式（7-2）又可以改写为

$$P(d \leqslant Q^*) = \frac{k}{k+h}. \tag{7-3}$$

例 7.11　某报亭出售某种报纸，每售出一百张可获利 15 元，如果当天不能售出，每一百张赔 20 元。每日售出该报纸份数的概率 P（d）根据以往经验如表 7-1 所示。试问报亭每日订购多少张该种报纸能使其赚钱的期望值最大？

表 7-1　每天售出报纸的概率

销售量 / 百张	5	6	7	8	9	10	11
概率 P（d）	0.05	0.10	0.20	0.20	0.25	0.15	0.05

解：要使其赚钱的期望值最大，也就是使其因售不出报纸的损失和因缺货失去销售机会的损失的期望值之和为最小。已知 $k=15$，$h=20$，则有

$$\frac{k}{k+h}=\frac{15}{15+20}=0.4286,$$

另有：

$$\sum_{d=0}^{7} P(d) = P(5) + P(6) + P(7) = 0.05 + 0.10 + 0.20 = 0.35,$$

$$\sum_{d=0}^{8} P(d) = P(5) + P(6) + P(7) + P(8) = 0.05 + 0.10 + 0.20 + 0.20 = 0.55.$$

故当 $Q = 8$ 时，不等式 $\sum_{d=0}^{7} P(d) < \frac{k}{k+h} < \sum_{d=0}^{8} P(d)$ 成立。因此，最优的订报量为每天800张，此时其赚钱的期望值最大。

例 7.12　某书店拟在年前出售一批新年挂历。每售出一本可赢利 20 元，如果年前不能售出，必须削价处理。由于削价，一定可以售完，此时每本挂历要赔 16 元。根据以往的经验，市场的需求量近似服从均匀分布，其最低需求为 550 本，最高需求为 1100 本，该书店应订购多少新年挂历，使其损失期望值为最小？

解：由题意知挂历的需求量是服从区间 [550，1100] 上的均匀分布的随机变量，$k = 20$，$h = 16$，则其需求量小于 Q^* 的概率为

$$P(d \leqslant Q^*) = \frac{Q^* - 550}{1100 - 550} = \frac{Q^* - 550}{550}.$$

则由式（7-2）和式（7-3）得

$$p(d \leqslant Q^*) = \frac{20}{20+16} = \frac{5}{9},$$

$$\frac{Q^* - 550}{550} = \frac{20}{20+16} = \frac{5}{9}.$$

由此求得 $Q^* = 856$（本），并从 $P(d \leqslant Q^*) = \frac{5}{9}$ 可知，这时有 $\frac{5}{9}$ 的概率挂历有剩余，有 $1 - \frac{5}{9} = \frac{4}{9}$ 的概率挂历脱销。

7.3.2　需求为随机变量的订货批量、再订货点模型

需求为随机变量的多周期存储模型里，由于需求为随机变量，我们无法求得周期（即两次订货时间间隔）的确切时间，也无法求得再次订货点确切来到的时间。

下面我们给出求订货量和再订货点的最优解的近似方法，而精确的数学公式太复杂，这里不作介绍。具体求解步骤如下：

1. 设全年的需求量近似为 D，利用经济订货批量存储模型求出（每次的）最优订货量 Q^*。

2. 根据具体情况制定出服务水平，即制定在 m 天里出现缺货的概率 a，也即不出现缺货的概率为 $1-a$。利用下式求出 r。

$$P（m\text{天里需求量}£r）=1-a.$$

其中 r 为再订货点，即当库存量下降到 r 时订货，m 天后货到。

存储的（r，Q）策略：r 为最低存储量，即订货点，对库存量随时进行检查，当 $H>r$ 时不补充；当 $H \leqslant r$ 时进行补充，每次补充的数量为 Q。

需求为随机变量的定期检查存储量模型是另一种处理多周期的存储问题的模型。在这个模型里，管理者要定期例如每隔一周、一个月等检查产品的库存量，根据现有的库存量来确定订货量，在这个模型中管理者所要做的决策是：依照规定的服务水平制定出产品的存储补充水平 M。一旦确定了 M，也就确定了订货量 Q，如下所示。

$$Q=M-H$$

式中 H 为检查时的库存量。

这个模型很适合于经营多种产品并进行定期清盘的企业，公司只要制定了各种产品的存储补充水平，根据清盘的各种产品的库存量，马上可以确定各产品的订货量，同时进行各种产品的订货。

例 7.13　某印刷企业需要某款铜版纸，需从某造纸厂进货，由于印刷企业与造纸厂距离较远，双方合同规定，在印刷厂填写订货单后一个星期造纸厂家将纸运到印刷厂。印刷企业根据以往的数据统计分析知道，在一个星期里此种铜版纸的需求量服从以均值 m =850 卷，方差 s =120 卷的正态分布，又知道每次订货费为 250 元，该款铜版纸每卷的成本为 48 元，存储一年的存储费用为成本的 20%，即每卷铜版纸一年的存储费用为 48×20% = 9.6 元。印刷企业规定的服务水平允许由于存储量不够造成的缺货情况为 5%。问该印刷企业应如何制定存储策略，使得一年的订货费和存储费的总和为最少？

解：首先按经济订货批量存储模型求出最优订货批量 Q^*。已知每年的平均需求量 D=850 ×52 = 44200 卷 / 年，c_1 = 9.6 元 / 卷年，c_3 = 250 元，得

$$Q^*=\sqrt{\frac{2Dc_3}{c_1}}=\sqrt{\frac{2\times 44200\times 250}{9.6}}\approx 1517\text{（卷）}.$$

于是，每年平均约订货 44200/1517≈29 次。由服务水平，得 P（一个星期的需求量 £ r）= 1−a =1 − 0.05=0.95，进一步，有

$$\Phi\left(\frac{r-\mu}{\sigma}\right)=0.95.$$

查标准正态分布表，得 $\frac{r-\mu}{\sigma}=1.645$.

进一步，有 r = 1047，安全存储量为

$$r-d\cdot m=1047\text{卷}-850\text{卷 / 周}\times(1\text{周})=1047\text{卷}-850\text{卷}=197\text{卷}.$$

这 197 卷是安全存储量，在这样的存储策略下，在订货期有 95% 的概率不会出现缺货，有 5% 的概率会出现缺货。

当订货期为 0 时也就是说一订货就可以马上拿到铜版纸，这时显然不需要安全存储，再订货点为 0，每次订货为 1517 卷即可。

7.3.3 需求为随机变量的定期检查存储量模型

需求为随机变量的定期检查存储量模型是另一种处理多周期的存储问题的模型。在这个模型里，管理者要定期例如每隔一周、一个月等检查产品的库存量，根据现有的库存量来确定订货量，在这个模型中管理者所要做的决策是：依照规定的服务水平制定出产品的存储补充水平 M。一旦确定了 M，也就确定了订货量 Q，如下所示。

$$Q = M - H$$

式中，H 为检查时的库存量。

这个模型很适合于经营多种产品并进行定期清盘的企业，公司只要制定了各种产品的存储补充水平，根据清盘的各种产品的库存量，马上可以确定各产品的订货量，同时进行各种产品的订货。

需求为随机变量的定期检查库存量的存储模型处理存储问题的典型方式如图 7-11 所示。

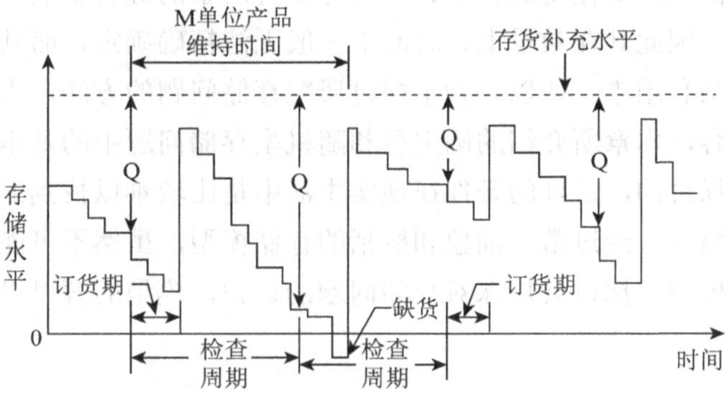

图 7-11 需求为随机变量的定期检查存储量模型

在图 7-11 中，我们看到在检查了存储水平 H 之后，我们立即订货 $Q=M-H$，这时库房里的实际库存量加上订货量正好为存储补充水平 M（订货的 Q 单位产品在过了订货期才能到达）。从图上可知这 M 单位的产品要维持一个检查周期再加上一个订货期的消耗，所以我们可以从一个检查周期加上一个订货期的需求的概率分布情况，结合规定的服务水平来制定存储水平 M，以下举例说明。

例 7.14 某百货商店经营几百种商品，该商店每隔两周清盘一次，根据清盘情况同时对几百种商品进行订货，这样便于管理。又因为其中很多商品可以从同一个厂家或批发公司进货，这样也节约了订货费用。现在商店管理者要求对这几百种商品根据各自的需求情况和服务水平制定出各自的存储水平。现要求对其中两种商品制定出各自的存储水平。

商品 A 是一种名牌香烟。一旦缺货，顾客不会在商店里购买另一种品牌的烟，而去另外的商店购买，故商店规定其缺货的概率为 2.5%。商品 B 是一种普通品牌的饼干，一旦商店缺货，一般情况下，顾客会在商店里购买其他品牌的饼干或其他儿童食品，故商店规定其缺货概率为 15%。根据以往的数据，通过统计分析，商品 A 每 14 天需求服从均值 μ_A=550 条，均方差 σ_A=85 条的正态分布，商品 B 每 14 天需求服从均值 μ_B=5300 包，均方差 σ_B=780 包的正态分布。

解：设商品 A 的存储补充水平为 M_A, 商品 B 的存储补充水平为 M_B，由统计知识可知

$$P(\text{商品A的需求}d \leqslant M_A)=1-\alpha_A, \Phi\left(\frac{M_A-\mu_A}{\sigma_A}\right)=97.5\%,$$

查标准正态分布表，得 $\left(\frac{M_A-\mu_A}{\sigma_A}\right)=1.96$,

$$M_A=\mu_A+1.96\sigma_A=550+1.96\times85\approx717(\text{条}),$$

$$P(\text{商品B的需求}d \leqslant M_B)=1-\alpha_B, \Phi\left(\frac{M_B-\mu_B}{\sigma_B}\right)=85\%,$$

查标准正态分布表，得 $\left(\frac{M_B-\mu_B}{\sigma_B}\right)=1.034$,

$$M_B=\mu_B+1.034\sigma_B=5300+1.034\times780\approx6107(\text{包}).$$

事实上，由于需求的变化受到社会、经济等多种因素的综合影响，常常独立于人们的主观控制能力以外，因此其在数量上、时间上一般无法精确确定，而其呈现出的随机性却使库存控制变得复杂和困难。所以，为了探讨研究存储问题的方法，为了提炼存储问题中共同的、本质的内容，本章所介绍的确定型和随机型存储问题中的基本模型，都是在一定的假设条件下进行探讨的，这样的条件在现实生活中是比较难以找到的，应用时要根据问题的实际背景加以修正。经过数学抽象和概括的存储模型，虽然不可能与实际存储问题完全等同，但是对于模型的探讨会加深对存储问题的认识，模型的解可以为存储系统的决策提供定量依据。

练习题

1. 单项选择题。

（1）为了解决供应（或生产）与需求（或消费）之间的不协调的一种手段是（　　）。

A. 存储　　B. 生产　　C. 供应　　D. 订货

（2）存储论就是将一个实际的存储问题归结为一种（　　），然后求出最佳的量和期的数值。

A. 公式　　B. 数学模型　　C. 存储策略　　D. 手段

（3）在物资的生产和流通过程中，一切暂存在仓库中的原料，在生产过程中两个阶段之间、上下两工序之间的在制品，生产结束后未售出的产出品等均称为（　　）。

A. 产成品　　B. 在制品　　C. 存储物　　D. 原材料

（4）存储策略是（　　）。

A. 供应量的问题　　　　B. 需求量的问题

C. 供需的期和量的问题　　　　D. 供应的期和量

（5）在一般的 EOQ 模型中，当 $P \gg D$ 时，就变为（　　）模型。

A. 基本的 EOQ 模型

B. 订货提前期为零，允许缺货的 EOQ 模型

C. 生产需一定时间，不允许缺货的 EOQ 模型

D. 以上都不是

（6）在存储模型分为确定性存储模型与（　　）。

A. 阶段性存储模型　　　　B. 多目标存储模型

C. 随机性存储模型　　　　D. 概率性存储模型

2. 某印刷企业每周对某种电化铝的需要量为 2000 件，每次订货的固定费用为 15 元，每件产品每周的保管费用 0.30 元，求最佳订货批量和订货时间。

3. 某印刷工厂每年对某 CTP 版材的需要量为 40000 件，订货的固定费用为 2000 元，采购一个感光胶的单价为 30 元，保管费为每年每张 20 元，求最优订购批量和最低成本。

4. 假设某印刷工厂需要外购某种特种纸，年需求为 4800 卷，单价为 40 元，每次的订购费用为 350 元，每卷特种纸存储一年的费用为每卷特种纸的价格的 25%。又假设每年有 250 个工作日。该特种纸需要提前 5 天订货（即订货后 5 天可送货到厂），允许缺货，每卷特种纸缺货一年的缺货费为 25 元，请求出：

（1）最优订货批量；最大缺货量。

（2）再订货点。

（3）两次订货所间隔的时间；同期中缺货的时间；不缺货的时间。

（4）每年订货、存储与缺货的总费用。

5. 某印刷机械设备厂生产某种订书机，其生产率和需求率可以视为常量，年生产率 150 万台，年需求率为 90 万台；生产准备费用为每次 100 万元，每台订书机的平均生产成本为 4000 元，而每年的存储费用为生产成本的 16%，而且，因为缺货一年造成的损失为 200 元 / 台。假设该印刷机械设备厂每年工作日为 250 天，求解最优生产批量策略（最优生产批量、最大缺货量、最少总费用、周期时间）。

6. 某印刷工厂每月需要某种零件 2000 件，已知每件每月存储费为 0.1 元，一次订购费为 100 元。一次订购量与零件单价关系如表 7-2 所示。

表 7-2　批量订货与单价的关系

订货批量	零件单价
0<Q<1000 件	K1=1.20 元 / 件
1000 ≤ Q<3000 件	K3=1.15 元 / 件
3000 ≤ Q<5000 件	K3=1.10 元 / 件
5000 ≤ Q	K4=1.05 元 / 件

求其最佳经济订货量。

7. 设某印刷厂每年需要某款油墨 5000 桶，每次订货费用为 49 元。已知该种油墨每桶购入价为 20%。又知当定购批量较大时，可以享受折扣优惠，折扣如表 7-3 所示，试确定油墨的订购批量。

表 7-3　批量订货与折扣率的关系

订货批量	折扣率
0 ～ 999	100%
1000 ～ 2499	97%
>2500	95%

8. 某印刷设备制造企业每天可以生产某产品 14000 件，生产的固定成本为 1000 元，每件产品每年的存储费为 28 元。已知市场一年对该产品的需要量为 1440000 件，若一年以 360 天计算，试求生产的最佳批量。

9. 某印刷公司每月需要某种制版材料 2000 个，每个制版材料的订购单价为 150 元，每次订货的固定费用为 100 元，每个制版材料每年的存储费用为 24 元、每月的缺货费用为 30 元，求最优订货批量和最大缺货量。

10. 某公司每年需要油墨辅料 5000 件，每次的订购费用为 50 元，每年每件油墨辅料的存储费用为 1 元，不得缺货。若采购量较少时每件油墨辅料的成本为 2 元，若采购量在 1500 个以上时，则每个成本为 1.9 元，请分析该公司每次应该采购多少件油墨辅料。

11. 某印刷企业每年需某种印刷辅料 1000 瓶，每次的订购费用为 5 元，每瓶辅料的单价 2.50 元、每年的保管费 0.40 元。辅料厂提出订购 100 瓶时，折扣率为 0.05；订购 300 瓶时，折扣率为 0.10 的价格折扣条件。试决定该印刷厂是否接受该折扣率的条件。若其他条件不变，该印刷厂每年对这种辅料的需求量为 100 瓶或者 4000 瓶，试确定应该分别采取什么样的存储策略。

12. 某印刷厂每月需要某辅料 50 箱，每次订货费用为 60 元，每月每箱的存储费用为 40 元。

（1）若不允许缺货，且一订货就提货，试问每隔多少时间订购一次，每次应订购多少箱？

（2）若一个周期中缺一箱的缺货损失费用为 40 元，缺货不要补。问每隔多少时间订购一次，每次应该订购多少箱？

13. 某印刷厂每月需要购进某种印刷辅料 2000 件，每件 150 元。已知每件的年存储费用为成本的 16%，每组织一次订货需要 1000 元，订货提前期为 0。

（1）求经济订货批量及最小费用；

（2）如果该种零件允许缺货，每缺货一件的损失费用为 5 元，求经济订货批量，最小费用及最大允许缺货量。

参考文献

[1] 韩伯棠 . 管理运筹学 [M].4 版 . 北京：高等教育出版社 , 2015：30-100, 280-360.

[2] 熊伟 . 运筹学 [M]. 北京：机械工业出版社 , 2014：50-180.

[3] 张杰 . 运筹学模型与实验 [M]. 北京：中国电力出版社 , 2012：40-130.

[4] 程理民，张亚光 . 运筹学（Ⅰ）[M]. 北京：科学技术文献出版社 , 1988：62-118.

[5] 薛声家，左小德 . 管理运筹学 [M]. 4 版 . 广州：暨南大学出版社 , 2007：40-170.

[6] 蓝伯雄，程佳惠，陈秉正 . 管理运筹学（下）[M]. 北京：清华大学出版社 , 1997：75-119.

[7] 运筹学教材编写组 . 运筹学（修订版）[M]. 北京：清华大学出版社 , 2004：1107-280.

[8] 郝英奇 . 实用运筹学 [M]. 北京：机械工业出版社 , 2016：60-120.

[9] 沈林兴，龚小军 . 运筹学基础自学考试指导 [M]. 北京：清华大学出版社 , 2004：20-80.

[10] 全国自学考试辅导丛书编写组 . 运筹学基础 [M]. 上海：东华大学出版社 , 2003：30-100.

[11] 谢家平 . 管理运筹学：管理科学方法 [M]. 北京：中国人民大学出版社 , 2018：60-180.

[12] 罗荣桂 . 运筹学习题详解与考研辅导 [M]. 武汉：华中科技大学出版社 , 2008：30-120.

[13] 韩中庚 . 实用运筹学：模型、方法与计算 [M]. 北京：清华大学出版社 , 2007：125-240.

[14] 胡列格，何其超，盛玉奎 . 物流运筹学 [M]. 北京：电子工业出版社 , 2008：20-95.

[15] 吴祈宗 . 运筹学学习指导及习题集 [M]. 北京：机械工业出版社 , 2006：67-108.

[16] 丁以中 , Jennifer S.Shang. 管理科学运用 Spreadsheet 建模和求解 [M]. 北京：清华大学出版社 , 2003：28-180.

[17] 詹明清 . 运筹学习题选解与题型归纳 [M]. 广州：中山大学出版社 , 2004：56-1602.

[18] 程理民，吴江，张玉林 . 运筹学模型与方法教程 [M]. 北京：清华大学出版社 , 2001：129-288.

[19] 郭耀煌 . 运筹学原理与方法 [M]. 成都：西南交通大学出版社 , 1995：43-167.

[20] 施泉生 . 运筹学 [M]. 北京：中国电力出版社 , 2004：46-156.

[21] 戴维・R. 安德森，丹尼斯・J. 威廉斯，基普・马丁 . 数据、模型与决策 [M]. 北京：机械工业出版社 , 2009：80-290.

[22] 胡运权 . 运筹学习题集 [M]. 5 版 . 北京：清华大学出版社 , 2019：50-210.

[23] 叶向 . 实用运筹学：运用 Excel2010 建模和求解 [M]. 北京：中国人民大学出版社 , 2007：70-230.

[24] 叶向 . 实用运筹学上机实验指导与解题指导 [M]. 北京：中国人民大学出版社 , 2007：67-230.

[25] 刘满凤 . 运筹学模型与方法教程例题分析与题解 [M]. 北京：清华大学出版社 , 2001：56-217.

[26] 邢光军，孙建敏，巩永华 . 实用运筹学：案例、方法及应用 [M]. 北京：人民邮电出版社 , 2015：43-134.

[27] 韩大卫 . MBA 管理运筹学 [M]. 大连：大连理工大学出版社 , 2006：45-98.

[28] 胡运权，郭耀煌 . 运筹学教程 [M]. 北京：清华大学出版社 , 2001：20-165.

[29] 梅述恩 . 运筹学解题方法技巧归纳：名校考研真题解析 [M]. 武汉：华中科技大学出版社 , 2021：54-78.

[30] 钟彼德 . 管理科学（运筹学）战略角度的审视 [M]. 北京：机械工业出版社 , 2000：130-210.

[31] 割平面法，百度百科 [EB/OL].[2021-5-6].https：//baike.baidu.com/item/ 割平面法 .

[32] 高云峰 . 随机存储问题的（s, S）概率模型 [J]. 商场现代化 , 2008：33.

[33] 蒋贵善，王东华 . 生产与运作管理 [M]. 大连：大连理工大学出版社 , 2006：40-165.